Zu diesem Buch

Dieter Schnack und Rainer Neutzling haben sich insbesondere mit ihrem 1990 erschienenen Buch «Kleine Helden in Not. Jungen auf der Suche nach Männlichkeit» (rosach 8257) in Deutschland einen Namen gemacht, wenn es um die sogenannte «Männerfrage» geht.

Das Interesse der Autoren gilt dem subjektiven Erleben von Männern, ihrer Lebensgeschichte und ihrem Alltag. Sie zeigen, daß es jenseits der üblichen Klischees eine Menge zu bereden gibt. Unter Männern und zwischen den Geschlechtern.

In den letzten Jahren haben die Autoren viele Vorträge gehalten, Zeitschriftenartikel veröffentlicht und Seminare veranstaltet. Ein Teil der für diese Zwecke erarbeiteten Texte wird in diesem Band veröffentlicht.

Die Autoren:

Dieter Schnack, geboren 1953, verheiratet, drei Kinder. Diplompädagoge und Journalist. Arbeitet in der Erwachsenenbildung und beruflichen Fortbildung.

Rainer Neutzling, geboren 1959. Soziologe, lebt und arbeitet in Köln und Italien. Arbeit in der beruflichen Fortbildung zu Fragen männlicher Sozialisation und Sexualität.

Weitere Veröffentlichungen der beiden Autoren im Rowohlt Taschenbuch Verlag: «Kleine Helden in Not. Jungen auf der Suche nach Männlichkeit» (rosach 8257), «Die Prinzenrolle. Über die männliche Sexualität» (rosach 9966) sowie *Rainer Neutzling* «Herzkasper. Eine Geschichte über Liebe und Sexualität» (rororo 3879) und *Dieter Schnack / Thomas Gesterkamp* «Hauptsache Arbeit? Männer zwischen Beruf und Familie» (rosach 60429).

Dieter Schnack / Rainer Neutzling

«Der Alte kann mich mal gern haben!»

Über männliche Sehnsüchte, Gewalt und Liebe

Rowohlt

Originalausgabe
Veröffentlicht im Rowohlt Taschenbuch Verlag GmbH,
Reinbek bei Hamburg, Dezember 1997
Copyright © 1997 by Rowohlt Taschenbuch Verlag GmbH,
Reinbek bei Hamburg
Lektorat Jürgen Volbeding
Umschlaggestaltung Guido Klütsch
(Foto: The Stock Market, Nancy A. Santullo)
Satz aus der Sabon und Futura (Linotronic 500)
Gesamtherstellung Clausen & Bosse, Leck
Printed in Germany
1690-ISBN 3 499 60338 1

Inhalt

Vorwort

Nach «Kleine Helden in Not» und «Die Prinzenrolle» legen wir ein drittes gemeinsames Buch vor, das sich mit der männlichen Geschlechtsrolle beschäftigt. Erfreulicherweise ist in den letzten Jahren über dieses komplexe und emotionale Thema viel nachgedacht und diskutiert worden. Standpunkte klärten sich, Meinungen fanden zueinander oder klafften (endlich) hitzig auseinander. Es bleibt ein stetiger Prozeß, der häufig mehr neue Fragen aufwirft als alte beantwortet und dennoch genauso spannend wie notwendig ist.

«Der Alte kann mich mal gern haben!» soll seine beiden Vorläufer fortführen und eigene Lernprozesse transparent machen. Das Buch versammelt Aufsätze zu Fragen, die sich uns immer wieder aufs neue stellen: Die Widersprüchlichkeit der Bilder vom ‹richtigen› Jungen und Mann, das Zusammenspiel der männlichen und weiblichen Geschlechtsrollen und die unverminderte Macht der alten Rollenbilder. Nach wie vor prägen sie nicht nur jeden einzelnen, sondern beeinflussen auch die gesellschaftliche Debatte um die Zukunft der Männlichkeit.

Bei einigen Texten handelt es sich im Kern um Vorträge aus den vergangenen Jahren, die wir aktualisiert und zum Teil erheblich erweitert haben. Eingeflossen sind insbesondere unsere Erfahrungen aus der Seminararbeit mit Männern und Frauen, die zur ‹Erinnerungsarbeit› anregen und modellhaft Möglichkeiten zur Verständigung ausloten sollten. Andere Beiträge lagen uns einfach schon lange am Herzen und haben nun nach reiflichem Brüten ihren Weg nach draußen gefunden.

Köln, im Juni 1997

Von einem, der auszog, das Fürchten zu lernen
Wovor Jungen Angst haben

Das gleichnamige Märchen der Gebrüder Grimm handelt von einem Jüngling, der sich vor nichts fürchtet. In der Nacht über den Kirchhof oder sonst einen schaurigen Ort zu gehen bereitet ihm keinerlei Probleme. Er ist nicht etwa besonders mutig, sondern es mangelt ihm einfach an der Fähigkeit, Angst zu haben. Da er auch sonst nichts Nützliches gelernt hat und seinem Vater eine Freude machen möchte, beschließt er eines Tages, wenigstens das Gruseln zu erlernen, von dem er annimmt, daß es sich um eine hohe Kunst handelt. Doch der Vater schüttelt nur den Kopf und meint: «Das Gruseln, das sollst du schon erlernen, aber dein Brot wirst du damit nicht verdienen.»

Der Junge versucht sein Glück und kommt beim Küster des Dorfes unter, der sich eines Abends als Gespenst verkleidet, um dem Jungen im Glockenturm Angst einzujagen. Doch vergebens. Wo jeder andere in Panik das Weite gesucht hätte, denkt der Junge bloß: Da ist einer, der sich unbefugt in der Kirche aufhält. Also stößt er seinen als Gespenst verkleideten Arbeitgeber kurzerhand die Treppe hinunter. Anstatt sich um den Verletzten zu kümmern, legt er sich anschließend einfach ins Bett und schläft in aller Seelenruhe ein. Am nächsten Morgen wird er wegen dieses «gottlosen Streiches» von seinem Vater aus dem Dorf gejagt. Der Junge versteht nicht, weshalb, fügt sich aber unverzagt seinem Schicksal.

Auch auf seinem weiteren Weg gelingt es ihm nicht, das Gruseln zu erlernen, und bald ist klar, worin sein Problem besteht: Er teilt nicht die tiefverwurzelte Angst seiner Mitmenschen vor dem Reich der Toten und Geister und verkennt die Realität des Todes. So schneidet er eines Nachts sieben am Galgen baumelnde Gehenkte ab, um sie am Feuer zu wärmen, und ärgert sich darüber, daß sie nicht auf ihre weißen, in Flammen aufgehenden Gewänder achten. Und so hängt er einen nach dem anderen wieder auf.

Kurz darauf verhilft ihm seine beängstigende Furchtlosigkeit zu enormem Reichtum, denn es gelingt ihm, ein verwunschenes Schloß mitsamt einem Schatz von bösen Dämonen zu befreien. In größter Einfältigkeit überwältigt er mörderische schwarze Katzen und Hunde an glühenden Ketten, schlägt ein Dutzend Zombies in die Flucht und nimmt arglos eine männliche Leiche mit ins warme Bett, die plötzlich zum Leben erwacht und ihn töten will, was er aber zu verhindern weiß. Zur Belohnung erhält er nicht nur den von den Geistern bewachten Schatz, sondern auch die Tochter des Königs zur Frau.

Doch «so lieb er seine Gemahlin hatte und so vergnügt er war» – so richtig glücklich ist er nicht. Schließlich hat er immer noch nicht das Gruseln erlernt. Deshalb klagt der junge König seiner Frau immer wieder: «Wenn mir's doch gruselte, wenn mir's doch gruselte!» Bald verdrossen läßt sich die Prinzessin vom Kammermädchen beraten und schüttet ihm in der Nacht einen Eimer voller Gründlinge (kleine Karpfen) ins Bett. «Da wachte er auf und rief: ‹Ach, was gruselt mir, was gruselt mir, liebe Frau! Ja, nun weiß ich, was Gruseln ist.›» Damit ist – ohne ein weiteres Wort – das Märchen zu Ende.

Daß einem, der sich Leichen als Wärmflasche andient, ausgerechnet kleine, zappelnde Fische im Ehebett Angst und Schrecken einjagen, lädt zu mancherlei sexueller Assoziation ein – was in Anbetracht alter Märchen wie «Dornröschen» oder «Der Froschkönig» nicht ungewöhnlich wäre. Doch wenn man sich schon aufs Glatteis der spekulativen Deutung begibt, dann vielleicht doch lieber in einer anderen Richtung:

Auf den ersten Blick scheinen die Menschen in der Geschichte (richtiger wäre es, von den Männern zu sprechen) eine spezifische männliche Tugend nicht sonderlich zu schätzen. Der Jüngling, der sich scheinbar todesmutig allen möglichen Gefahren entgegenstellt, wird nicht als Held bewundert und verehrt, sondern für dumm und unnütz gehalten. Allerdings hat keiner der Männer, die ihn auf die Probe stellen und ihm Angst einjagen wollen, einen blassen Schimmer davon, was ihn wirklich und wahrhaftig ängstigen könnte. Tod und Teufel, vor denen gewöhnlich alle Angst haben, sind es jedenfalls nicht. Das ist insofern merkwürdig, als die Geschichte keineswegs das Reich der Geister rationalisieren will, denn diese Märchenwelt wird auch von jenen Wesen genauso selbstverständlich bevölkert wie von den Lebenden. Aber es fällt auf, daß es einer Frau (die sich mit der Angst vor Konkretem offenbar besser auskennt) vorbehalten ist, ihn das Fürchten zu lehren – und zwar vor zappelnden Fischen, die lebendig, also real sind.

Daß er endlich Angst empfinden kann, bedeutet für den jungen Mann die Erlösung von den Beschränkungen seiner Furchtlosigkeit. Zwar hatte er bereits alles, was in einem Männerleben so zählt: eine schöne Frau, viel Geld und die Aussicht auf eine sorglose Zukunft. Aber ihm fehlte der Schlüssel zu seinen Gefühlen – und damit zu seiner Beziehungsfähigkeit. Und so könnte das Märchen als Aufforderung verstanden werden, daß junge Männer ihrer Sehnsucht nach den wahren Gefühlen – zu denen auch die Angst zählt – unbedingt nachgehen sollten, denn erst dadurch können sie wahres Glück empfinden.

Was so ein altes Märchen mit ein wenig Phantasie alles an fortschrittlicher Pädagogik hergeben kann! Aber die Moral der Geschicht' entbehrt nicht einer gewissen Doppelbödigkeit.

Die Sache hat nämlich einen Haken: Alle anderen jungen Männer, die sich zuvor an dem verwunschenen Schloß versucht hatten, waren aus Angst gescheitert, was die Ansicht des Vaters unseres Helden bestätigte, mit Gruseln werde er nicht sein Brot verdienen. Und so bleibt für jeden Jüngling die Qual der Wahl, ob er gefühlvoll und arm oder lieber furchtlos und reich sein möchte. Da er als Gefühlsmensch auch die Prinzessin nicht zur Frau erhalten hätte, erscheint es deshalb nur vernünftig, durch Unerschrockenheit erst einmal eine solide materielle Grundlage zu schaffen. Später braucht er dann nur ein bißchen Glück, und die Prinzessin erfüllt ihm auch den Rest seiner Träume.

Die Frage ist: Wer stellt die Jungen vor die Wahl? Wer erzieht sie eigentlich? Die Eltern? Die Erzieherinnen im Kindergarten? Die Lehrerinnen und Lehrer? Die Medien? Das Leben? Alle miteinander? In gleichem Maße? Vielleicht die Eltern vor allem? Oder doch eigentlich RTL?

Wir, heißt es oft, erziehen unsere Kinder, ob Junge oder Mädchen, alle gleich, gerade im Hinblick auf die Geschlechtsrollen. Aber komisch, das Mädchen heult bei jeder Gelegenheit, und der Junge ist in letzter Zeit so schrecklich aggressiv. Ich möchte wissen, was die in der Schule mit denen anstellen! Und überhaupt: Diese Privatsender! Machen einem die schönste Erziehung kaputt ...

In der Erziehung das Geschlecht zu berücksichtigen bedeutet in seiner modernen Ausprägung zunächst einmal nichts anderes, als daß Frauen und Männer die besonderen Eigenheiten und Potentiale der Mädchen und Jungen in ihr erzieherisches Handeln einbeziehen. Allerdings müssen sich die Großen dabei fragen, welche geschlechtsspezifischen Erziehungsideale ihnen einerseits im Kopf, andererseits im Herzen herumspuken. Die im Herzen können von denen im Kopf sehr verschieden sein. Es sind auch nicht geschlechtslose Erwachsene, die den Mädchen und Jungen begegnen, sondern Frauen und Männer, die nicht nur selbst als Mädchen und Jungen erzogen worden sind, sondern auch noch als Erwachsene zumindest gelegentlich mit dem jeweils anderen Geschlecht ringen. Gelingt es eigentlich im eigenen Erwachsenenalltag, die vielfältigen Konflikte zwischen den Geschlechtern zu bewältigen? Welche Niederlagen erleidet wer dabei vielleicht immer wieder? Und welche Botschaften werden den Jungen und Mädchen für den Umgang mit sich selbst und untereinander vermittelt?

An einem schönen Frühlingstag sitzen wir im Garten und brüten über der Frage, wovor Jungen Angst haben. Wir fragen zwei Neunjährige und sehen ihren Gesichtern an, daß sie finden, die Erwachsenen beschäftigten sich die meiste Zeit mit einem ziemlichen Blödsinn. «Weiß nicht», meinen sie achselzuckend, und weg sind sie. «Vorm Zahnarzt!» ruft einer der beiden noch im Weglaufen, so, als wolle er uns einen Gefallen tun.

Wir eisen schließlich einen Sechzehnjährigen von der Sportübertragung los. Eine Stunde später überrascht er uns mit einem Text:

Wovor Jungen Angst haben.

Jungen haben wohl dieselben Ängste wie ihre weiblichen Altersgenossen. Sie haben Angst vor dunklen Zimmern, Angst davor, die Eltern oder Freunde zu verlieren, alleine dazustehen. Sie haben Angst, zu verlieren, der Letzte zu sein. Sie sollen keine Angst haben, Siegeswillen besitzen und den Mädchen überlegen sein. Mit anderen Worten: Sie haben männlich zu sein. Nach der ersten intensiven Auseinandersetzung mit dem weiblichen Geschlecht gerät der Schein aber ins Hintertreffen, und die Jungen zeigen – besonders bei den Menschen, zu denen sie Vertrauen gefaßt haben – die lange versteckten Gefühle. Das Problem des Jungen ist es im Grunde, daß er versucht, seine Gefühle und Ängste zu verbergen. Der Junge», so schließt der sechzehnjährige Marc dick unterstrichen seine Ausführungen, «hat Angst vor seiner Angst.»

Eine bemerkenswerte Analyse! So weit hergeholt scheinen die Gedankenbeispiele mit dem Grimmschen Märchen also nicht zu sein: Erst «nach der ersten intensiven Auseinandersetzung mit dem weiblichen Geschlecht» erscheint es möglich (und ratsam), «lange versteckte Gefühle» zu zeigen.

Es gibt eine Gleichung, die lautet: Männlich ist gleich angstfrei. Die Gleichung ist steinalt und schier unauflöslich. Keine Angst zu zeigen, ja nicht zu haben, ist unabhängig von anderen, modernen Erziehungsformeln tief in den Bildern von Männlichkeit verankert.

Eigentlich ist es eine verrückte Idee, anzunehmen, Jungen hätten weniger Angst als Mädchen, Jungen würden weniger Angst und Schmerz empfinden, wenn sie zum Beispiel Trennung, Liebesverlust und körperliche Bedrohung erleben. Zwar erwartet man von Jungen, ihre Ängste weitgehend zu verbergen, aber das macht sie noch längst nicht angstfrei.

Die meisten Jungen lernen die Lektion, daß sie keine Angst zeigen dürfen, im Laufe der Zeit blendend: Schriftliche Angsttests in Schulen beispielsweise kommen regelmäßig zu dem Ergebnis, daß Jungen im Durchschnitt niedrigere Angstwerte erzielen als Mädchen. Gundrun Schulz-Wenski, die Psychologin einer Kölner Gesamtschule, schilderte bei einem Gespräch ein in diesem Zusammenhang interessantes Detail ihrer Arbeit: Die Auswertung der Fragen nach allgemeinen, aber konkret benennbaren Ängsten (vor Dunkelheit, Hornissen, Schlägen etc.) ergibt in der Regel erwartungsgemäß, daß die Mädchen ängstlicher zu sein scheinen als die Jungen. Allerdings kreuzen viel mehr Jungen als Mädchen den Satz an: «Ich möchte nicht, daß man mir Angst anmerkt.»

Der Psychoanalytiker Fritz Riemann (1990) schreibt in seinem Buch «Grundformen der Angst»: «Das Annehmen und das Meistern der Angst bedeutet einen Entwicklungsschritt, läßt uns ein Stück reifen. Das Ausweichen vor ihr und vor der Auseinandersetzung mit ihr läßt uns dagegen stagnieren.» (S. 9)

Und weiter schreibt er: «Schon das Mitteilenkönnen einer Angst ist eine Erleichterung. Wenn man das aber nie wagt, weil man fürchtet, sich dadurch den anderen auszuliefern oder für verrückt gehalten zu werden, wenn man sich ihnen in seiner ganzen Schwäche und Ungeschütztheit zeigen würde, kann Angst durch Anhäufung über lange Zeit Grade erreichen, die nicht mehr auszuhalten sind.» (S. 48)

Wie aber kann ein Junge lernen, mit seinen Ängsten umzugehen und an ihnen zu wachsen, wenn er sie nicht haben und nicht ausdrücken darf? Was bleibt dann Jungen anderes übrig, als mit aller Gewalt Angst abzuwehren und das schutzlose Ich gegen jede reale oder vermeintliche Gefahr aggressiv zu verteidigen?

An vielen Jungen, insbesondere an solchen, die großen Wert darauf legen, richtig harte Kerle zu sein, fällt auf, daß sie «zwei Gesichter» haben. Sie sind aggressiv und unsicher, laut und verletzlich, sie brauchen niemanden und stecken voller Bedürftigkeit nach Schutz, Anerkennung und Nähe.

Ein Beispiel: Eine zweite Schulklasse fährt ins Schullandheim. In einem Jungenzimmer ist bis zehn Uhr abends der Bär los. Immer wieder zieht die Truppe los zum Mädchenärgern, eine Kissenschlacht jagt die nächste. Die Stimmung ist großartig – auch die Mädchen haben ihren Spaß. Bis es Zeit wird, schlafen zu gehen. Plötzlich liegen da sieben Jungen wie ein Häufchen Elend in ihren Betten, in aufwühlender Angst vor Monstern, Einbrechern, Hornissen und fremden Geräuschen. Die Kinder sind ernsthaft panisch und beruhigen sich erst nach einer Stunde, als sich ein Lehrer zu ihnen ins Zimmer legt. Zweitkläßler haben Angst, wenn sie woanders schlafen. Das ist ziemlich normal. Allerdings: Für die Kinder – und interessanterweise auch für die Erwachsenen – hatte am nächsten

Morgen der Abend zuvor nicht stattgefunden. Zu merken war nur, daß die kleinen Helden noch mehr kämpften, noch furchtloser, frecher und wilder waren. Wer sich an diesem Morgen eine Blöße gab, wurde gnadenlos Opfer der projektiven Angstbewältigung der anderen. Die Jungen hatten praktisch keine Gelegenheit, ihre Erfahrung der vergangenen Nacht im guten zu bewältigen.

Jungen haben vor allem möglichen Angst. Weil auch sie den «Zumutungen des Lebens» begegnen müssen, weil das Leben, andere Kinder, Männer und Frauen es nicht immer gut mit ihnen meinen. – Eine Behauptung, die leicht von den Lippen geht und dennoch seltsam klingt. Denn im Alltag beschäftigt uns vor allem das aggressive, störende und sich verweigernde Verhalten von Jungen, im Grunde also ihre Angstabwehr.

Jungen haben Angst, nicht als ‹richtiger› Junge angesehen zu werden

Diese Angst ist allgegenwärtig und folgenreich. Der US-amerikanische Therapeut Bernie Zilbergeld (1983) schreibt in seinem Buch «Männliche Sexualität», daß einem Mann der «Titel Mann» stets nur auf Zeit verliehen werde, also jederzeit aberkannt werden könne. Das gilt schon für kleine Jungen. Sie erfahren sehr früh, daß Männlichkeit keine selbstverständliche Größe ist, sondern jeden Tag neu bewiesen werden muß. Männliche Identität ist eine eher wackelige Angelegenheit.

Zahlreiche Autorinnen und Autoren der Entwicklungspsychologie (vgl. Überblick in Wolfgang Mertens 1992 und 1994, sowie Lothar Schon 1995) beschreiben die männliche Identitätsbildung in den ersten Lebensjahren als ausgesprochen störungsanfällig. Der Schlüssel zum Verständnis vieler Verhaltensauffälligkeiten von Jungen läßt sich demnach auf einen kurzen gemeinsamen Nenner bringen: Gerade in den ersten

Jahren erleben sie zuviel umsorgende Hausfrau und Mutter und allein schon auf Grund seiner außerhäuslichen Berufstätigkeit zuwenig ‹konkreten› Vater.

In der Folge machen Jungen zu wenige reale Erfahrungen mit dem Vater (oder anderen männlichen Bezugspersonen zum Beispiel im Kindergarten und in der Grundschule), die ihnen in ausreichendem Maße Geschlechtssicherheit einflößen. Bei der Ausgestaltung ihrer Männlichkeit sind sie daher besonders auf Phantasien über ihren Vater und nicht zuletzt auf die künstlichen Männlichkeitsbilder der medialen Abenteuergeschichten angewiesen. Dadurch verkleinert sich der Spielraum der Jungen zur Erprobung von sicherer Männlichkeit erheblich, denn jedes Abweichen von der Norm stellt das mühsam zusammengeklaubte Bild vom ‹richtigen› Jungen in Frage.

Angsthaben wirkt unmännlich. Deshalb haben Jungen große Angst davor, Angst zu haben. Irritation, Furcht und Tränen können schon von sehr kleinen Jungen als schwerwiegende Verunsicherung ihres Männlichkeitsgefühls erlebt werden. Zumal viele Jungen ihre Angst auf andere projizieren, weil sie sie nicht in ihr Selbstbild integrieren können. Sie fahnden regelrecht nach der Angst eines anderen, lachen ihn aus: «Baby, Heulsuse, Memme, Angsthase», hänseln und bestrafen ihn dafür, kurzfristig die Beherrschung verloren zu haben. Sie sind dankbar, wenn sie bei einem anderen eine Schwäche entdecken, denn so sind sie es nicht sie selbst, die entlarvt werden. Die Angst jedoch bleibt unbewältigt.

Nicht zuletzt führt der Männlichkeitsbeweis durch Angstfreiheit zu hohen Unfallraten unter Jungen. Im Alter von ein bis 15 Jahren kommen fast doppelt so viele Jungen wie Mädchen durch Vergiftungen, Unfälle im Straßenverkehr, durch Sturz und Ertrinken ums Leben (vgl. Dieter Schnack/Rainer Neutzling 1990). Das Diktat der Angstfreiheit macht es schwer, gefährliche Situationen adäquat einzuschätzen.

Jungen haben Angst vor Niederlagen und Versagen

Eine gute Schwiegertochter glaubt man vor allem dann zu bekommen, wenn der Sohn beruflich erfolgreich und später einmal – wider die soziale Realität – in der Lage sein wird, seine Familie allein zu ernähren. Die Angst der Eltern, ihr Junge könne als Erwachsener scheitern, kann sowohl in offenen als auch unterschwelligen Botschaften münden. Die elterlichen Zukunftsängste kollidieren dabei mit anderen Erwartungen an einen Jungen. Wenn er durchs Abitur fällt, befürchten sie zwar, daß er unter einer Brücke oder in einer zwielichtigen Bar landet und die Ehre der Familie sowie Omas Lebensabend ruiniert, aber er darf sich als Sohn diese Sorgen keinesfalls zu eigen machen. Die Doppelbotschaft lautet: «Es wird schrecklich, wenn du scheiterst. Aber du schaffst es, und zwar mit links.»

Jungen, die nach Abschluß der Schule keine Stelle finden oder in einer gesellschaftlich gering geschätzten Ausbildung ohne Aussicht auf wenigstens durchschnittliche Konsumfähigkeit landen, fühlen sich nicht zuletzt um die Möglichkeit betrogen, ihren Auftrag als potentieller Familienernährer und damit attraktiver Ehepartner ordnungsgemäß zu erfüllen. Ihre Männlichkeit erfährt nicht nur deshalb einen Knacks, weil sie schon im schulischen Konkurrenzsystem den Mitschülern unterlegen waren, sondern weil ihnen ein enorm identitätsstiftender Bestandteil ihrer Geschlechtsrolle streitig gemacht wird. Sie werden ihres Traumes von geliebter oder zumindest hochgeschätzter Männlichkeit beraubt, und so kann es passieren, daß sie diesen Verlust auf anderen ‹Schlachtfeldern› zu kompensieren suchen: durch eine zur Schau gestellte Gleichgültigkeit, Gewalt und Sexismus.

Die meisten Jungen stehen unter erheblichem Leistungsdruck, ohne mit diesem Druck angemessen umgehen zu können. Sie sollen Erster, Bester und Tollster sein, aber lässig und überlegen. Vor diesem Hintergrund tun sich Jungen im Unterricht zum Beispiel schwerer als Mädchen, zu bekunden, daß sie etwas nicht verstanden haben. Ein Junge weiß alles; woher, das bleibt sein Geheimnis. Und wenn er etwas nicht weiß, dann muß er so tun, als interessiere es ihn nicht.

Bei der Versagensangst spielt sicher auch eine Rolle, daß Jungen mehr als Mädchen von den Familien dazu auserkoren werden, den Wert der ganzen Sippe zu verkörpern, ihr Ansehen zu verteidigen und zu vergrößern. Zum Beispiel auf dem Schulhof: Wenn sich Hans und Peter prügeln, werden aus ihnen sehr bald der «Schmitz» und der «Schulz». Da geht es dann auf einmal ganz nebenbei und ganz klassisch auch um die Familienehre.

Jungen haben Angst vor Gewalt

Diese Angst gehört zu den Ängsten, die sehr häufig übersehen werden. Es scheint kaum der Rede wert zu sein, daß schon der Alltag sehr kleiner Jungen enorm gewalttätig sein kann. Körperliche Gewalt unter Kindern und Jugendlichen sowie von Erwachsenen an Kindern und Jugendlichen, trifft mit Ausnahme sexueller Gewalt besonders Jungen. Sie prügeln sich untereinander mehr, als daß sie Mädchen handgreiflich attackieren, und sie werden auch von ihren Eltern häufiger geschlagen (vgl. das Kapitel Haltlosigkeit und Liebeshunger). Von ihnen wird erwartet, Gewalt und Schmerz auszuhalten.

Geht im Film ein Ozeanriese unter, stehen garantiert zuwenig Rettungsboote zur Verfügung. Die Frauen greifen sich die Kinder, die Männer kämpfen um einen Platz für sie. Und immer gibt es einen Mann, der einem schon von Anfang an unsympathisch und verdächtig war: oft klein und dick, ein aufdringlicher und leicht durchschaubarer Maulheld. Seine Unmännlichkeit offenbart sich schließlich im entscheidenden

Moment: Stets ist er der einzige Mann, der sich nicht an die Parole «Frauen und Kinder zuerst!» hält, sich ins Rettungsboot drängt und den letzten freien Platz für sich beansprucht. Er hat Angst und will nicht sterben. Unterdessen schafft es die Ehefrau des Hauptrollenhelden samt gemeinsamem Kind mit letzter Kraft ins rettende Boot, doch sie will nicht ohne ihn gehen. Selbstverständlich muß er nun eindringlich auf sie einwirken: «Du mußt dich um unsere Kleine kümmern! Sie hat doch sonst niemanden mehr! Glaub mir, es ist das Beste!» (Und niemand wird in einer solch dramatischen Situation eine Diskussion mit ihm darüber anfangen wollen, ob er als Vater nicht ebenfalls ganz gut für das Kind sorgen könnte.) Ein letzter, verzweifelter Kuß, dann dauert es nicht mehr lange, und das Meer verschlingt das Schiff mit ‹Mann und Maus›. Zuerst ertrinken die schlechtbezahlten, aber ehrenhaft pflichtbewußten Heizer und Mechaniker, dann die zurückgebliebenen Ehemänner und Offiziere, und zuletzt der Kapitän – wie es sich gehört. Ein schöner Film. Traurig, aber schön, denn bis auf wenige Ausnahmen haben sich die Männer tadellos geschlagen.

Jungen sollen wehrhaft sein, auf der Hut. Da sie ihre Angst nicht ausdrücken dürfen, sind sie darauf angewiesen, ihre Angstabwehr auszuagieren. Aus der Bedrohung wird: «Angriff ist die beste Verteidigung». Angstabwehr und Gewalt schließen sich zu einem Kreis, denn kein Junge darf sich den Vorwurf einhandeln, ein Feigling zu sein. Bevor er Gefahr läuft, «das Gesicht zu verlieren» – ein Bild, das man sich einmal plastisch vorstellen muß –, wird er lieber selbst zum Täter. Er kommt damit der offen oder geheim überbrachten Erwachsenenbotschaft an ihn nach, sich todesmutig nichts gefallen zu lassen.

Für Jungen gilt das Gebot, daß sie nicht passiv, kein Objekt und kein Opfer sein dürfen, während es Mädchen nicht zugestanden wird, aktiv, Subjekt und Täterin zu sein. Diese Polarisierung kann auf sexuell mißbrauchte Jungen schlimme Auswirkungen haben: Sie können in der Regel nur extrem schwer annehmen, daß sie unterlegen waren, daß sie Opfer geworden sind. Das hat sicherlich dazu beigetragen, daß sie als Opfer lange Zeit nicht wahrgenommen wurden. Hinzu kommt die fehlende Bereitschaft vieler Frauen und Männer, sich Jungen einmal nur als wehrlose Opfer vorzustellen. Zudem hat sich die irrige Ansicht verbreitet, sexuell mißbrauchte Jungen neigten später fast zwangsläufig dazu, selbst zu Mißbrauchern zu werden. Folglich wird die Hilfe, die Jungen erhalten, häufig unter «präventiven» Gesichtspunkten betrieben. Die ratlose und häufig ängstlich-mißtrauische Haltung gegenüber einem mißbrauchten Jungen verwehrt ihm dabei nicht nur den Opferstatus, sondern stellt ihn auch unter den Verdacht der potentiellen Täterschaft. Man gibt ihm, wenn auch nicht direkt für das Geschehene, so doch schon einmal für das noch nicht Geschehene die Schuld.

Die Erwachsenenwelt lamentiert, wie gewalttätig doch die Jungen und die jungen Männer geworden sind. Es wird zuwenig wahrgenommen, wie gewalttätig deren Alltag ist, wieviel Gewalt sie erleben und aushalten müssen – und wieviel Kummer sie verbergen, weil niemand ihn sehen will.

Jungen haben Angst vor Kummer

Stille, Innehalten, Ruhigsein können im positiven Sinn bedeuten, zur Besinnung zu kommen, sich zu entspannen und auszuruhen. Jungen laufen allerdings schnell Gefahr, daß ihnen in solchen Augenblicken Sorgen über das hochkommen, was sie im Alltag verdrängen müssen. Jungen bleiben deshalb häufig auf ihrem Kummer sitzen. Viele halten sich nicht zuletzt gerade deshalb ständig in Bewegung. Sie rennen, rasen und raufen unentwegt, sitzen nie still – werden «hyperaktiv». (In der Kinder- und Jugendpsychiatrie wird das sogenannte Hyperaktive

Syndrom übrigens zehnmal häufiger bei Jungen als bei Mädchen diagnostiziert.) So schlagen Jungen zwei Fliegen mit einer Klappe: Sie müssen ihre Angst nicht spüren, und sie weisen sich in ihrer forschen und raumgreifenden Art als ‹richtige› Jungen aus. Ein Dilemma, denn die ständige Verleugnung von Schmerz und Kummer behindert sie darin zu lernen, mit emotional bedrängenden Situationen umzugehen.

Was bereitet Jungen Kummer? Die folgenden Antworten haben wir im Rahmen verschiedener Fortbildungsseminare mit insgesamt etwa 100 Männern zwischen 20 und 60 Jahren gesammelt. Das Thema der Seminare, die zum Teil mit dem Münsteraner Psychologen Klaus Gerhards durchgeführt wurden, lautete «Jungen in der Pubertät».

Nach einer umfangreichen Erinnerungshilfe wurden die Männer gebeten, anonym auf einer Karteikarte ihren «größten Kummer» und die «Quellen von Trost und Stärkung» zu Beginn ihrer Pubertät aufzuschreiben. Die Karten wurden eingesammelt und en bloc vorgelesen.

Die häufigsten Ursachen für Kummer:

1. Die Wahrnehmung, daß andere Jungen aus der Klasse körperlich weiter entwickelt und im Umgang mit Mädchen erfahrener waren. Damit war häufig das Gefühl verbunden, Außenseiter zu sein, und überhaupt zu dick, zu dünn, zu wenig männlich zu sein oder einen zu kleinen Penis zu haben.

2. Die Befürchtung, keine Freundin abzukriegen, Kontaktversuche zu vermasseln und sich (aus Unerfahrenheit) zu blamieren – wobei viele Jungen tatsächlich etliche Mißerfolgserlebnisse hatten.

3. Ein umfassendes Gefühl von Einsamkeit: Ich habe niemanden, der wirklich mit mir zusammensein will.

Mit einigem Abstand folgten in der Häufigkeit der Nennungen Probleme in der Schule – insbesondere der Verlust von Freunden nach einem Schulwechsel –, zum Teil heftige Masturbationsskrupel sowie Ehekonflikte der Eltern.

An «Quellen von Trost und Stärkung» aus dieser Zeit wurden zwei am häufigsten genannt:

1. Der Rückzug in schöne Traumwelten, an allererster Stelle in die Musik, aber auch in Bücher und in Phantasien bei der Masturbation.
2. Die Clique, an die die meisten im Zuge des Älterwerdens Anschluß fanden und in der es neben gemeinsamen Freizeitaktionen auch zu freundschaftlichen Gesprächen kommen konnte. Von einem richtigen «besten Freund» konnten erstaunlich wenige berichten.

Es folgten Erfolge im Sport und in der Schule, die Geborgenheit im Elternhaus (insbesondere bei der Mutter), die Ahnung, daß es einigen anderen Jungen nicht besser ging, und schließlich erste Erfolge bei den Mädchen.

Die Ergebnisse dieser Befragungen sind gewiß nicht spektakulär. Bemerkenswert waren jedoch jedes Mal die anschließenden Gespräche über die Kummer- und Trostkarten: Fast alle Männer hatten mit höchstem Erstaunen und nicht selten mit großer Erleichterung zum ersten Mal erfahren, daß es den meisten anderen in der Pubertät ähnlich wie ihnen selbst ergangen war. Bisher waren sie davon ausgegangen, daß sie damals zu den wenigen Ausnahmen gezählt hatten, die sich mit Problemen solcher Art herumschlagen mußten. Mit den Freunden hatte man alles mögliche *gemacht*, sich aber nur selten oder gar nicht über Kummer ausgetauscht. Ein jeder hatte alles daran gesetzt, sich keine Blöße zu geben.

Jungen haben Angst vor Rührung

Weinen ist für einen Jungen das Letzte. Weinen ist unmännlich – nach wie vor. Je älter Jungen werden, desto seltener weinen sie. Oder vielleicht sollte man sagen: Desto eher werden sie ihre Tränen verstecken, also eine Öffentlichkeit nicht wissen lassen, daß sie verletzt oder einfach von etwas gerührt worden sind.

Weinen bedeutet, sich loszulassen, sich gehenzulassen, die «Beherrschung» zu verlieren, die Kontrolle über die Gefühle aufzugeben. Fragt man Jungen, ob und aus welchem Grund sie das letzte Mal geweint haben, sagen sie in aller Regel, das sei schon eine ganze Weile her, und das sei auch nicht «ohne Grund» gewesen, denn es sei «aus Wut» gewesen, und natürlich habe niemand davon etwas mitkriegen dürfen. Fragt man weiter nach dem Anlaß des Weinens, stellt sich häufig heraus, daß die Jungen zunächst nicht wütend, sondern traurig gewesen waren. Die Anlässe: Enttäuschung, Liebesverlust, Demütigung. Jungen wandeln Trauer häufig in Wut um, weil sie für Traurigkeit keine adäquaten Ausdrucksmittel haben.

Ein Beispiel: Vor einiger Zeit lief im Kino der Film «Erbarmungslos» von und mit Clint Eastwood. Ein ausgezeichneter Western, hart, wie der Titel es erwarten läßt, aber durchaus vielschichtig. Die Handlung des Films rankt sich um Themen wie männliche Ehre, Verantwortung, Bedrängnis, Trauer, Schmerzen, Angst vor Tod und vor Verletzung.

Der Film hatte noch nicht angefangen, das Publikum saß schon im Halbdunkel, und nur in der ersten Reihe waren noch einige Plätze frei. Plötzlich kommt eine Horde etwa siebzehn-jähriger junger Männer mit Getöse hereingepoltert und haut sich grölend und Dosenbier saufend auf die freien Plätze. Sofort war klar, daß die Chancen auf einen schönen Kinoabend erheblich gesunken waren. Und so kam es dann auch: Wenn jemand erschossen wurde, standen die Jungs auf und applaudierten. Wenn eine Frau sexuell bedrängt wurde, pfiffen und johlten sie gehässig und schadenfroh. Zeigte ein Mann auf der Leinwand Trauer und weinte er sogar, gaben sie hämische Kommentare ab. Es war deutlich, daß sie keine einzige der emotional anrührenden und bestürzenden Szenen ertragen konnten. Sobald der Film Gefühle von Angst und Trauer ansprach, mußten sie ihr Unbehagen umstandslos ausagieren. Ihnen kroch die Angst vor der Rührung regelrecht aus den Hemdkragen heraus. Sie waren eine Plage. Bis eine junge Frau, etwa im gleichen Alter, einen der Jungs anzischte: «Jetzt halt doch mal das Maul, du blöder Wichser!» Von da an war Ruhe. Im weiteren Verlauf des Films rutschten die jungen Männer nur noch unruhig auf ihren Sitzen herum. Eine schroffe und sexuell demütigende Zurechtweisung hatte sie eingeschüchtert, still gemacht.

Jungen haben Angst vor dem Urteil der Mädchen und Frauen

Es heißt oft, Mädchen seien stark vom Urteil der Jungen abhängig. Jungen dagegen seien «in sich» selbstbewußt und schätzten das Urteil der Mädchen, wenn überhaupt, nur wenig. Jungen würden durchgängig lernen, daß die Meinung von Frauen nichts zähle. Infolgedessen fürchteten sie lediglich die Bewertung durch andere Jungen und Männer.

Das Gruppenverhalten von Jungen scheint diese Behauptung zu bestätigen: Mädchen werden oft und vor allem sexuell beleidigt und rüde angegangen. Was sie sagen, wird schnell lächerlich gemacht und abgewertet, und ihr Urteil hat einen Jungen nicht im geringsten zu kratzen ... Ralf Ruhl vom «Göttinger Männerbüro», der zahlreiche sexualpädagogische Erfahrungen mit Jungen gesammelt hat, erzählte uns jedoch einmal folgendes dazu:

«Unsere Erfahrung ist, daß die Jungen stark auf die Mädchen fixiert sind. Wenn gleichzeitig eine Mädchengruppe stattfindet, haben die Jungen überaus große Ohren und wollen unbedingt mitkriegen, was bei den Mädchen läuft. Sie stören dann die Mädchengruppe, werfen ein Kondom in den Raum und so weiter. Aber im Grunde wollen sie nur wissen: Wie komme ich bei den Mädchen an? Das Urteil der Mädchen ist ihnen ganz wichtig. Sie wollen hören: Ja, du bist ein guter Junge, du bist schon ein richtiger Mann – so, wie sie das auch von ihrer Mutter immer hören wollen. Das Problem ist, daß sie es nicht aus sich selbst heraus wissen.»

Den Jungen fehlen im Alltag oft nahe männliche Bezugspersonen, die ihnen helfen könnten, sich dem Urteil der Mädchen selbstbewußter zu stellen. Gerade deshalb sind sie auf die Beurteilung ihrer Männlichkeit insbesondere durch die Mutter, die Erzieherin im Kindergarten, die Lehrerin und die Mädchen angewiesen. Gleichzeitig bedroht die Abhängigkeit von soviel Weiblichkeit ihre männliche Identität. Eine wahrhaft paradoxe Situation, die stark von der Angst vor der Exklusivität des weiblichen Urteils und der damit verbundenen Angst vor dem jederzeit drohenden Sturz in die Bedeutungslosigkeit geprägt ist, wenn später die Eroberung eines Mädchens zum Männlichkeitsbeweis wird, das Mädchen sich aber – aus welchen Gründen auch immer – verweigert.

Während Väter oftmals dazu neigen, die seelischen und körperlichen Potentiale ihrer Söhne zu überschätzen und dem Alter der Jungen unangemessene Forderungen zu stellen, gelten Sohnesmütter auf Grund ihrer intimen Nähe zu den Jungen eher als achtsame Kennerinnen ihrer Söhne. Nicht nur die Mütter selbst, sondern auch die Söhne beschreiben ihre Beziehung gerne als im großen und ganzen heimeliges Idyll. Wird der Vater mitunter gerne ‹geschlachtet›, lassen Mutter und Sohn so leicht nichts auf sich kommen.

Was den öffentlichen Diskurs über ‹die beiden› anbetrifft,

hat der Bremer Universitätsprofessor Gerhard Amendt (1993) mit seiner vielbeachteten und umstrittenen Untersuchung «Wie Mütter ihre Söhne sehen» gehörig an diesem schönen Bild gekratzt. Uns interessiert an dieser Stelle jedoch weniger, daß in der Tat zahlreiche Mütter vielfältige Grenzverletzungen gegenüber ihren Söhnen begehen, als vielmehr die Frage, weshalb die Mutter unter dem besonderen Schutz der Söhne zu stehen scheint.

Gerhard Amendt (1995) betont den in diesem Zusammenhang bedeutsamen katholischen Marienkult und gesellt das protestantische Bild von der sich aufopfernden Mutter und die feministische Mythologie von der Friedfertigkeit der Frau gleich dazu. Trotz unterschiedlicher Anliegen hätten sie gemeinsam eine kritische Sicht auf die Mutter weitgehend verhindert. Die Unantastbarkeit der Mutter(liebe) sei ein kultureller Standard, der tief in den Herzen beider Geschlechter verankert sei. Sowohl Männer als auch Frauen hegten den Wunsch, «die traurige Welt nicht dadurch noch trister zu machen, daß wir unser Bild von der Mutter mit unserer verdrängten Geschichte zu dieser wahrhaft einzigartigen Frau belasten». (S. 35)

Der Blick zurück auf die nicht nur gute, sondern auch böse Mutter ist also riskant, aber notwendig, will der Sohn seine Mutter nicht nur als Heilige ansehen, sondern als Mensch mit Stärken und Schwächen: «Der Rückblick zerstört nicht nur die Idealisierung der Mutter. Es entsteht ebenso Wut über die Verführungen, Beschämungen und Peinlichkeiten, die sie einem wohl wissend, fahrlässig oder unwissend zugefügt hat. Nicht weniger wird Wut darüber entstehen, es hingenommen und sich nicht gewehrt zu haben oder unfähig gewesen zu sein, sie in ihre Grenzen zu verweisen.» (S. 36)

Nun brächte es Jungen und Männer keinen einzigen Schritt weiter als die übliche Abwertung weiblicher Fähigkeiten und Qualitäten, wenn sie sozusagen das Lager wechselten und sich fortan als Opfer «böser Mütter» präsentierten. Die Entideali-

sierung des klassischen Mutterbildes könnte jedoch dazu beitragen, daß Jungen ihre Liebesobjekte nicht mehr einfach run-
terputzen, sobald es brenzlig wird. Die Angst vor dem weiblichen Urteil könnte einer gewöhnlichen Unsicherheit über die
mal mehr und mal weniger ‹verdiente› Wertschätzung weichen.

Jungen haben Angst vor Zärtlichkeit

Nicht wenige Jungen machen unwillkürlich einen steifen Nakken, wenn man ihnen mit der Hand über den Kopf fährt. Oder
sie weichen zurück, weil ihnen auch die gutgemeinte Berührung unangenehm ist. Manchmal ist solch ein Verhalten ein
Hinweis auf ein tiefes Mißtrauen gegenüber Erwachsenen. Die
Abwehr von Zärtlichkeiten hat aber auch damit zu tun, daß sie
im Leben von vielen Jungen ab dem Kindergartenalter kaum
noch vorkommt und sie ihnen allein deshalb schon suspekt ist.
Zärtlichkeit ist für Jungen oft nur eine Erinnerung an eine
frühe Zeit mit der Mutter, in die es kein Zurück gibt. Viele
Jungen wissen nicht, daß man auch mit dem Vater schmusen
kann – entweder weil der nicht da ist oder weil er die Bedürfnisse seines Sohnes nach zartem Körperkontakt abwehren
muß. Soviel männliche Weichheit flößt vielen Vätern Angst
ein.
   Es ist schwer vorstellbar, daß auf dem Schulhof der Grundschule zwei Jungen Hand in Hand gehen – wie es die Mädchen
tun. Oder gar, daß in diesem Alter Junge und Mädchen händ-
chenhaltend durch die Pause schlendern. Jungen haben zärtliche Gefühle für andere Jungen und für Mädchen. Ausleben
können sie diese Gefühle in der Regel kaum.
   «Ich bin cool – du bist schwul!» – diesen Spruch kann man
in jeder Grundschulklasse aufschnappen. Meistens wissen Sie-
benjährige nicht, was Schwule sind und was sie tun. «Du

Schwuler» ist einfach ein diffuser und mächtiger Angriff auf die geschlechtliche Identität eines Jungen.

Die Angst vieler Jungen vor Zärtlichkeit und vor zu großer Nähe zum Beispiel in einer Jungenfreundschaft hat viel mit den Erwachsenen zu tun. Selbst Eltern von Jungen im Kleinkindalter schießt bisweilen zu irgendeinem Anlaß wie ein Blitz der Gedanke in den Kopf, der eigene Junge könne homosexuell werden. Die Angst von Eltern, die kleine Tochter könne später einmal lesbisch werden, ist dagegen weit geringer ausgeprägt – was allerdings nichts mit einer größeren Akzeptanz weiblicher Homosexualität zu tun hat, sondern mit der insgesamt stärkeren Tabuisierung weiblicher Sexualität.

Nähe, Berührung und Zärtlichkeit können beruhigen, Schutz und Sicherheit geben. Daß zum Jungenbild unserer Gesellschaft so wenig Zärtlichkeit gehört, trägt viel dazu bei, daß sie vielen Problemen recht trostlos gegenüberstehen. Vielleicht liegt darin auch einer der Gründe, daß Männer später mehr als Frauen dazu neigen, jede intime Nähe als Anlaß zur sexuellen Aktion aufzufassen. Zur ruhigen Gewißheit, einfach nur dasein zu können und dennoch zu genügen, fehlen so manchem schlicht und ergreifend die entsprechenden Erfahrungen.

Man könnte für die «Jungen» in den Überschriften der vorangegangenen Abschnitte auch «Mädchen» einsetzen. Auch Mädchen haben Angst, kein ‹richtiges› Mädchen zu sein. Sie haben Angst vor Niederlagen und Versagen, vor Gewalt, Kummer, Rührung und Zärtlichkeit, und natürlich auch vor dem Urteil der Jungen und Männer. Mädchen werden Ängste jedoch eher zugestanden, weshalb es immer wieder notwendig erscheint, auch den Jungen solche elementaren Gefühle mehr als bisher zu gestatten und sie weniger in eine der Unerschrockenheit verpflichteten Männlichkeit zu drängen.

Die alten Rollenbilder sind immer noch mächtig. Gesellschaften entwickeln sich bisweilen schneller als die Psyche der Menschen; die Veränderung jahrhundertealter Rollenbilder braucht mehr als ein paar Jahrzehnte. Außerdem stehen die «neue Frau» und der «neue Mann» seit Jahren zwar hoch im Kurs, aber allzu viel weiß die Hochleistungswirtschaft doch nicht mit ihnen anzufangen. Der «neue Vater» ist zwar schwer angesagt, fürs Arbeitsleben ist er aber nur bedingt zu gebrauchen.

Zu guter Letzt kommt niemand so leicht aus der Haut, die einem die Eltern einst verliehen haben. Bei welchem Seminar auch immer wir nach «drei Eigenschaften des Vaters» gefragt haben, ist stets in etwa das gleiche dabei herausgekommen: In den meisten Fällen wurde er als stur, überlegen und unnahbar erlebt, manchmal auch als konturlos, schwach und unnahbar. Fragten wir nach «drei Eigenschaften der Mutter», ähnelten sich die Antworten ebenfalls: Häufig wurde sie als leidend und fürsorglich erlebt – eine sehr ambivalente Kombination, schließt das Leid der Mutter doch keineswegs aus, daß sie gleichzeitig als dominant empfunden wurde, wie auch die Fürsorglichkeit in Kontrolle und Vereinnahmung umschlagen konnte.

Die Mehrzahl der Seminarteilnehmer hat ihre Kindheit und Jugend in den 50er und 60er Jahren verbracht; in einer Zeit also, in der die Geschlechtsrollenemanzipation kaum ein Thema war. Befragt man jüngere Männer zwischen 20 und 25 Jahren – zum Beispiel Studenten an einer Hochschule –, deren Mütter und Väter vom Alter her der 68er Generation angehören, ergibt sich jedoch kein anderes Bild: Auch da ist der sture Vater, der nicht über Gefühle reden kann und uninteressiert an der seelischen Befindlichkeit des Sohnes zu sein scheint. Oder der wenig durchsetzungsfähige, aber durchaus liebevolle Vater. Und auch die Mutter ist vor allem fürsorglich und verständnisvoll oder eben dominant und/oder leidend.

Sollte man nicht annehmen können, daß die Eltern der jungen Männer in den vergangenen 25 Jahren andere als die alt-hergebrachten Erziehungsideale entwickelt haben? Der Ideal-mann könnte zum Beispiel einer sein, der sich liebevoll um seine Kinder kümmert, sich nicht von der Arbeit auffressen läßt, ein zur Kommunikation fähiger Partner der Frau ist – und natürlich ein guter Liebhaber. Und die Idealfrau wäre selbstbewußt, klug und agil, eine liebevolle Mutter, aber keine Glucke, voll eigener Pläne – und natürlich eine gute Liebhaberin. Wer wünscht sich das nicht?

Aber nichts da! Gefragt nach den Botschaften der Eltern, welche Eigenschaften sie an einem Mann und einer Frau be-sonders schätzten, oder mit anderen Worten: wie sich die El-tern ihre Söhne und Töchter wünschten, machten die Studen-ten folgende Angaben:

Der Idealmann der Eltern sollte vor allem ordentlich sein, zuverlässig, pünktlich, verantwortungsbewußt, fürsorglich, heterosexuell, fruchtbar, verheiratet, aufopfernd, ehrlich, so-zial, freundlich, hilfsbereit und zärtlich. Er steht mitten im Leben, ist durchaus risikobereit, hat einen eigenen Kopf, ist gegebenenfalls charmant und leger und weiß über alles Be-scheid.

Die Vorzüge der Idealfrau bestehen darin, daß sie vor allem bescheiden ist, freundlich, sanft, anmutig, hübsch, liebevoll, fruchtbar und treu. Sie hat Familiensinn, kann die Macken des Mannes auffangen, ist duldsam, ordentlich, gepflegt und verantwortungsbewußt. Man merkt dem Haus an, daß eine Frau sich um alles kümmert, und sie sorgt für soziale Kon-takte.

Auch auf eindringliche Nachfrage konnten die Studenten übrigens nichts darüber sagen, ob die Eltern außer den Aspek-ten «heterosexuell» und «fruchtbar» noch andere psychose-xuelle Eigenschaften für unabdingbar gehalten hätten.

Natürlich kann den Eltern nicht die alleinige Verantwor-tung für das Wohlergehen ihrer Kinder aufgebürdet werden.

Erziehung in einem gesellschaftlich unbeeinflußten Raum ist nicht denkbar. Deshalb soll noch von einer anderen wichtigen Einflußquelle die Rede sein.

In verschiedenen Fortbildungsseminaren wurden Männer darum gebeten, sich an die «Helden ihrer Kindheit» aus Büchern, Comics und dem Fernsehen zu erinnern. Genannt wurden Figuren wie: Superman, Batman, Winnetou, Luke Skywalker, Spiderman, Big Jim, Paul Breitner, Toni Schumacher, Björn Borg und Captain Kirk. In Ostdeutschland stand an erster Stelle übrigens ebenfalls Winnetou; die Sportler aber hießen zum Beispiel Jürgen Sparwasser und Olaf Ludwig. Ansonsten tauchten Westlern eher unbekannte Namen auf: Goiko Mitic (ein Indianerdarsteller), Timur und sein Trupp («Jeden Tag eine gute Tat»), Pavel Kortschagin (ein Rotarmist als Romanheld) oder Elli, der eiserne Holzfäller.

Gefragt nach den Charaktereigenschaften der Helden hieß es für *alle*: Sie waren stolz, groß, geschickt, unbesiegbar, kühn, edel und beliebt, aber: «einsam sowieso», wie es ein Teilnehmer ausdrückte.

Was durften diese Helden nicht? – Sie durften nicht sterben, weich sein, verlieren, Angst haben, weinen und auch nicht vergnügt und fröhlich sein. Die Helden hatten kein Privatleben, keinen Sex, keinen Genuß, überhaupt kein Laster. Vor allen Dingen aber durften sie keine Selbstzweifel haben.

Was war toll daran, mit ihnen zu spielen? – Sie schafften einen Ausgleich für den frustrierenden Alltag, schenkten durch Identifikation erträumte Bestätigung, Energie und Kraft, sie schützten und stärkten den eigenen Siegeswillen.

Und was war problematisch daran? – Man konnte sich beim Nachspielen lächerlich machen, die eigenen Mängel konnten spürbar werden, und nach dem Spiel wurde man wieder in die Realität zurückgerissen.

Es ist schon verblüffend, wie klar und deutlich sich das Dilemma der männlichen Geschlechtsrolle in diesen Spielzeugfiguren zeigt und wie ähnlich die Botschaften der Helden den Vorstellungen der Eltern davon sind, was ein Junge zu können hat und was ihm nicht erlaubt ist. Wen auch immer man letzten Endes zur Rechenschaft ziehen will: Trotz aller Renitenz sind die Jungen doch erstaunlich folgsam.

Jakob 2015
Zur Zukunft der (Jungen-)Erziehung

Vier Wochen ist er jetzt alt. Wenn man ihn im Arm hält und in seine wachen braunen Augen schaut, dann hat man beinahe das Gefühl, die Zeit wäre stehengeblieben. Jakob ist so gegenwärtig, daß es fast absurd scheint, sich ein Gestern oder ein Morgen vorzustellen. Seine verliebten und übermüdeten Eltern berichten von Großereignissen, die sich im Abstand von wenigen Stunden zutragen. Jenes ganz besondere Lachen am Frühstückstisch, die viereinhalb durchgeschlafenen Stunden in der letzten Nacht, das quälende Bauchweh nach dem letzten Stillen, die berauschende Aufmerksamkeit des Jungen für eine Flötenmusik – ein neugeborenes Kind gibt einem das Gefühl, daß jede einzelne Minute von besonderer Bedeutung ist. Gleichzeitig weiß jeder, der Kinder hat, wie schnell die Zeit vergeht.

Wenn Jakob achtzehn Jahre alt sein wird, dann wird man das Jahr 2015 schreiben. Sollte er studieren, wäre mit seinem Studienabschluß etwa im Jahr 2023 zu rechnen. Sein Vater wird dann 59 und womöglich dabei sein, fehlende Belege für die Rentenversicherung zu besorgen. Vielleicht hat er aber auch noch zehn Arbeitsjahre vor sich. Wer weiß das heutzutage schon?

Viel irritierender ist die Zahl 2015 selber. Die heute Erwachsenen sind in einer Zeit aufgewachsen, in der schon das Jahr

2000 so etwas wie eine Schallgrenze markierte, nach der unweigerlich der Science-fiction-Roman beginnen würde. Je näher dieses Datum rückt, desto deutlicher wird allerdings, daß der Roman längst angefangen hat, ohne daß jemand weiß, was passieren wird. Nur auf manches wird man sich verlassen können. Jakob wird seine Schultüte im Jahr 2003 bekommen, und wenn seine Eltern bis dahin nicht umgezogen sind, dann werden an den Fenstern seines Klassenraumes mit Sicherheit noch dieselben schmuddeligen Vorhänge hängen wie heute. Vielleicht werden da, wo jetzt Matratzen zum Lesen und Ausruhen einladen, zwei zusätzliche Tische stehen.

Wenn man den kleinen Jakob im Arm hält und in seine wachen braunen Augen sieht, dann bleibt eben nicht nur die Zeit stehen. Es kann einem auch schlagartig nahekommen, daß es bis zu dieser gottverdammten Zukunft gar nicht mehr so lange hin ist. Gottverdammt?

Viele Eltern, und gerade Eltern von Jungen, sind heute unsicher, wie sie ihre Kinder erziehen sollen. Die Arbeitsgesellschaft ist immer noch in der Hauptsache eine Männergesellschaft. Männer definieren sich über ihre erfolgreiche Beteiligung am Erwerbsleben, und auf dieses Ziel hin werden auch heute noch die Jungen erzogen. Was soll aus den Männern werden, wenn der Gesellschaft die Arbeit ausgeht? Welches Bild von Männlichkeit wird entstehen, wenn die Berufsarbeit nicht mehr im Zentrum männlicher Identität und Lebensgestaltung stehen kann?

Die vielbeschworene Krise der Familie ist in erster Linie eine Krise der Männer. Welche Rolle sollen die Väter einnehmen? Werden sie überhaupt noch gebraucht? Als Ernährer, Hausmann, Partner, Zahlvater? Wie sieht die Zukunft der Väterlichkeit aus? Sollen Jungen dazu erzogen werden, später einmal ihre Kinder zu umsorgen und die Hausarbeit zu erledigen? Die Gesellschaft scheint immer mehr Verlierer zu produzieren. Welche Werte soll man den Jungen vermitteln? Kann man es sich wirklich erlauben, sensible Menschen zu erziehen, die einen Blick für den Nächsten und ein starkes Gefühl für Gerechtigkeit haben? Oder braucht es in Zukunft nicht doch eher durchsetzungsfähige Kämpfer?

In der Nachkriegszeit waren die Erziehungsziele und die Wünsche für die Zukunft der Kinder relativ klar. Die Kinder sollten es einmal besser haben. Sie sollten sich in die vorgegebene Ordnung ihres jeweiligen Milieus einpassen, sie sollten lernen, anständig sein und nie mehr Krieg und Hunger erleiden. Eine Generation weiter wurde die Zukunft leuchtend. Die, die es einmal besser haben sollten, waren plötzlich davon überzeugt, alles besser machen zu können, gerade auch im Hinblick auf die Erziehung der Kinder. Ein bis zwei Jahrzehnte später war die Leuchtkraft der großen Entwürfe verblaßt. Die Gesellschaft war reichlich unübersichtlich geworden, aber sie machte sehr viel weniger angst als heute. Mit postmoderner, fast kindlicher Freude wurde registriert, daß alles so schön bunt ist. Es herrschte die Überzeugung vor, daß die Gesellschaft dem einzelnen, wenn er denn nur fit genug ist, ausreichende persönliche und berufliche Chancen zur Verfügung stellen könne. Dieser Glaube ist inzwischen brüchig geworden.

Aber wie will man mit Kulturpessimismus und Zukunftsangst Kinder erziehen? Erwachsene werden noch geraume Zeit versuchen können, sich gegen die rasante Veränderung der Gesellschaft zu sperren. Sie können ihre Besitzstände verteidigen und den Verlust alter Werte beklagen. Jakob wird das alles wenig nützen.

Die Bedingungen, unter denen er aufwachsen wird, können weniger denn je auf dem Reißbrett entworfen werden. Dennoch bleibt die Frage: Was braucht er in seiner Kindheit und Jugend, um ein möglichst selbstbestimmtes und sozial verantwortliches Leben führen zu können? Zum Beispiel im Jahr 2015? Was wollen und können ihm seine Eltern mit auf den Weg geben? Was brauchen sie selber? Was wäre gut und richtig, damit Jakob eine anständige Erziehung erhält? Kann man das überhaupt so sagen: eine anständige Erziehung?

Egal – frisch drauflos: Was braucht der Jakob?

Grundversorgung

Zuerst einmal braucht er, was alle Kinder auf der Welt brauchen: Nahrung, ein Dach über dem Kopf, Kleidung, Platz, Bildung und Gesundheitsversorgung. Es klingt seltsam, in einem reichen Land wie Deutschland solche Grundbedürfnisse zu erwähnen. Tatsache aber ist, daß immer mehr Kinder und Jugendliche in Deutschland in Armut aufwachsen, eine Realität, die nur schwer ins Bewußtsein der Gesellschaft dringt. Nach Angaben des Deutschen Kinderschutzbundes lebt in der Bundesrepublik inzwischen jeder siebte Jugendliche unter der Armutsgrenze (vgl. Taz vom 22. Mai 1997).

Die heute Erwachsenen sind in einer historisch wohl einmaligen Situation gesellschaftlichen Reichtums aufgewachsen. Vielleicht mußten sie manchmal die Klamotten der Geschwister auftragen, und vielleicht hatten die Eltern auch hier und da zu knapsen, aber im Grunde war immer alles da – und zwar reichlich. Manche konnten sich getrost vor den vollen Kühlschrank stellen und lauthals kritisieren, welcher Preis für den Wohlstand zu bezahlen war: Umweltzerstörung, übermäßiger Ressourcenverbrauch, Ausbeutung der Menschen in ärmeren Ländern usw.

Angesichts der berechtigten Forderung, sich von der Wohlstands- und Wachstumsideologie zu verabschieden, muß bedacht werden, daß die meisten nie etwas anderes als Wohlstand kennengelernt haben.

Es wird in der Zukunft um die Verteilung von materiellen Ressourcen gehen, es geht schon heute darum. In einer sich zunehmend entsolidarisierenden Gesellschaft besteht die Gefahr, daß die Schwachen – und zu denen gehören die Kinder und Jugendlichen – zu kurz kommen. Daß sie übers Ohr gehauen werden.

Der Berliner Politologe Peter Grottian (1996) schreibt: «Jugendliche und ihre existentiellen Probleme werden heute kaum wahrgenommen. Dabei wird jeder fünfte Jugendliche zeitweilig oder länger aussortiert, hat also keinen Job und manchmal nicht einmal eine Ausbildung. Dieses Thema kann man aber nur dann auf die Tagesordnung setzen, wenn man auch den Mut hat, das Leben der Elterngeneration auf den Prüfstand zu stellen. Letztendlich halten sowohl die Politik als auch die Gewerkschaften unterm Tisch Händchen für ihre Altbeschäftigten. Es geht fast nur um Beschäftigungssicherung und fast nie um Arbeitsplätze für junge Leute. Und auch die Eltern machen bei dieser Ausgrenzung mit. Sie vermitteln: Wir haben die Jobs, unsere Fleischtöpfe verteidigen wir, und da lassen wir euch nicht ran – und am Sonntagstisch bejammern sie die schwierige Situation. Vor allem die voll aufs Erwerbsleben fixierten Väter fragen sich nicht, was sie selbst für die junge Generation tun könnten – nämlich solidarisch Arbeit umverteilen.» (S. 110)

Peter Grottian setzt darauf, daß «die Jugendlichen endlich wahrnehmen, daß sie um ihre Chancen betrogen werden, daß die Gesellschaft sie zum Teil schamlos und lautlos verrotten läßt». Er sieht es als seine Bürgerpflicht an, «systematisch Jugendrevolte zu schüren» (ebd.).

Jakobs Eltern werden sich darauf einstellen müssen, daß diese Gesellschaft möglicherweise immer weniger bereit sein wird, sich um ihre Kinder zu kümmern. Deren Rechte auf Kindergarten- und Hortplätze, auf Spielräume, auf Bildung, auf Freizeiteinrichtungen und Ausbildungschancen sind keinesfalls gesichert. Jakobs Eltern werden ihren Sohn nicht nur anständig erziehen, sie werden beständig um seine Interessen kämpfen müssen.

Der Generationenkonflikt ist nicht nur in der Gesellschaft, sondern in jeder einzelnen Familie virulent. Weil mit der Aufzucht von Kindern immense gesellschaftliche Nachteile verbunden sind, birgt diese These ein gewisses Maß an Gemeinheit in sich. Aber es ist durchaus zweifelhaft, ob wirklich jede Fünfzigtausend-Mark-Familienkutsche «wegen der Kinder» angeschafft wird oder ob die drückende Verschuldung durch ein schlecht finanziertes Eigenheim wirklich immer im Interesse des Nachwuchses ist.

Die gesellschaftlichen Leitbilder, wie Familien möglichst ausgestattet sein sollen, welche Kleider die Kinder anhaben müssen, wie sich Familienväter und gute Mütter zu verhalten haben, stehen keinesfalls immer im direkten Zusammenhang mit dem Kindeswohl. Jakob braucht Eltern, die möglichst mit anderen zusammen Wege finden, weniger einsam den Zwängen einer konsumgeilen Gesellschaft ausgeliefert zu sein. Familienaufbau wird zu oft ausschließlich als materieller Aufbau verstanden. Es wäre nicht in Jakobs Interesse, wenn sein Vater gerade darüber nachdächte, daß es doch nun, wo das Kind da ist, eigentlich an der Zeit wäre, Parkett in die Küche zu legen.

Auf noch eine andere Weise wirkt der Generationenkonflikt in die Familien hinein. Die von Frauen seit mehr als zwanzig Jahren vorgebrachte Forderung nach besseren Möglichkeiten zur Vereinbarkeit von Familie und Beruf findet ihre Zuspitzung in der Forderung nach der Vereinbarkeit von «Kind und Karriere». Während Frauen davon berichten, daß dieses Ziel für sie nur sehr schwer zu realisieren ist, gehört es zum traditionellen Bild vom Familienvater, sich gerade *wegen* der Kinder verstärkt im Beruf zu engagieren. Väter berichten in Umfragen, daß sie sich gerne mehr um ihre Kinder kümmern würden, wenn sie nicht befürchten müßten, deshalb berufliche Nachteile zu erleiden. Im Konflikt zwischen Familie und Beruf entscheiden sich die meisten Männer dafür, Nachteile im Beruf zu vermeiden und in ihrem Privatleben in Kauf zu nehmen. Daß viele Väter wenig Zeit und Platz für ihre Kinder haben, ist keinesfalls immer nur die Folge objektiver Zwänge, sondern ebenso Ergebnis freier Entscheidungen.

Ganz still und leise hat sich hinter dem Rücken der Frauenforderung nach Vereinbarkeit von Familie und Beruf die Idee breitgemacht, daß einem, der Kinder hat, bitteschön alle Vorteile zustehen, die ein Leben ohne Kinder mit sich bringen kann. Bei aller berechtigten Klage über die gesellschaftliche Benachteiligung der Familien: Kinder in die Welt zu setzen bedeutet auch einen Verzicht auf andere Lebensoptionen. Die Idee, man hätte einen verbrieften Anspruch darauf, mit Freude Kinder großzuziehen, Karriere zu machen, ein trautes Zuhause und astreine Selbstverwirklichung im Beruf zu erleben – darüber werden die Leute im Jahr 2015 wahrscheinlich nur den Kopf schütteln. Jakobs Eltern werden ihren Sohn besser auf die Zukunft vorbereiten können, wenn sie selber darauf verzichten, angestrengt und ehrgeizig alle diese Lebensziele auf einmal umsetzen zu wollen.

Die Mehrheit der Menschen in der Bundesrepublik wird im Jahr 2015 voraussichtlich nicht auf einem derart hohen materiellen Niveau leben wie heute. Jakobs ganz persönliche Zukunft ist nur dann halbwegs positiv denkbar, wenn sich spätestens in seiner Generation die Erkenntnis durchgesetzt haben wird, daß der übertriebene Konsum in den reichen Ländern aufhören muß.

Platz

Die Unwirtlichkeit unserer Städte betrifft Jungen in starkem Maß. Ein Junge, den wir toll finden, erkundet und erobert seine Umgebung. Er bildet Banden, erlebt Abenteuer und Gefahr. Er hat geheime Orte, mit anderen Jungen zusammen eigene Regeln, eigene Wege. Ein Junge ist stolz, mutig und unabhängig. Manch einem mögen diese Werte martialisch, unrealistisch, vielleicht sogar gefährlich erscheinen. Aber man sollte sich daran erinnern, woran das eigene Herz mit zehn oder elf Jahren gehangen hat.

Was in der Pädagogik unter dem Stichwort «Veränderte Kindheit» behandelt wird, hat für Jungen unter anderem zur Folge, daß es keine Spiel-Räume mehr gibt, um Banden zu bilden und heldenhaft zu sein. Es ist für Ritter, Polarforscher, Krieger und Cowboys sehr kränkend, von der Mutter zum speziellen Einsatzort gebracht zu werden. Schlimm ist, daß die Jungen von solchen männlichen Idealentwürfen voll bis oben hin sind, aber nichts davon ausprobieren können, weil sie nur noch als mediale Wirklichkeit existieren. Man kann in der Grundschule auf dem Schulhof erleben, wie alles zur Geste, zur Andeutung wird: Wenn sich die ganzen Kämpfer nur noch mit gespielten Karatetritten begrüßen. Es gibt Zwölfjährige, die zehn effektive Tötungstechniken ohne Ballermann und Messer kennen, aber noch nie in ihrem Leben eine Nachtwanderung mitgemacht haben.

Wenn man es einfach einmal als Wunsch von Jungen annimmt, Welt zu ihrer eigenen Welt zu machen, dann muß man sehen, was passiert, wenn die nahe Welt zubetoniert ist und von den Autos beherrscht wird. Dann kann es nur darum gehen, mit dem Skateboard oder den Inline-Skates die Bürgersteige unsicher zu machen, mit dem Rollbrett die Treppe hinaufzukommen, sehr kunstvoll und elegant, aber eben ohne direkten Kontakt zum Boden. Die unwirklich-wirkliche Eroberung des nahen Raumes muß dann warten bis zur Führerscheinprüfung. Was dieser Satz bedeutet, zeigt die Jugendkriminalität. Wenn es keine Kriminalität rund ums Autofahren gäbe, könnten rund sechzig Prozent der Kapazitäten in den Jugendknästen anderweitig genutzt werden. Wie wenig Platz die

Kinder haben, zeigt sich unter anderem auch an der zunehmenden Zahl von Kindern, die unter Koordinations- und Bewegungsstörungen leiden. Wir sind auf dem rasanten Weg in eine Informations- und Wissensgesellschaft. Was wird in dieser Gesellschaft aus den Körpern werden?

Viele junge Familien streben danach, ein eigenes Haus mit einem Garten zu haben. Dort ist dann Platz für die Kinder. Gleichzeitig werden die Städte den Autos, den Verwaltungsbauten, dem Massenkonsum und den alleinstehenden Erwachsenen überlassen. In einer Stadt wie München leben nur noch in siebzehn Prozent aller Haushalte Kinder. Man könnte auch sagen: Die Leute mit Kindern räumen das Feld. Bürgerinitiativen, die sich in den achtziger Jahren für Wohnumfeldverbesserung in städtischen Quartieren eingesetzt haben, gibt es kaum noch. Kommunalpolitiker, die ihre Stadt durch Verkehrsberuhigung auch kindgerechter gestalten wollten, sind vielerorts wieder abgewählt worden. Auch hier haben die Erwachsenen im Generationenkonflikt einfach ihre Macht ausgespielt. Schnauze halten, Gameboy spielen.

Jakobs Wohlbefinden wird in der Zukunft auch davon abhängen, ob man ihn in der Stadt als Kind oder nur als kleinen Konsumenten haben will.

Natur

Natur-, Tier- und Umweltschutz sind heute für viele Jugendliche wichtige Themen. In der Schule werden sie immer wieder angehalten, für die Natur zu sorgen. Kinder und Jugendliche müssen aber nicht nur lernen, der Natur pfleglich und sorgsam zu begegnen. Sie brauchen überhaupt Begegnungen mit der Natur. Die Natur kann einem ein Gefühl von Begrenzung, Demut und Geborgenheit vermitteln. Doch in den Zeiten des Massentourismus ist das Naturerlebnis zu einer Ware geworden. In weniger als vierundzwanzig Stunden kann man fast jedes Naturwunder in der Welt erreichen und komfortabel aus der Nähe betrachten.

Eine schlichte Buche braucht mindestens hundertfünfzig Jahre, bis es lohnt, ihr Holz zu verwerten. Ein solcher Satz klingt vielleicht ein wenig profan und irgendwie nach sauerländischem Gebirgsverein. Aber zu einem guten Leben gehört der Respekt vor der Natur. Und *Naturerfahrung* sollte zu Jakobs Alltag gehören. Sein Vater sollte darüber nachdenken, ob es wirklich ein so großes Glück wäre, ein Jahr lang Überstunden zu machen, um seinem Sohn den Grand Canyon zu zeigen. Vielleicht ist sein Sohn viel zufriedener, wenn er sich und ihn im sauerländischen Gebirgsverein anmeldet.

Gerade für Jungen ist es wichtig, in Begegnungen mit der Natur die eigene Begrenzung zu erfahren. Daß sich so viele männliche Jugendliche heute in verrückte Gefahren begeben, hat eine Menge mit der Künstlichkeit unserer Welt zu tun. Auf dem beständigen und langweiligen Weg vom Schlafquartier zur Einkaufsmeile – eigentlich ist es eine richtige Idee, sich auf das Dach der S-Bahn zu setzen!

Vater und Mutter

Vater und Mutter – das deutet darauf hin, daß es mindestens ein Kind gibt –, und schon kann man das Ganze als Familie bezeichnen. Die Erfahrungen eines Menschen mit Vater und Mutter sind ganz entscheidend dafür, auf welche Weise er in der Welt steht oder, bezogen auf unser Thema, auf welche Weise er seinen Mann steht.

Für die heute Erwachsenen hat das Wort Familie einen eher zwielichtigen, zumindest zweideutigen Klang. Es ist noch nicht lange her, da sagte man zu Familie noch «Sozialisationsinstanz», und gemeint war damit, daß sie so eine Art Durchlauferhitzer darstellt – für all den Schrott der bürgerlichen Gesellschaft, für Benimm- und Besitzregeln und für eine repressive Moral. Familie, das stand zudem für den Rückzug der Elterngeneration in die Privatheit, für konservative Ideologie, sexuelle Unterdrückung und Langeweile. Alternativen zur Familie wurden propagiert und erprobt. Auch was unter uns damals noch jungen Erwachsenen unter dem Stichwort «alternative Lebensformen» zumeist in endlosen Diskussionen über Spülberge endete, war als Gegenentwurf zur – wie hieß das damals noch? – ‹bürgerlichen Kleinfamilie› konzipiert.

Mit der Zeit trat ein weiterer Strang der Kritik an Familie immer mehr in den Vordergrund: die Kritik der Frauenbewegung an der Arbeitsteilung zwischen den Geschlechtern. Und – als hätte man es nicht schon immer gesagt – es wurde zunehmend deutlich, daß die Familie für Kinder keinesfalls einen Hort der Sicherheit, Idylle und Unversehrtheit bildet, sondern daß dort in erschreckendem Ausmaß Kinder geschlagen, mißhandelt, mißbraucht und vernachlässigt werden.

Darüber hinaus ist ein rasanter Zerfall familiärer Strukturen zu beobachten. Wenn man früher vom verflixten siebten Jahr sprach, muß heute schon eher vom verflixten siebten Monat gesprochen werden. Immer weniger Eltern schaffen es, ihren Kindern einen halbwegs kontinuierlichen und sicheren Ort zum Aufwachsen bereitzuhalten – eine Entwicklung, die von der Familiensoziologie eher kühl kommentiert wird. Familienpolitik schließlich haftet immer noch der Ruf des Konservativen an und wird den Konservativen überlassen. Mit den Sonntagen in der kleinen Stadt, in der sich selbst die Spinne langweilt, wollten und wollen viele einfach nichts zu tun haben.

So beharrlich der Traum vom traditionellen Familienglück auch bei jungen Leuten präsent ist: Als das vermeintliche Idyll vergangener Tage kann Familie heute und in der Zukunft kaum mehr funktionieren. Familie existiert schon heute in vielfältigen Formen. Wobei man sich kritisch ansehen muß, ob die

Familien ihren Aufgaben überhaupt noch gerecht werden können.

Es wird zur Zeit über dieses Thema diskutiert, als hätte man das große Los gezogen und könnte sich aus der schönen postmodernen Wundertüte selber aussuchen, wie man Familie leben will. Zur Zeit scheint alles möglich zu sein und ziemlich viel schiefzugehen. Das schöne Wort von der «seriellen Monogamie» beispielsweise ist eben nicht ohne weiteres mit den Anforderungen der Kinderaufzucht in Einklang zu bringen. Welche Bindungserfahrungen, welche Trennungen und Elternkämpfe Kinder heutzutage erleben, erscheint oft beliebig. «Das ganz normale Chaos der Liebe», das Ulrich Beck und Elisabeth Beck-Gernsheim (1990) beschrieben haben – wie paßt es mit den Interessen der Kinder zusammen?

Wie es Jakob ergeht, wird auch davon abhängen, ob es in der Zukunft gelingen wird, Familie wieder sicherer, lebendiger und tüchtiger zu machen. Das muß und kann auf Dauer nicht mehr die isolierte Kleinfamilie sein. Es hat auch wenig Sinn, das katholische Eheversprechen ‹Bis daß der Tod euch scheidet› zu beschwören, weil lebenslanger Eheknast für mitinhaftierte Kinder auch kein Zuckerschlecken ist. Andererseits ist der Umstand, daß die elterliche Liebe und die Liebe zwischen Mann und Frau immer häufiger getrennte Wege gehen, nicht im Interesse der Kinder.

Die Zukunft der Familie liegt im Konzept der geteilten Elternschaft. Beide, Mann und Frau, sollen nach draußen gehen und zum gemeinsamen Einkommen beitragen können, ebenso wie sie die Lasten und Freuden der Familienarbeit möglichst gleich aufteilen. Beide sollen eine halbwegs befriedigende Berufsbiographie hinbekommen. Jakobs Vater wäre ein unrealistischer Spinner, wenn er es zuließe, daß die berufliche Qualifikation seiner Frau im Kochtopf verdampft. Die Rolle des Familienernährers muß auf beide Eltern verteilt werden. Der Begriff der Zukunft heißt ‹FamilienernährerIn›.

Jakob muß fit gemacht werden für die spätere Arbeit in seiner Familie, weil es ihm ansonsten passieren kann, daß er überhaupt keine Familie wird gründen können. In Amerika gibt es ganze Wohnbezirke, wo es üblich ist, daß die Frauen die Kinder aufziehen und die jungen Männer irgendwo herumstromern. In Milieus mit hoher struktureller Arbeitslosigkeit ist es für die Frauen häufig objektiv nicht sinnvoll, mit dem Vater ihres Kindes oder ihrer Kinder zusammenzuleben, weil er als Familienernährer nichts oder nur wenig beizutragen und nicht gelernt hat, sich auf andere Weise an der Familienarbeit zu beteiligen. «Mitte der achtziger Jahre besaßen nur noch 45 von 100 schwarzen Frauen die Möglichkeit, eine Beziehung mit einem schwarzen Mann Anfang Zwanzig einzugehen, der in Lohn und Brot stand», schreibt die Sozialwissenschaftlerin Angela Phillips (1995), «und ein Mann ohne Einkommen hat keinen Wert in einem Familiensystem, in dem Geldverdienen als einzige Funktion des Mannes gilt.» (S. 14)

Jakobs Eltern sollten ihren Sohn für ein Leben erziehen, in dem Erwerbs- und Familienarbeit fair zwischen den Geschlechtern aufgeteilt sind. Entscheidend ist das erlebte Vorbild der Eltern. Wie weit die Gesellschaft davon entfernt ist, die Kinder in eine solche Richtung zu erziehen, zeigt eine Zahl aus dem neunten Jugendbericht der Bundesregierung von 1995. Nach wie vor müssen Jungen nur halb soviel im Haushalt mithelfen wie Mädchen. Jakob sollte dieses vermeintliche Privileg nicht in Anspruch nehmen dürfen.

Vorbilder

Die pädagogische Diskussion wurde in der letzten Zeit sehr vom Thema der Jugendgewalt beherrscht. Oft ging es um die Frage, welchen Einfluß Gewaltdarstellungen in den Medien auf Kinder und Jugendliche haben.

Die gewalttätigen Vorbilder in den Medien sind fast ausschließlich männliche Vorbilder. Propagiert, verherrlicht und ausgekostet wird Männergewalt. Offenbar gibt es ein großes Bedürfnis von Jungen und Männern (und offenbar auch von Frauen) nach Identifikation mit männlichen Idolen, Helden, Gewinnern und Kämpfern. Selbst das Bild des Kriegers taucht wieder auf – nicht zuletzt in Teilen der Männerbewegung. Wir würden uns jedenfalls nicht wundern, wenn so manches Männerbüro demnächst in «Ernst-Jünger-Zentrum», «John Wayne-Forum» oder «Luis-Trenker-Stuben» umbenannt werden würde.

Idole helfen, eine als ungenügend oder unsicher erlebte eigene Identität zu erweitern und zu stabilisieren. Im Alltag sind Jungen zumindest bis zum zehnten Lebensjahr fast nur von Frauen umgeben, die sich um sie kümmern und sie ausbilden. Die realen Helden, von denen sie lernen könnten, was ein Mann ist, stehen ihnen zuwenig zur Verfügung. Jakob braucht männliche Vorbilder, von denen er sich abschauen kann, wie man als Mann sein Leben bewältigt. Jakobs Vater wird in der Nähe seines Sohnes gebraucht. Jakob muß ihn oft anschauen können, damit er nicht soviel zu irgendwelchen Knallköppen aufschauen muß.

Mit «Vorbild» ist nicht gemeint, daß Jakobs Vater ein moralinsaurer Miesepeter sein soll. Im Gegenteil. Ihm muß es als Vater gutgehen. Er muß Spaß haben, nach Hause zu kommen. Er muß sich darum kümmern, daß ihm sein Privatleben paßt, und er darf diesen Bereich nicht so sehr seiner Partnerin überlassen.

Selbstbewußtsein

Seit langem geht es in der feministischen Mädchenarbeit darum, den Weg breiter zu machen, den ein Mädchen gehen kann, und darum, Steine aus dem Weg zu räumen und das Zutrauen zu stärken, daß sie ihren eigenen Weg schon wird gehen können. Ähnliches steht für die Jungenerziehung noch aus. Der Weg eines Jungen, eines ‹richtigen› Jungen, ist oftmals zu schmal. Und die dicksten Steine, die herumliegen, sind unbesetzte Männlichkeiten; Aufträge und Delegationen von uns Großen, die am Rand des Weges stehen: «Schneller, Junge! Stell dich nicht so an! Du schaffst das, und zwar locker! Vorsicht, Hintermann!»

Viele Jungen sind überfordert. Ein Mann zu werden – das darf in der Zukunft nicht mehr so ein knüppelharter Job sein, und nichts wird einfacher dadurch, daß den alten Botschaften von Kraft, Wehrhaftigkeit, Erfolg und trotziger Unabhängigkeit neue, gegensätzliche Botschaften hinzugefügt und zusätzlich Sanftheit, Sensibilität und Empathie gefordert werden.

Jakob braucht das Selbstvertrauen, auch dann ein ‹richtiger› Junge zu sein, wenn er von allzu starren Rollenerwartungen abweicht. Er braucht die Rückendeckung seiner Eltern, um sich gemäß seiner Qualitäten, Vorlieben und Macken ganz eigen zu entwickeln und sich dennoch wie ein richtiger Junge zu fühlen. ‹Neue Männer› muß und kann man nicht erziehen. Man muß nur aufhören, die Jungen zu verbiegen. Dabei bedeutet Jungenpädagogik nicht, die armen Jungen in einem fort zu bedauern oder ihnen zu gestatten, ihre Probleme auszuagieren und andere herunterzuputzen. Wer ständig andere herunterputzt, vergißt nämlich das Wachsen.

Es ist Jakob zu wünschen, daß er ein starker, stolzer Junge wird, dem kein Zacken aus der Krone bricht, wenn er Hilfe oder Rat braucht. Daß er, von bestimmten Phasen in der Pubertät vielleicht einmal abgesehen, nicht als ‹lonesome Cowboy› durch die Welt reiten muß. Sein wichtigstes Vorbild wird dabei der eigene Vater sein. Wird der es im ganzen Berufs-, Alltags- und Familienstreß schaffen, Freundschaften zu pflegen? Oder wird er ein vielleicht lieber, aber doch verdammt einsamer Papa sein?

Jakob sollte viele weiche und sanfte Erfahrungen mit seinem Körper machen: tanzen, Musik machen, Theater spielen, balancieren, reiten, schmusen, massieren, singen, trösten, im Arm halten. In der Kindheit vieler Jungen gibt es zuwenig Zärtlichkeit. Dabei lieben Jungen Berührungen auch dann noch, wenn sie längst nicht mehr klein und nicht mehr Mamas Liebling sind.

Über Erziehungsziele kann man trefflich streiten. Wir meinen, daß Jakob kein harter, sondern ein weicher Mann werden sollte. Er wird dann die Anforderungen, die das Leben an ihn stellt, besser bewältigen können. Und er wird sich besser fühlen können.

Heimat

Kann ein Einkaufszentrum Heimat sein? Ist es ein Gewinn, daß man fast überall auf der Welt Maggi-Suppe kaufen kann?

Jeder Mensch hat eine eigene Lebensgeschichte, die mit konkreten Orten und Menschen verbunden ist. Jeder hat Wurzeln, die über die Geschichte seiner Familie in ihm lebendig sind. Nur mit zwanzig denkt man, in der ganzen Welt zu Hause zu sein. An welchen Orten wird Jakob zu Hause sein? Und was wird an diesen Wegen und Orten unverkennbar und eigenartig sein?

Es gibt Völker, denen man große Gastfreundschaft attestiert. Diese Gastfreundschaft ist häufig mit großem Stolz auf das Eigene verbunden, einem unabhängigen Stolz, der sich nicht gegen andere abzugrenzen braucht. Wer in seinem Haus, in seiner Region, vielleicht auch in seinem Land Eigenartiges und Besonderes hat, kann es mit Stolz zeigen und die anderen daran teilhaben lassen.

In unserer Jugend schien es eine Frage des Überlebens zu sein, an einen Parka aus dem US-Shop zu kommen, und es ist heute eigentlich kaum nachvollziehbar, wie es möglich war, diese Zeit in einem kackbraunen Anorak zu überleben. Heute definiert sich Zugehörigkeit noch mehr als früher über die Verfügbarkeit bestimmter Konsumartikel. Es entstehen zwar immer wieder neue «Szenen», aber sie sind oft seltsam künstlich, kurzlebig und in der Regel absolut durchkapitalisiert. Zugehörigkeit gibt es immer nur so lange, wie große Konzerne damit viel Geld verdienen können.

In einer individualisierten Gesellschaft lösen sich traditionelle Milieus und Sozialbindungen mehr und mehr auf. Die Erwachsenen gestalten ihre Beziehungen möglichst nach dem Prinzip der Freiwilligkeit. Diese Entwicklung kann einen Verlust an Gemeinschaft, aber natürlich auch einen Zugewinn an Gestaltungsfreiheit bringen. Niemand muß mehr in die Kirche, zur Jugendfeuerwehr, zum Kaffeetrinken bei der Schwiegermutter, zum Dia-Abend bei Schulzes. Sport wird gegen Cash gebucht, dafür spart man sich die Jahreshauptversammlung und den Posten als Schriftführer. Spiritualität läßt sich auch in Workshops erleben, was braucht es dicke Bücher?

Die Beziehungen zwischen Eltern und Kindern beruhen nicht auf Freiwilligkeit. Jakob hat sich seine Eltern nicht aussuchen können und wird wohl bis zum Jahr 2015 auf sie angewiesen sein. Sie wiederum haben sein Erscheinen vielleicht geplant und gewollt, und nun ist er einfach da und kann an keiner Reklamationskasse wieder abgegeben werden. Während sich also in der Gesellschaft die Beziehungen individueller, freiwilliger, autonomer und unverbindlicher gestalten als früher, gelten innerhalb der Familie andere Regeln. Familie kann unter diesen Umständen mehr denn je einsam machen: Draußen das

Prinzip der freien Vereinbarkeit und drinnen gut abgeschottet Bindung, Harmonie und Verläßlichkeit. Als in sich geschlossenes, abwehrendes System verhindert Familie jedoch Entwicklung. Jakobs Wohlbefinden wird also auch davon abhängen, ob es seinen Eltern gelingt, sich ein Milieu von Nachbarschaft, Freundschaft und gegenseitiger Hilfe zu schaffen, das mit den Aufgaben der Kinderaufzucht zusammenpaßt. Im Jahr 2015 werden sowieso nicht mehr in einem Mietshaus zehn Waschmaschinen gleichzeitig laufen und nicht mehr zehn Frauen an zehn Herden für ihr Kind kochen können. Erwerbsarbeit und Massenkonsum werden nicht mehr so zentral das gesellschaftliche Leben bestimmen wie heute. Neue Wohnformen für Familien, die mehr gemeinsames Wirtschaften ermöglichen, Platz für Kinder, Strukturen von Eigenarbeit und gegenseitiger Nachbarschaftshilfe – Jakobs Eltern werden die Verhältnisse, die ein Gefühl von Zugehörigkeit vermitteln können, selber gestalten müssen.

Jedenfalls wäre es nicht gut, wenn Jakob in seiner Kindheit womöglich der wechselhaften Beziehungsgeschichte seiner Eltern hinterherstolpert und auch darüber hinaus kaum das Gefühl entwickeln kann, irgendwo zu Hause zu sein. Schon heute gibt es zu viele Kinder, die sich nur noch in bestimmten Fernsehserien oder Computerprogrammen zu Hause fühlen. Politiker sprechen davon, daß Jakob in der Zukunft vor allem anderen Zugang zu Information und Wissen brauchen wird. Erst einmal, so möchten wir dagegenhalten, braucht er Zugang zur Erfahrung. Und je kleiner er ist, um so dringlicher braucht er dazu eine nahe Welt.

Die Anforderungen an Arbeitnehmer haben sich verändert. Ein moderner Arbeitnehmer muß, um mithalten zu können, mobil, flexibel und ständig veränderungsbereit sein. Was sich nicht geändert hat, ist der Umstand, daß Kinder ziemlich unfertig auf die Welt kommen. Wir können über das Internet problemlos eruieren, wie gerade das Wetter in Ohio ist, oder mit einer virtuellen Liebsten in Australien parlieren. Aber Jakob braucht keinen Wetterbericht und keine virtuellen Liebschaften. Er braucht die Brust oder seine Flasche.

Nur durch allgemeine Arbeitszeitverkürzungen und durch eine *familienfreundliche* Flexibilisierung der Arbeitswelt gerade auch für die Männer werden sich die Erfordernisse des Berufs und der Familie auf die Dauer miteinander verbinden lassen. Mobil und flexibel im Sinne veränderter Produktionsverhältnisse ist zur Zeit vor allen Dingen der Mann, der keine Kinder oder eine ‹uneigennützige› Frau zu Hause hat. Die Zukunft kann nicht darin bestehen, daß sich Jakobs Vater in einer olympiareifen und zu jeder Überstunde bereiten Restbelegschaft abschuftet oder als überflüssig ausgemustert wird. Die Zukunft kann nicht darin bestehen, daß Jakobs Mutter zwischen frustrierendem Familienalltag und deregulierten Zuverdienst-Verhältnissen hin und her pendelt. Die Zukunft besteht in einer anderen Verteilung und in einer anderen Bewertung der Arbeit.

Man kann ja mal träumen: Im Jahr 2015 wird sich das Verhältnis zwischen bezahlter und unbezahlter Arbeit verändert haben. Die Arbeit ist zwischen den Geschlechtern, sie ist überhaupt fairer verteilt. Die Gesellschaft, Jakob, sein Vater, seine Mutter, sie werden deutlich weniger konsumieren und weniger Energie verbrauchen als heute. Die Männer werden nicht mehr davon träumen, zu kämpfen und zu erobern. Nachhaltigkeit, Sorge, Sanftheit und Solidarität werden die zukünftigen Werte der Männer sein. Der Globalisierung der Kapitalströme und der Produktion wird die internationale Solidarität entgegenstehen. In die multikulturelle Gesellschaft werden sich nicht nur die ‹Ausländer›, sondern auch die Inländer integriert haben. Jakob wird im Jahr 2015 ein selbstbewußter junger Mann sein, der seine Ressourcen, seine Liebesfähigkeit und seine Phantasie gut entwickelt haben wird. Er wird damit die Zukunft auf eine Weise gestalten, die sich die heute Erwachsenen vielleicht wirklich nicht vorstellen können.

Haltlosigkeit und Liebeshunger
Wer schützt die Jungen vor Gewalt?

Wenn sich der nachdenkliche Mann von heute über Gewalt ausläßt, dann heißt es stets und schuldbewußt: Die Gewalt – da gibt es kein Vertun – ist männlich. Jungen und Männer sind die Täter, Mädchen und Frauen die Opfer. Junge und alte Männer führen Kriege, vergewaltigen Frauen, mißbrauchen Mädchen, zünden Asylantenheime an, liefern sich Straßenschlachten mit der Polizei, randalieren in den Fußballstadien, und schon die Kleinen bewehren sich mit Messern oder prügeln sich pausenlos im Pausenhof. Das ist tatsächlich so. Schließlich leben wir in einer patriarchalischen Gesellschaft.

Was aber wäre von einem zu halten, der sich hinstellte und sagte: Ich bin kein Vergewaltiger, und ich schlage auch keine Frauen. Meine Sexualität ist o.k., und ich prügele mich auch nicht mit anderen Männern. Ich kann meine Gefühle meistens ganz gut ausdrücken, halbwegs klar denken, gut reden und gut zuhören. Überhaupt, ich bin ein ganz netter Kerl.

Ja aber, wird man sagen: Wer garantiert denn dafür, daß er nicht doch irgendwann einmal zuschlägt, weil er ja könnte, wenn er wollte? Eine heftige Selbstwertkrise, und schon schlägt er zu! Vielleicht tut er ja nur so unschuldig und ist in Wirklichkeit extrem aggressionsgehemmt und überangepaßt – ein schlafender Vulkan sozusagen. Vielleicht hat er ein schwaches männliches Ich, und irgendwann knallt ihm eine Sicherung durch? Und dann läßt er andere spüren, was ihm weh tut. Die Männerforschung jedenfalls kommt zu dem Ergebnis, daß der Gewalttätige sich durch einen deutlichen Mangel an Selbstwertgefühl und Selbstliebe auszeichnet, durch nichtintegrierte aggressive Persönlichkeitsanteile und mangelnde Fähigkeiten zur gewaltlosen Selbstbehauptung (vgl. Lothar Böhnisch und Reinhard Winter 1994, S. 205).

Fast jeder Mensch hat eine mehr oder weniger stark ausgeprägte Gewaltbiographie. Ob Mann oder Frau, die meisten machen von Kindheit an Erfahrungen mit unterschiedlichen Formen von Gewalt. Sei es vornehmlich als Opfer und/oder als Täter bzw. Täterin. Welches Geschlecht dabei mehr auf der Opferseite oder stärker auf der Täterseite gesehen wird, hängt nicht nur von offensichtlichen Tatsachen ab. Die Wahrnehmung folgt auch moralisch-ideologischen Haltungen und gesellschaftlichen Zuschreibungen über das ‹Wesen› der Geschlechter. Sie unterliegt außerdem etlichen Tabus. Mädchen und Frauen werden häufig als Täterinnen übersehen, und es gibt auch erhebliche Wahrnehmungsblockaden gegenüber männlichen Opfern. Im äußerst facettenreichen Gewaltkomplex sind das weibliche Subjekt und das männliche Objekt zwei Variablen, die man in der Mathematik «Unbekannte» nennen würde.

Nach der Polizeistatistik des Bundeskriminalamtes von 1995 (Michael Baurmann 1997) stellen Jungen und Männer fast 82 Prozent der Tatverdächtigen bei Gewaltdelikten, allerdings auch 64 Prozent der Opfer. Sie sind besonders von Körperverletzungen betroffen, die mehr als die Hälfte aller Gewalttaten ausmachen. Im Vergleich dazu werden Mädchen und Frauen überwiegend Opfer sexueller Gewalt, deren Anteil an allen angezeigten Gewalttaten allerdings ‹nur› fünf Prozent beträgt.

Laut Polizeistatistik richtet sich der Großteil der männlichen Gewalt also gegen die eigenen Geschlechtsgenossen. Mädchen und Frauen sind vergleichsweise weniger betroffen, und wenn, dann vor allem von sexuellem Mißbrauch, Nötigung und Vergewaltigung.

Auch die Zahlen über mißhandelte Kinder und ihre Peiniger und Peinigerinnen bringen das übliche Opfer-Täter-Schema durcheinander. Nach Auskunft des Deutschen Kinderschutzbundes gab es 1993 allein in den alten Bundesländern etwa 40 000 polizeilich bekanntgewordene kindliche und jugendliche Opfer, die durch gewalttätige Angriffe geschädigt wurden. Anders als bei der allgemeinen polizeilichen Gewaltstatistik hielten sich die männlichen und weiblichen Opfer in etwa die Waage. Ähnlich war jedoch auch hier die geschlechtsspezifische Opferschaft: Bei den diversen Formen schwerer Körperverletzung waren mehrheitlich Jungen die Betroffenen. Ihr Anteil betrug 73 Prozent. Beim sexuellen Mißbrauch war es umgekehrt: Hier waren 79 Prozent der Opfer Mädchen.

Im Rahmen einer Studie der «Unabhängigen Regierungskommission zur Verhinderung und Bekämpfung von Gewalt» gaben 1990 laut Kinderschutzbund fast 10 Prozent der Mütter und 8 Prozent der Väter an, ihr Kind gelegentlich mit einem Stock oder Gürtel zu schlagen. Die Anzahl der jedes Jahr körperlich schwer gezüchtigten Kinder unter 15 Jahren wird auf 1,2 Millionen geschätzt (Deutscher Kinderschutzbund e. V.).

Der Bielefelder Pädagogikprofessor Wilhelm Heitmeyer (1995) ließ Anfang der 90er Jahre mehrere tausend Jugendliche nach ihren bisherigen Erfahrungen mit Gewalt befragen. Mehr als die Hälfte der Jungen und Mädchen nannte erlittene Gewalt durch Prügel, Eingesperrtwerden, Erniedrigungen und sexuelle Übergriffe. Auch hier ergab sich das gleiche Bild: Mädchen erlebten mehr sexuelle Gewalt, Jungen wurden mehr geprügelt.

Am häufigsten hatten die befragten Jugendlichen Gewalt durch andere Kinder und Jugendliche erlebt (rund ein Drittel), gefolgt von Gewalt durch den Vater (rund ein Sechstel) und dicht darauf Gewalt durch die Mutter (ebenfalls fast ein Sechstel). Außerdem stellte sich heraus, daß Jugendliche mit früheren Gewalterfahrungen (insbesondere Schläge) später nicht nur häufiger selbst gewalttätig, sondern auch häufiger Opfer von Gewalt wurden als jene, die keine Gewalt erleben mußten (vgl. S. 180).

Von der sogenannten häuslichen Gewalt gegen Kinder und Frauen erfährt die Polizei nur selten etwas. Entsprechend hoch ist die Dunkelziffer. Aber nicht nur die Gewalt prügelnder Väter und Ehemänner bleibt häufig unentdeckt. Zahlreich sind auch die ungeahndeten Fälle, in denen Mütter ihre Kinder «windelweich prügeln» – eine bei näherer Betrachtung äußerst bedenkenswerte Redewendung, die auf ein stark tabuisiertes Gewaltverhältnis hinweist.

Das wirkliche Ausmaß der alltäglichen Gewalt läßt sich an Hand polizeilicher Statistiken bloß erahnen. Deutlich ist aber, daß Jungen nicht nur als Täter, sondern auch als Opfer Erfahrungen mit Gewalt machen – ein Fakt, der in der Diskussion über Gewalt kaum berücksichtigt wird. Es scheint, als würden Männer als *das* Tätergeschlecht ihren Kredit für Mitleid schon auf Kindesbeinen kollektiv verspielen.

Der Sozialwissenschaftler Hans-Joachim Lenz (1996) hat mit seinem Buch «Spirale der Gewalt» Licht in diese dunkle Ecke gebracht. Er nimmt sich heraus, den Blick beharrlich auf die erlittene Gewalt von Jungen zu richten, ohne sich unentwegt dafür zu entschuldigen. Er wendet sich gegen den reflexartigen Automatismus (auch vieler ‹Bewegungsmänner›), männliche Opfererfahrungen zu verneinen, oder zumindest nicht ernst zu nehmen, weil das Leid der Mädchen und Frauen schließlich viel schlimmer sei.

In seinem Buch läßt er Männer ihre Gewaltbiographie erzählen, wozu die meisten der Interviewten zum ersten Mal in ihrem Leben die Gelegenheit hatten. Es entstanden schockierende Berichte über seelische und körperliche Grausamkeiten und über oft erfolglose Versuche, sich hilfesuchend an Außenstehende zu wenden. Darüber hinaus setzt er sich mit Wahrnehmungsblockaden gegenüber männlichen Opfern auseinander und verortet sie als Teil der Gewaltspirale, die zu neuen Tätern und Opfern führt: «Männliche Opfer stehen vor der Entscheidung, entweder ihre Opfererfahrung zu verarbeiten oder zum Täter zu werden.» (S. 150) Ihm ist daran gelegen, die verstellten Wege zur Bewältigung männlicher Gewalterfahrungen freizuräumen, wozu besonders das Wahrgenommenwerden und Erzählendürfen gehören – auch, um die Chancen zu vergrößern, daß die erlittene Gewalt nicht an andere weitergegeben wird.

Martin

Wir möchten einen Mann zu Wort kommen lassen, der uns ausführlich von seinen Kindheitserfahrungen mit Gewalt erzählt hat. Martins Geschichte klingt längst nicht so drastisch und spektakulär wie die Berichte, die Hans-Joachim Lenz zusammengetragen hat. Dennoch hat er nicht wenig Gewalt erlebt. In den 50er und 60er Jahren haben etliche seiner Alters- und Geschlechtsgenossen ähnliche Erfahrungen gemacht wie er. Viele Männer der heutigen Vätergeneration tragen Gewalterfahrungen in sich, die sie nicht verarbeitet haben und die in der einen oder anderen Form ihr (Erziehungs-)Verhalten beeinflussen.

Gleichwohl ist die große Mehrheit der Männer nicht gewalttätig. Mit Vergewaltigern, sexuellen Mißbrauchern und Schlägern teilen sie gewiß so manche höchst problematische Kindheitserfahrung, aber offenbar sind sie in der Lage (gewesen), andere Wege zu gehen. So gesehen ist die folgende Geschichte ein alltägliches Beispiel dafür, wieviel gewöhnliche Gewalt Jungen erleiden mußten, aus denen trotz der Spuren, die diese

Erfahrungen hinterlassen haben, friedfertige Männer geworden sind.

Martin ist Ende Dreißig und wird von den meisten Menschen seiner näheren Umgebung als freundlicher und im großen und ganzen umgänglicher Mensch empfunden. Er ist ein
eher ruhiger Typ, der manchmal aber auch redet wie ein Was-
serfall. Ein friedlicher Mann, der allerdings wie aus heiterem
Himmel jähzornig werden kann, dann zwar nicht zuschlägt,
aber mit scharfer Zunge vernichtende Attacken reitet – oder
sich händeringend abwendet. Kein Mensch würde Martin als
gewalttätigen Mann beschreiben. Er ist es auch nicht. In Umkehrung des männlichen Klischees schildert er sich selbst als
«außen weich und innen hart»:

«Bis zum Alter von zehn Jahren war ich ein richtiger Schläger. Im Grunde
war ich ein ängstlicher Junge, aber wenn mir einer krumm kam – und
ich mir eine Chance ausrechnete, wozu ich nur Sekundenbruchteile
brauchte –, dann konnte es passieren, daß ich ihm eine blutige Nase
schlug. Als Junge raufte ich mich oft spielerisch mit anderen, aber das war
etwas anderes. Da gab es Regeln, die einzuhalten waren. Mädchen habe
ich nie grob angefaßt, auch wenn sie mich piesackten. Sich an ihnen ver-
greifen tat ein Junge nicht. Und natürlich habe ich auch nie gegen Erwachsene die Hand erhoben.

Wenn ich mich mit größeren Jungs anlegte, kriegte ich jedesmal die
Hucke voll. Ich tat das nicht aus Selbstüberschätzung. Ich konnte es einfach nicht ertragen, ungerecht behandelt zu werden und so ohne weiteres
klein beizugeben. Auch wenn ich keine Chance hatte, ich wollte wenigstens nicht kampflos untergehen. Ich kämpfte wie ein Stehaufmännchen,
wollte ein würdiger Gegner sein und, wenn schon, dann eine ehrenhafte
Niederlage einstecken. Zum Schmerz wollte ich nicht auch noch den Spott
haben.

Den Erwachsenen war übrigens ziemlich egal, wer den Streit angefangen hatte. Es kam oft vor, daß beide Streithähne nach einer Prügelei zu
Hause noch einmal eins auf den Buckel kriegten. Uns Kindern war es ja
verboten, uns zu schlagen.

Zu Hause kriegte ich es nach bestem Wissen und Gewissen meiner

Eltern ziemlich häufig mit einem langen Holzlineal. Nie mit der Hand und nie ins Gesicht, sondern immer nur auf den Hintern oder auf den Körper, weil ich mich jedesmal fallen ließ, um die Angriffsfläche zu verkleinern. Meine Mutter flippte manchmal richtig aus. Ich sehe heute noch ihr vor Erschöpfung, Frust und Wut verzerrtes Gesicht vor mir, wenn sie auf mich eindrosch. Gelegentlich hieß es auch: Ich sag's dem Vater. Dann kriegst du 'ne Abreibung, wenn er nach Hause kommt ... Und manchmal schritt er dann abends tatsächlich zum Vollzug.

Ich war damals wirklich oft ziemlich frech. Neulich erst ist mir zufällig eine Situation in Erinnerung gekommen: Wir wohnten auf einem hohen Berg, und meine Mutter mußte jeden Tag schwere Einkaufstaschen nach Hause schleppen. Manchmal fuhr sie mit dem Bus, aber wir hatten damals ziemlich wenig Geld. Irgendwann, da war ich sechs Jahre alt, ging meine Mutter mit mir in die Stadt, und weil die Taschen diesmal besonders schwer waren, wollte sie für den Rückweg den Bus nehmen. Für Kinder unter sechs Jahren mußte weniger bezahlt werden, und deshalb schärfte meine Mutter mir ein, ich solle dem Busfahrer sagen, ich sei erst fünf. Ich weiß nicht, was mich damals geritten hat, aber ich sagte einfach: Nein, denn ich bin schon sechs! Nach einigem Hin und Her wurde sie richtig sauer – und wir gingen zu Fuß. Sie kündigte an, mich zu Hause wegen meiner Störrigkeit zu verprügeln; aber ich wollte keinen Rückzieher machen. Der Heimweg wurde zur Hölle. Das Schlimme war, auf die Schläge warten zu müssen. Als wir zu Hause ankamen, trafen wir eine Nachbarin vor der Haustür, meine Mutter schickte mich in die Wohnung und unterhielt sich noch eine halbe Stunde lang mit der anderen Frau. Ich wartete und wartete. Ich glaube, ich habe mich sogar einmal aus dem Fenster gebeugt und meine Mutter gefragt, wann sie denn endlich kommen würde. Ich wollte es hinter mich bringen, aber die Zeit dehnte sich endlos lang. Schließlich kam sie und schickte mich ins Kinderzimmer: Stubenarrest.

Als ich mich neulich daran erinnerte, war ich spontan empört: Die Ankündigung der Schläge, die ich zu Hause kriegen sollte, das war doch regelrechte Folter! Und daß ich als Sechsjähriger mich nicht jünger machen wollte, darauf hätte sie doch wirklich Rücksicht nehmen können. Aber plötzlich wurde mir klar, daß ich meine Mutter damals ganz bewußt provoziert hatte. Es war ein Machtkampf gewesen, aus dem ich als Verlierer, aber auch als Sieger hervorgegangen bin. Ich entschuldige zwar die

Wahl ihrer Mittel nicht, aber ich habe es ihr wirklich oft nicht gerade leicht gemacht.

Etwa zur selben Zeit spürte ich damals immer vor dem Einschlafen einen unbändigen Drang, mich auf den Bauch zu drehen und mit dem Kopf leicht und rhythmisch eine Weile ins Kopfkissen zu schlagen. Ohne dieses Ritual konnte ich einfach nicht einschlafen. Meine Eltern begannen, sich Sorgen zu machen, und fragten einen Kinderarzt, der ihnen riet, mir dieses Verhalten um jeden Preis auszutreiben, da ich sonst Hirnschäden erleiden würde. Und weil alles Zureden nicht half, wurde ich dann abends regelmäßig mit dem langen Holzlineal im Bett verhauen. Geholfen hat es nichts: Meine Eltern erledigten ihre ihnen vom Kinderarzt aufgetragene Erziehungsaufgabe, und ich machte anschließend bis zum Einschlafen weiter. Irgendwann habe ich einfach, von einer Nacht zur anderen, damit aufgehört.

Es gab Kinder, die wurden zu Hause nie oder nur ganz selten geschlagen, aber ich glaube, daß meine Eltern in gewisser Weise davon ausgehen konnten, für die damalige Zeit keine ungewöhnlichen Erziehungsmethoden zu praktizieren. Ich möchte auch keinen falschen Eindruck von meinem Elternhaus entstehen lassen. Neben den Prügeln hat es auch Liebe und Geborgenheit gegeben, und besonders mit meinem Vater habe ich viel geschmust. Zurückgeblieben ist aber eine leicht zu aktivierende Unsicherheit darüber, ob ich auch wirklich geliebt werde.

Wenn ich heute in einem Film eine Szene verfolge, in der es zwischen Eltern und Kindern nach einer Trennung zur tränenreichen Wiedervereinigung kommt, schießt mir jedesmal das Wasser in die Augen, und das besonders heftig, wenn die Eltern das Kind um Verzeihung bitten. Wenn Kinder im Film verprügelt werden, kann ich mir das kaum ansehen. Entweder werde ich kalt, oder ich breche sofort in Tränen aus. Das ist komisch, denn ansonsten weine ich so gut wie nie. Wenn ich mal jemanden von den Schlägen früher erzählt habe, wunderten sich die Leute immer, wie ruhig und gelassen ich dabei blieb. Manchmal habe ich beim Erzählen sogar gegrinst. Erst wenn mein Gegenüber dann ganz erschüttert dreinschaute, wurde ich selber traurig. Ich brauche wohl die Gefühle der anderen, um meinen Schmerz von damals aufzuschließen.

Mein Kindergarten: streng und katholisch. Jeden Mittag kam die Obernonne ins Haus, und alle mußten sich in der Eingangshalle versammeln. Die Erzieherinnen wurden aufgefordert, zu berichten, wer an diesem.

Tag besonders ungezogen gewesen war. Dieser Junge mußte vor die Ober-nonne treten, die ihm dann wie bei einer öffentlichen Auspeitschung den Hintern versohlte. Auch mir ist das einmal passiert. Wahrscheinlich habe ich deswegen heute ein gebrochenes Verhältnis zu Nonnen. Was ich aber seltsam finde, ist: Vor der Obernonne habe ich mich gefürchtet. In ihrem schwarzen Kittel, so geschlechtslos und mit einem nur ausgeschnittenen Gesicht war sie mir unheimlich. Enttäuscht und wütend aber war ich auf die Erzieherin, die mich verpetzt hat. Von ihr habe ich mich verraten und verkauft gefühlt.

Wir zogen um, und ich kam in einen anderen Kindergarten. Dort machte ein Junge jeden Tag in die Hose. Irgendwann wußten die Erziehe-rinnen sich nicht mehr zu helfen und riefen alle Kinder zusammen. Sie stellten den Jungen mit seinen vollen Hosen auf einen Tisch und forderten alle anderen Kinder auf, ihn auszulachen. Was wir auch schadenfroh ta-ten. Ich glaube, das war für den Rotz und Wasser heulenden Jungen schlimmer, als wenn er Prügel bezogen hätte.

In der Schule wurden wir als Erstkläßler von unserem Lehrer mit einem Holzstecken durch die Bänke gejagt. Das kann man sich heute gar nicht mehr vorstellen: Damals quetschten sich in einer Klasse siebzig Jungen – und zwar nur katholische – auf den Bänken zusammen. Meistens schlug der Lehrer daneben, so daß der Holzstecken mittags schon hinüber war. Deshalb brachten ihm jeden Morgen ein paar Jungen einen neuen Stecken aus dem Wald mit. Ich fand das verrückt, und hätte ich damals schon das Wort gekannt, hätte ich das Verhalten meiner Mitschüler masochistisch genannt. Als wären Schläge ein Liebesbeweis und als hätten die Jungen unserem Lehrer die Erlaubnis geben wollen, uns zu schlagen; so sehr schätzten sie seine Aufmerksamkeit. Einmal brachte ein Klassenkamerad sogar eine Lederpeitsche mit und bot sie dem Lehrer an. Das hat der Mann dann aber doch für überzogen gehalten. Im übrigen konnte er wunderbar Geige spielen, womit er uns an jedem letzten Schultag der Woche ausgie-big erfreute.

An der Wand hing ein altes Ölgemälde. Wenn einer besonders frech war, mußte er nach vorn kommen, die Hand mit der Handfläche nach oben hinstrecken und das Bild anschauen. Der Lehrer schlug dann ein paarmal mit dem Stock in die Fingerrillen. Einmal warf ich am Ende der großen Pause eine Milchtüte achtlos auf den Schulhof. Eine Lehrerin zog mich an den Ohren und befahl mir, den Müll des ganzen Schulhofs aufzusammeln. Natürlich kam ich zu spät in den Unterricht, aber alles Erklären half nichts. Ich mußte die Hand ausstrecken und das Ölgemälde anschauen. Mein Zorn galt in diesem Augenblick aber nicht dem Klassenlehrer, sondern der Frau, der ich die Prügel zu verdanken hatte.

Eine andere Situation ist in diesem Zusammenhang noch von Bedeutung. Unser Lehrer unternahm damals regelmäßige Besuche bei den Eltern seiner Schüler. Eines Tages, er hatte sich bei meinen Eltern angekündigt, bat ich meinen Vater, dem Lehrer zu verbieten, mich weiterhin zu schlagen. Der Besuch fand statt, und am nächsten Tag fragte ich meinen Vater, ob er mit dem Lehrer darüber geredet hätte. Er sagte: Ja. Kurz darauf zog mich der Lehrer wieder mal aus der Bank und drosch auf mich ein. Ich schrie, daß mein Vater ihm das doch verboten hätte. Aber der Kerl ließ sich nicht beirren und sagte hinterher bloß: Dein Vater hat mir nur verboten, dir auf die Finger zu schlagen, denn die bräuchtest du später noch zum Arbeiten.

Die Erinnerung an meine Gefühle in diesem Augenblick sind fast vollständig gelöscht. Ich kann nur vermuten, daß ich entsetzt war über den Verrat meines Vaters.

Im zweiten Schuljahr bekamen wir eine Klassenlehrerin. Sie nannte mich oft ‹Giftnudel›, weil ich ausgesprochen jähzornig war und mich immer wieder ernsthaft mit anderen Jungen prügelte. Aber sie selber schlug uns nie. Ich habe sie als liebevolle und freundliche Frau in Erinnerung. Glücklicherweise kam es nur selten vor, daß auch sie keinen Rat mehr wußte. In solchen Fällen kam dann ihr Ehemann mittags von einer anderen Schule in die Klasse. Die bösen Buben wurden nach vorn gerufen und mußten die Hose herunterziehen. Sie mußten sich über eine Bank beugen und wurden dann mit dem Zeigestock geschlagen. Auch ich war einmal dabei, und wieder war es so: Vor dem Mann habe ich mich lediglich gefürchtet. Gezürnt habe ich meiner geliebten Lehrerin, vor allem wegen der heißen Tränen, die ich entgegen meiner so mutigen wie verzweifelten Vorsätze in aller Öffentlichkeit vergießen mußte.

Niemand hat es mir damals gesagt, aber als kleiner Junge stand für mich fest, daß es eine Obrigkeitsgewalt gab, an deren Existenz nicht zu rütteln war. Und irgendwie war diese Obrigkeitsgewalt mehr den Männern als den Frauen zugeordnet. Die Prügelstrafe gehörte zu unserem Kinderalltag, und wir taten gut daran, ihr soweit als möglich auszuweichen. Um so schlimmer war es dann, von nahestehenden Frauen, die mich doch eigentlich beschützen und lieben sollten, ans Messer geliefert zu werden.

Das war aber alles nichts gegen das, was die zwei Söhne von unseren Nachbarn zu erleiden hatten. Besonders der Älteste mußte viel einstekken. Den prügelte sein Vater in meinem Beisein so lange, bis ihm der Wollpullover in Fetzen vom Leib hing. Der Mann war ein Arschloch, soviel war mir damals schon klar, aber keiner konnte einen Fußball so hoch in die Luft schießen wie er. Irgendwann hat er sich verdrückt, ließ seine Familie wegen einer anderen Frau sitzen. Seitdem sind fast dreißig Jahre vergangen, aber soweit ich weiß, weigert sich die Mutter bis heute, sich von ihm scheiden zu lassen. Ich glaube, auf irgendeine verrückte Weise liebt sie den Mann immer noch. Und sie ist stolz darauf, von ihren Söhnen bedingungslos geliebt zu werden. Der Älteste hat bis weit über Dreißig bei ihr gelebt, hat schlimm gestottert und ist Alkoholiker geworden.

Wenn ich zurückblicke, empfinde ich mich und die anderen Kinder in den Momenten der Gewalt als vollkommen schutzlos. Die Frauen schlugen zu oder ließen schlagen, die Männer hauten drauf, und niemand fuhr dem oder der anderen in die Parade. Unter uns Jungs konnten wir uns zwar manchmal gegenseitig vor Angriffen der anderen Gleichaltrigen schützen, aber wenn einer der Erwachsenen zuschlug, standen wir nur da und guckten zu, oder wir wendeten uns ab. Da war nichts zu machen.

Als ich elf war, ließ ich mir die Haare lang wachsen. Ich wollte ein Hippie sein. Seitdem – das ist nun schon länger als ein Vierteljahrhundert her – habe ich mich nie mehr geprügelt. Ich kann nicht sagen, wie das gekommen ist, aber ich glaube, daß ich auch von meinen Eltern nicht mehr oder nur noch ganz selten geschlagen wurde. Die Hippies hatten Gewaltlosigkeit auf ihre Fahnen geschrieben, und das gefiel mir. Ich identifizierte mich mit ihnen und der Musik und wurde mit der Zeit ein stiller und verträumter Junge, der darauf wartete, als Märchenprinz entdeckt zu werden.

Und heute? Auch meine besten Freunde und Freundinnen nerve ich manchmal mit Besserwisserei und plötzlicher schlechter Laune. Und wenn mir wieder mal das Fell juckt – so wurde das früher genannt, wenn ich es in den Augen der Erwachsenen angeblich auf eine Tracht Prügel angelegt hatte –, heißt es immer wieder, ich sei ein elender Stinkstiefel. Es ist so: Manchmal habe ich so eine Mordswut in mir, daß ich meinem

Gegenüber am liebsten so richtig fett eine reinhauen möchte. Wenn mich ein Kind nervt, merke ich, wie meine Hand zuckt. Ich denke dann: An seiner Stelle hätte ich früher schon längst eine Ohrfeige gekriegt. Ich schäme mich dafür, daß ich es überhaupt in Betracht ziehe, ein Kind zu schlagen. In solchen Momenten muß ich mich richtig dagegen entscheiden.

Besonders wenn ich mich verletzt und ungeborgen fühle, kann ich sehr scharf und zynisch werden. Manchmal ist es verdammt schwer, ein netter Kerl zu sein, und ich frage mich, wie ich es geschafft habe, einen für alle Beteiligten halbwegs erträglichen Weg einzuschlagen. Was ist da passiert mit mir auf dem Weg vom geprügelten Schläger, der ich war, zum netten Stinkstiefel, der ich heute bin? Die Antwort darauf fällt mir schwer. Ich glaube, es hat nur wenig mit irgendwelchen konkreten Veränderungen zwischen damals und heute zu tun. Offenbar habe ich mich trotz aller Schläge, trotz aller kindheitsüblichen Demütigungen und trotz aller Ohnmachtserfahrung im Kern meiner Persönlichkeit doch gehalten und geliebt gefühlt. Wenigstens war die Gewalt in meiner Kindheit irgendwie kalkulierbar, und immerhin bestand die Möglichkeit, sie durch Wohlverhalten und Verstellung nicht zu provozieren. Wenn ich mich an die vorgegebenen Regeln hielt, passierte mir auch nichts. Das, was eine Kinderseele aushalten kann, ist bestimmt begrenzt, und doch ist sie riesengroß. Wahrscheinlich ist das mit mir einfach noch mal gutgegangen. Ich denke, ich hatte das Glück, noch andere Lösungsmöglichkeiten als gewalttätige erleben und erlernen zu können. Andere Jungen hatten einfach weniger Glück als ich. Deren Wunden sind wahrscheinlich schlechter verheilt als meine.»

Klare Regeln

Die Ergebnisse einer Studie des Bundeskriminalamtes bestätigen Martins Überlegung, daß Schläge allein nicht zu späterer Gewalttätigkeit führen. Claus-Walter Herbertz und Wolfgang D. Salewski (1985) befragten junge Strafgefangene, die als Wiederholungstäter wegen Gewalttaten im Knast saßen, und verglichen sie mit einer Gruppe von Einmaltätern und einer

Gruppe von Jugendlichen, die noch nie strafrechtlich in Erscheinung getreten waren.

Es zeigte sich, daß in den Herkunftsfamilien der Wiederholungstäter besonders viel geprügelt wurde. Häufig unterdrückte der Vater die ganze Familie. Die Mutter wurde, auch wenn sie meistens auf der Seite der Kinder stand, als hilflos und schwach erlebt. Geprügelt wurde zwar auch in den Familien der Einmaltäter und der Kontrollgruppe – und das nicht wenig, allerdings nach klaren Regeln. Der Erziehungsstil in den Familien der Wiederholungstäter zeichnete sich vor allem durch eine ausgesprochene Willkür aus. Die Jungen wurden oft wahllos hart bestraft. Die Gewalt des Vaters traf sie nicht selten ohne jede Vorwarnung und war in keiner Weise berechenbar, selbst bei Einhaltung vorgegebener Regeln nicht. Außerdem wurden die Jungen häufig auch dafür verprügelt, daß sie sich mit anderen Jungen geprügelt hatten. Der Vater stellte eine Norm auf und strafte durch die Verletzung derselben.

Die betroffenen Jungen schwankten zwischen Sehnsucht nach Anerkennung durch den schlagenden Vater und Haß auf ihn. Sich mit ihm zu identifizieren fiel ihnen ungemein schwer. In vielen Fällen, meist im Verlaufe der Pubertät, bäumten sie sich einmal gegen die väterliche Gewalt auf, häufig um die Mutter vor dem Vater zu schützen, und nicht selten markierte diese erste Gegenwehr auch den letzten gewalttätigen Übergriff des Vaters. In der Folge grenzten sich die Jungen scharf von ihrem Vater ab, übernahmen aber häufig dessen gewalttätiges Verhalten – auch gegenüber der Mutter.

Das vorherrschende Lebensgefühl in der Kindheit der Wiederholungstäter wird in der Studie mit dem Eindruck beschrieben, daß sie sich nicht geliebt und akzeptiert gefühlt haben. Bedrückende Ereignisse, wie die Scheidung der Eltern, ein Todesfall oder der Verlust von Vertrauten durch einen Umzug, konnten die Jungen nicht bzw. nur schlecht verarbeiten.

Gegenüber Geschwistern erlebten sie sich häufig als benachteiligt und weniger geliebt.

Nicht wenige von ihnen suchten Anschluß an gewalttätige Jungengruppen, in denen strenge, oft brutale Umgangsregeln herrschten. Alkoholkonsum war Pflicht, und die Gewalt verschaffte Möglichkeiten, Selbstbewußtsein zu erlangen: Wer anderen Angst einjagen konnte, stieg im Ansehen der Gruppe. Andere Regeln als die der Gruppe zu befolgen machte keinen Sinn. Schließlich war es schon in der Familie gleichgültig gewesen, ob sie eingehalten wurden oder nicht.

Bei den Einmaltätern und vor allem bei der Kontrollgruppe zeigte sich dagegen, daß sie gewisse Normen und Werte wie «Zucht und Ordnung» stärker verinnerlicht hatten und gleichzeitig über ein breiteres Gefühls- und Verhaltensspektrum verfügten. Die meisten empfanden ihre Erziehung zwar als «hart, aber gerecht». Insgesamt scheinen sie mehr Möglichkeiten als die Wiederholungstäter gehabt zu haben, innerlich zu wachsen. Daß ein junger Mann, der wie von Sinnen um sich schlägt, mitunter an ein abgrundtief zorniges, wild strampelndes Kind erinnert, kommt nicht von ungefähr.

Auf den Zusammenhang zwischen unberechenbarem Elternverhalten und jugendlicher Gewalt weist auch Wilhelm Heitmeyer hin: Botschaften wie «Was du auch tust, es ist nicht das, was wir von dir wollen», «Tu nicht, was du tun sollst» oder «Gehorche mir und nicht dem anderen Elternteil» verunsichern Kinder ungemein und verdoppeln im Vergleich zu einem Erziehungsstil mit klaren Regeln das Risiko, daß sich solcherart verunsicherte Jungen gewalttätig verhalten. (vgl. S. 312) Zur Prävention von Gewalt wird deshalb ein Erziehungsstil favorisiert, «bei dem die Eltern klare Forderungen im Hinblick auf Regeleinhaltung stellen und mit Strenge durchsetzen, während sie gleichzeitig die notwendige emotionale Unterstützung für ihre Kinder bieten und ihnen in ihrer Beziehung untereinander ein demokratisches Modell vorleben.» (S. 331)

Gegen Martins Geschichte und das Beispiel der jugendlichen Wiederholungstäter könnte man einwenden, daß sie als deprimierende Extremfälle nur schwerlich die allgemein grassierende männliche Gewalt erklären können. Schließlich wird die Prügelstrafe in Kindergärten und Schulen schon lange nicht mehr praktiziert, in den Familien ist sie heute verpönt, und trotzdem verhalten sich Jungen gewalttätig; oftmals heißt es sogar, gewalttätiger als je zuvor. Und kommt nicht so mancher rechtsradikale Gewalttäter aus gutem Hause?

Dem wäre entgegenzuhalten, daß es in unserer demokratischen Gesellschaft mit Sicherheit nicht mehr Gewalt gibt als etwa zur wilhelminischen oder nationalsozialistischen Zeit. Allerdings hat sich die Wahrnehmung von Gewalt verändert. Sie wird heute wesentlich stärker als früher problematisiert – und skandalisiert. Durch die Berichterstattung der Medien über Gewalt an Schulen und die in dieser Frage stark auf gewalttätige Jungen konzentrierte pädagogische Diskussion ist der Eindruck entstanden, daß die meisten Jungen gewalttätig oder gewaltbereit seien. Neuere Untersuchungen an Schulen, wie die von M. Fuchs u. a. (1996), kommen zu einem anderen Ergebnis: Der Anteil der Jungen, die ihre Konflikte gewalttätig zu lösen versuchen und deshalb als problematisch angesehen werden müssen, liegt unter fünf Prozent. Die große Mehrheit hat Angst vor Gewalt und geht ihr so weit als möglich aus dem Weg – als potentielle Opfer und als Täter.

In der Tat können jugendliche Gewalttäter aus «bestem Hause» kommen, womit in der Regel gemeint ist, daß Mutter und Vater in der Familie leben, sie womöglich angesehene Mitglieder der Gemeinde sind, es ihren Kindern materiell an nichts mangeln lassen und auch nie zuschlagen. Doch damit ist lediglich eine äußere Fassade beschrieben. Zu prüfen wäre die Qualität der Beziehungen: Herrschen Wertschätzung, Gerechtigkeit und ein im großen und ganzen liebevoller Umgang vor – oder das Gegenteil? Auf der Suche nach Halt und Orientierung neigen insbesondere Jungen dazu, mittels Gewalt in öffentliche Räume zu gehen, um «Aufmerksamkeit zu wecken und unter Umständen klare Reaktionen von Helfersystemen oder rechtsstaatlicher Seite zu provozieren.» (Wilhelm Heitmeyer S. 332) Das gilt potentiell für den arbeitslosen Jugendlichen aus dem sozialen Brennpunkt ebenso wie für den materiell versorgten, aber lieblos erzogenen Mittelstandsangehörigen. Jeder Junge oder junge Mann, der gemeingefährliche Gewalthandlungen begeht, hat schwere seelische Verletzungen, zumindest aber dramatische Irritationen seines Selbstwertgefühls erlebt. Anderenfalls ergibt die Gewalt keinen subjektiven Sinn.

Weshalb aber neigen fast ausschließlich Jungen, und Mädchen nicht im gleichen Maße, zu Gewalt? Schließlich kann nicht behauptet werden, daß Mädchen weniger Gewalterfahrungen machen müssen. Antworten auf diese Frage geben die geschlechtsspezifischen Einstellungs- und Verhaltensmustern, die Jungen und Mädchen angesichts von Gewalt zur Verfügung stehen. Es geht um den ‹subjektiven Sinn› der männlichen Gewalt und der weiblichen Friedfertigkeit. Wo die Verhältnisse in einer Gesellschaft nach arm und reich, klein und groß, schwach und stark, häßlich und schön ausgerichtet sind, werden den Geschlechtern – auch was die Gewalt anbetrifft – zwei gegensätzliche Positionen zugeschrieben: die gewalttätige und die friedfertige. Entscheidend ist, welches Verhalten mehr Männlichkeit und mehr Weiblichkeit verspricht.

Männliche Gewaltmuster

Stark sein, sich prügeln, überhaupt den Körper einzusetzen, bedeutet für einen Jungen, seiner Geschlechtsrolle zu entsprechen. Er wird dadurch potentiell in seiner Männlichkeit aufgewertet.

Zur gewaltbereiten Männlichkeit gehört insbesondere die Aufgabe des Beschützers und Retters. Zum Beispiel im Kino: Bei einer Schockszene faßt das Mädchen den Jungen erschrokken am Arm und birgt ihr Gesicht schützend an seiner Brust. Nicht umgekehrt. Ein Junge, der in einer solchen Situation vielleicht durchaus angemessen reagieren und sich schutzsuchend unter der Jacke seiner Freundin verstecken würde, dürfte nicht nur selbst an seiner Männlichkeit zweifeln, sondern auch im Ansehen des Mädchens erheblich sinken. Es gibt viele solcher Aktiv-Passiv-Arrangements, die von beiden Geschlechtern akzeptiert werden. Ein weiteres Beispiel: «Gehen Mann und Frau Hand in Hand, ist die Hand des Mannes vorne, die der Frau hinten. Automatisch. Wie tief und unbewußt die Rollen von Führer und Geführter in uns stecken, zeigt sich, wenn die Positionen der Hände getauscht werden. Dann stimmt plötzlich nichts mehr.» (Dieter Schnack/Rainer Neutzling 1993, S. 261) Wenn Frauen Kinder an die Hand nehmen, wird ihre große Hand übrigens ebenfalls stets vorn sein, worin sich ein durchaus vergleichbares Verhältnis wie das zwischen Männern und Frauen dokumentiert. Das mag der eine oder die andere entrüstet von sich weisen, aber es zeigt doch, wie hartnäckig sich so manches mit geschlechtsspezifischen Sehnsüchten verbundene Rollenbild der bloßen Kopfkontrolle entzieht.

Das gleiche gilt für die Norm, daß der Mann möglichst größer sein soll als die Frau. Welcher Mann will schon eine größere Frau haben, und welche Frau kann es über sich bringen, einen kleineren Mann als Partner zu wählen? Zwar sind Männer von Natur aus durchschnittlich größer als Frauen; das schränkt die Wahlfreiheit sicherlich ein. Aber das ist nicht der einzige Grund, weshalb sich dieses Klein-Groß-Schema trotz aller Rollenemanzipation so vollkommen unverändert hält. Die Abweichung von der Norm bringt jede Frau und jeden Mann an eine deutlich spürbare Grenze des geschlechtlichen Selbstverständnisses. Ist der Mann kleiner als die Frau, wird sowohl die Männlichkeit des Mannes als auch die Weiblichkeit der Frau enorm verunsichert. Es wird unklar, wer wen im gegebenen Fall zu beschützen hätte.

Gleichzeitig herrscht weitgehend Einigkeit darüber, daß ein Mann seiner Frau intellektuell nicht unterlegen sein sollte. Natürlich gibt es genügend Frauen, die schlauer und gebildeter sind als ihre Männer. Aber nicht nur der Mann setzt in solchen Fällen viel daran, wenigstens nach außen hin die Form zu wahren. Auch die Frau wird gegenüber Außenstehenden den Eindruck vermeiden, sie habe keinen besseren Mann abgekriegt.

Der männliche Auftrag des Beschützers bezieht sich nicht nur auf konkrete Menschen, sondern auch auf das ‹große Ganze›: Soldaten verteidigen eine Stadt, ein System, eine Nation. Ob siegreich oder nicht, ihr Auftrag ist es, sich als selbstlose Helden zu beweisen. Gewalt wird gelernt. Nicht nur im Elternhaus oder in den Jungengruppen, sondern auch von den Medien, die unentwegt die Botschaft verkünden, daß es eine gute männliche Gewalt gebe, die befugt sei, die böse männliche Gewalt zu bekämpfen.

Anleihen an diesem soldatischen Mythos machen zum Beispiel paramilitärisch auftretende Jungnazis. Der Soziologe Joachim Kersten (1993) betont in einem Artikel der *Psychologie Heute* unter dem Titel «Der Männlichkeits-Kult», daß die jungen Männer der rechtsgerichteten Gewalt-Szene sich als «Beschützer eines ganzen Stadtteils» fühlen, wenn sie ein Asylantenheim in Brand setzen und sich dabei auf ‹Volkes Stimme› berufen. So hätte durch die Beifall spendenden Zuschauer in Hoyerswerda und anderswo der Status der rechten Jungmännerszene als «legitimiertes Wachpersonal» nicht besser abgesichert werden können. (vgl. S. 56) Angriffe auf Ausländer stellen in den Augen eines jungen Neonazis eine Mut erfordernde Männerangelegenheit dar, deren Erledigung er in die Hand nimmt, weil sich das die anderen nicht trauen. Er hat das Zeug zum Helden – im Gegensatz zu den anderen.

Mit der Überzeugung, Beschützer sein zu *müssen*, entwikkeln rechtsgerichtete junge Männer häufig auch Besitzansprüche und Beschützerphantasien gegenüber Frauen. Etwa nach dem Motto: «Nur deutsche Männer haben das Recht, mit deutschen Frauen zu schlafen.» Der Parole liegt die allgemeine Vorstellung zugrunde, daß es dem Mann nicht nur obliegt, die ‹Seinen› zu beschützen, sondern auch, daß jene es ihm zu danken haben. Dieser fließende Übergang von Fürsorge und Kontrolle kann – ähnlich wie im Verhältnis von Eltern zu ihren Kindern – schnell zu Gewalt führen: Wer beschützt werden will, muß gehorchen. Die logische Konsequenz daraus lautet: Wer nicht hören will, muß fühlen. Oder: Wenn sie nicht spurt, kriegt sie eins aufs Maul! Je weniger selbstbewußt und konfliktfähig (junge) Männer sind desto eher werden sie zu diesem Gewaltmuster neigen.

Daß sich männliche Gewalt gegen Frauen nicht nur schlagend, sondern vor allem auch sexuell äußert, hat verschiedene Ursachen.

Eine gegenüber der Mutter und anderen Frauen nur schwach entwickelte Persönlichkeit, verbunden mit geringer Frustrationstoleranz und dem quälenden Unmut darüber, bei der Befriedigung drängender Bedürfnisse auf eine Frau angewiesen zu sein (wobei Unmut durchaus im Wortsinn mit Angst übersetzt werden kann); familiäre Lernerfahrungen, wenn der Vater sich stets von der Mutter bedienen ließ und sich einfach alles nehmen konnte, was er wollte; sexistische Standards von der prinzipiellen sexuellen Verfügbarkeit der Frau; eine ausgeprägte Angst vor der erwachsenen weiblichen Sexualität, die durch Überwältigung oder durch das Ausweichen auf Mädchen eliminiert werden soll.

Besonders das unselige Vexierbild von der Frau als Heilige und Hure ist enorm gewaltfördernd. Eine Hure ist die Frau, die der Mann bezahlt, auf daß sie ihm gibt, was er entbehrt: Das Gefühl, geliebt und begehrt zu werden sowie stark und überlegen zu sein. Mit Geld wissen Freier sich zu helfen, auch wenn sie nur eine Illusion kaufen. Einem Vergewaltiger reicht das nicht, denn er regrediert zu einem mörderischen Säugling, der in seiner grenzenlosen Wut und Frustration die ganze Welt (die Frau) zerreißen möchte. Zwar geht den wenigsten Vergewaltigungen eine konkrete Planung voraus, aber es wäre falsch, einen solchen Gewaltakt mit einer durchgeknallten Sicherung zu erklären. In den meisten Fällen handelt es sich um eine Beziehungstat, in der auf brutalste Weise zum Ausdruck kommt, daß ein Mann aus seiner Beschützerrolle auch sexuelle Anrechte auf die Beschützte ableitet.

Individuelles sowie kollektives Gewalthandeln kann sich aus völlig unterschiedlichen Motivationen heraus ergeben: Gewalt zur Bekämpfung von Angst, Gewalt auf Grund von seelischer Frustration jedweder Art, von Demütigungen und Minderwertigkeitsgefühlen.

Gewalt provoziert, macht den Gewalttäter mächtiger, als er sich ansonsten fühlt. Sie sichert einen Aufmerksamkeitserfolg und bindet in einen Gruppenzusammenhang ein. Gleichzeitig reproduziert die Gewalt immer wieder aufs neue gerade jene Gefühle, die zu ihr geführt haben: Angst, Unsicherheit, Verletzung – eine endlose Spirale.

Lothar Böhnisch und Reinhard Winter bezeichnen in ihrem Buch «Männliche Sozialisation» die Angst eines Jungen bzw. Mannes vor Hilflosigkeit, Schwäche und Verwundbarkeit als das «männliche Sozialisationsprinzip» schlechthin. Ursache und Folge zugleich sei das Muster der männlichen «Externalisierung». Damit meinen sie: «Männliche Gewalt ist Ausdruck dafür, daß dem Mann (mehr als der Frau) gesellschaftlich verwehrt ist, zu seiner Hilflosigkeit zu stehen, daß er den daraus resultierenden Haß auf sich selbst externalisieren und auf andere projizieren muß.» (S. 195)

Sexistisches Verhalten, Drohgebärden und Gewalt sind oft der «scheinbar einzige subjektive Ausweg, in psychisch und sozial desolaten Situationen ein positives Selbstwertgefühl zu erlangen.» (S. 197) Die Verleugnung von Hilflosigkeit und Schwäche behindert sowohl den inneren Bezug zu sich selbst als auch zum Opfer. Ein übriges ist dann im gegebenen Fall einem hohen Maß an sozialer Desintegration geschuldet, zum Beispiel fehlende emotionale Unterstützung durch die Familie, Arbeitslosigkeit und innere Vereinsamung.

Weibliche Friedfertigkeit

Weshalb greifen Mädchen und Frauen nicht genausooft wie Jungen zu gewalttätigen Mitteln, um sich ihrer Haut zu erwehren oder um ihre Interessen durchzusetzen?

In einem Seminar mit Männern und Frauen aus der Jugendarbeit ging es um die Frage, wie man sich als Pädagoge oder Pädagogin verhalten soll, wenn Jungen Gewalt gegen Mädchen ausüben. Klar war, daß die Erwachsenen die Verantwortung tragen. Folglich müssen sie eingreifen und die Mädchen beschützen.

Eine Teilnehmerin erzählte folgende Geschichte: In ihrem Jugendclub bedrängte eine Gruppe von älteren Jungen ein Mädchen. Erst beschimpften sie das Mädchen, dann schlugen sie es sogar. Ein Sozialarbeiter war zur Stelle, aber er wußte sich nicht zu helfen. Er hatte Angst, gegenüber den Jungen den kürzeren zu ziehen. Also lief er los, angeblich – wie die Kollegin meinte – um Hilfe zu holen. Als er endlich zurückkam, waren die Jungen bereits verschwunden. Das Mädchen hatte etliche blaue Flecken davongetragen und weinte.

In der Seminarrunde entstand eine angeregte Diskussion darüber, was von diesem Sozialarbeiter zu halten sei, und sowohl in den Diskussionsbeiträgen der Männer als auch der Frauen schwang deutlich mit, daß dieser Mann sich eigentlich als Feigling erwiesen hatte. Er hätte wissen müssen, daß keine

Zeit blieb, Hilfe zu holen. In gewisser Weise verstand man seine Angst und auch sein Dilemma, doch wünschten sich alle, daß er sich für das Mädchen in die Schlacht geworfen hätte. Auf die Frage, ob sie von einer Sozialarbeiterin dasselbe erwarten würde, kam die Runde ins Schwanken: Eigentlich ja, aber als Frau hätte sie doch eindeutig keine Chance gegen die Jungen gehabt. Es sei vielleicht ungerecht, aber einer Frau würde man eher zugestehen, sich vor einer Verletzung zu fürchten.

Mädchen und Frauen gelten als friedfertig. Wenn Friedfertigkeit mit dem Verzicht auf körperliche Gewalt gleichgesetzt wird, stimmt das sogar – wenn man von den Müttern absieht, die ihre Söhne und Töchter verprügeln oder sich sexuell an ihnen vergehen.

Die weibliche Friedfertigkeit entspricht spiegelbildlich den männlichen Gewaltmustern. Kein sich prügelndes Mädchen fühlt sich durch gewalttätiges Handeln weiblicher. Körperliche Gewalt wertet ein Mädchen nicht potentiell auf; sie gilt als unweiblich bzw. eines Mädchens nicht würdig.

Auch erwachsene Frauen haben diesen Schein zu wahren. Dabei kommt ihnen unsere Sprache zu Hilfe, die sich äußerst schwer damit tut, selbst nachweislich gewalttätige Frauen, wie schlagende Mütter oder sexuelle Mißbraucherinnen, als Täterinnen beim Namen zu nennen. In Diskussionen über Gewalt in der Familie oder sexuellen Mißbrauch erweist sich das Wort «Täterin» stets als äußerst sperrig; meistens ist von «weiblichen Tätern» die Rede. So, als wäre eine Frau für sich genommen nicht schuldfähig.

Zur weiblichen Rolle paßt eher, daß sich Mädchen und Frauen um so weiblicher fühlen, je mehr sie sich im Schutz eines starken männlichen Begleiters sicher wähnen bzw. je mehr sie an seiner Kraft und Macht teilhaben können. Einen starken Mann als Beschützer zu haben wertet Mädchen und Frauen in ihrer Weiblichkeit auf, weil natürlich auch sie in weiblicher Konkurrenz zueinander stehen. Die Schönste bekommt den Stärksten und Souveränsten, der sie im gegebenen Fall vor der Gewalt anderer Jungen und Männer beschützen soll.

Weitaus dramatischer zeigt sich der weibliche Wunsch nach Teilhabe an männlicher Kraft und Macht in manchen gewalttätigen Beziehungen, worauf Margit Brückner (1988) in ihrem Buch «Die Liebe der Frauen» hingewiesen hat. Sie geht darin der Frage nach, weshalb sich so viele geschlagene Frauen nicht frühzeitig von ihrem Peiniger trennen oder wieder zu ihm zurückkehren, nachdem sie zwischenzeitlich Zuflucht in einem Frauenhaus gefunden haben. Sie schreibt: «Die Faszination des Macho-Mannes beruht auf seiner Männlichkeit. (...) Je mehr er zum Mann wird, desto mehr werden wir zur Frau, je mehr wir nur eine Seite unserer Wünsche und Bedürfnisse leben, um so mehr müssen wir die andere Seite in unserem Gegenüber suchen.» (S. 73) Die Attraktivität des besitzergreifenden Mannes, so die Autorin, beruhe auf dem fließenden Übergang von Geborgenheit und Gefangenschaft, von Fürsorge und Kontrolle. (vgl. S. 77)

Der Wunsch nach Teilhabe an männlicher Macht kann sich auch in paradox erscheinenden Verhaltensweisen ausdrücken. Nicht nur prügelnde Männer argumentieren häufig, die Frau habe die Schläge provoziert und deshalb verdient. Auch die Opfer trösten sich nicht selten mit dem Gedanken, den Mann zur Gewalt herausgefordert zu haben. So manche betroffene Frau empfindet sich in verquerer Weise als durchaus mächtig; schließlich ist sie in der Lage, den Mann zur Weißglut zu bringen. Wenn er sie schlägt, wird sie ihm auch nicht egal sein. Schläge können in den Augen des Opfers zum Liebesbeweis werden – ein fataler seelischer Vorgang, der sicherlich auch bei Martins Klassenkameraden eine Rolle gespielt hat, als sie ihrem Lehrer jeden Morgen einen neuen Holzprügel mitbrachten.

Weibliche Teilhabe an männlicher Macht bedeutet auch, gewalttätige Wünsche an Jungen und Männer zu delegieren. In der Studie von Wilhelm Heitmeyer zeigen Mädchen und Jungen bei den befürwortenden Einstellungen zur Gewalt keine großen Unterschiede auf. Beim konkreten Gewalthandeln dominieren jedoch eindeutig die Jungen. Wir wollen nicht sagen, daß Mädchen die Jungen stets stellvertretend in die Schlacht schicken, wenn sie etwas durchsetzen wollen. Aber gefällt es Mädchen in keinem Fall, wenn sich – zum Beispiel – zwei männliche Rivalen ganz klassisch um sie prügeln? Und kann so mancher gewaltbereite Junge nicht mehr oder weniger berechtigt darauf hoffen, einem Mädchen damit auch zu imponieren?

Besonders deutlich wird die Delegierung weiblicher Gewaltwünsche in dem berühmt-berüchtigten Satz: «Warte, wenn der Vater nach Hause kommt ...!» Martins Geschichte enthält mehrere Beispiele, in denen Frauen den strafenden Vollzug an Männer oder an in der Hierarchie über ihnen stehende Frauen übertragen haben. Da sie nicht selbst zuschlugen, entsprachen sie zwar ihrer weiblichen Rolle. Friedfertig aber waren sie nicht.

Und natürlich schreiten Frauen auch selbst zur Tat. Michael-Sebastian Honig (1986) hat mit seiner Studie «Verhäuslichte Gewalt» gezeigt, daß Frauen gegenüber ihren Kindern in ähnlichen psychischen Verstrickungen gefangen sind wie schlagende Männer gegenüber Frauen. Die interviewten Mütter waren in gewalttätigen Momenten häufig von einem Widerspruch zwischen Fürsorge und Selbstbehauptung zerrissen. Sie sagten, sie seien durch das Kind *provoziert* worden – das Opfer habe die Schläge also letztlich *verdient*. Sie fühlten sich vor allem *ohnmächtig* angesichts der verlangten Selbstbescheidung und beschrieben den Ausbruch von Gewalt nicht selten wie ein Naturereignis, das sie ab einem bestimmten Punkt nicht mehr kontrollieren konnten.

Ein Beispiel: «Also, wenn ich ihn schlage, dann hat er mich erstens total aus dem Häuschen gebracht, und irgendwie, also da drücke ich totale Macht auf ihn aus. Da ordne ich das Kind total unter. Und die Wut, die ich dann habe, die gibt mir die Kraft, den so zu prügeln. Es ist nicht so, daß ich ihn demütigen will, es ist, als wenn ich über ihn hereinbreche. Und da wird er für mich zu einem Gegenstand ...» (S. 243)

Dort, wo Frauen Macht haben, sind sie keineswegs dagegen gefeit, Gewalt anzuwenden. Gerade was die körperliche Kraft anbetrifft, stehen sie über den Kindern – wie die Männer über den Frauen. Und gerade jene, die einem viel bedeuten und die es mit aller Macht zu beschützen gilt, laufen am ehesten Gefahr, auch die Gewalt dieser Macht zu erleiden.

Dennoch besteht eine ausgeprägte Abneigung, schlagende Mütter in gleicher Weise wahrzunehmen wie schlagende Väter. Vermutlich hängt das mit dem ganz besonderen Entsetzen darüber zusammen, daß eine prügelnde Mutter dem Mythos der Frau als Inbegriff von Liebe und Selbstlosigkeit zuwiderhandelt. Daß Männer gewalttätig sind, ist gewöhnlich. Aber worauf im Leben soll noch Verlaß sein, wenn selbst die stets nahe und versorgende Mutter zuschlägt?

Die Sozialisationsforscherin Ulrike Schmauch (1988) wendet sich schon lange gegen die Idealisierung insbesondere der Mutter-Sohn-Beziehung als friedvoll-kuscheligen Idylls. Ein Sohn erlebt «auch Angst, Angriff und Zurückweisung als Teil weiblicher Liebe». Außerdem ist er Projektionsfläche für eigene ungelebte Aggressionen der Mutter (oder einer Erzieherin), die an ihn delegiert werden können. Was Frauen an sich selbst als befremdend, unerfüllbar und verachtenswert empfinden, kann an Jungen besonders bekämpft oder geliebt werden. (vgl. S. 90) Ulrike Schmauch (1994) plädiert auch deshalb für mehr konkrete Frauenmacht und einen unverstellten Ausdruck ihrer Aggressivität gegenüber Männern. Anstatt schon kleine Jungen aufzurüsten, indem sie an ihnen besonders das Draufgängerische und Aggressive fördern, das sie selbst gerne täten (und anstatt an ihnen die Wut auszulassen, die eigentlich erwachsenen Männern gilt), wäre es besser, die eigenen Fesseln zu sprengen: «Die unbewußte Weigerung von Frauen, kleinen Jungen in ihrer Begrenztheit und Schwäche beizustehen, scheint mir zu wurzeln in dem ebenso begründeten wie verborgen gehaltenen Haß auf die eigene umzäunte Existenz, der aber zu dem fatalen Bestreben führt, das andere Geschlecht stellvertretend zur Überwindung bzw. zur Leugnung von Grenzen und zu offen sichtbarer Aggressivität zu bewegen.» (S. 326)

Nicht nur Frauen basteln leidenschaftlich gerne am Mythos des Mutter-Sohn-Idylls. Auch die Männer pflegen trotz allen untergründigen Unmuts den Mantel des Vergessens über (seelische) Verletzungen durch die Mutter und andere Frauen zu breiten. In Seminaren fällt es Männern meistens relativ leicht, sich an Prügeleien unter Jungen, an Schläge vom Vater oder an andere gewaltsame Zusammenstöße mit Geschlechtsgenossen zu erinnern. Selbst das Geständnis, Mädchen oder Frauen einmal geschlagen zu haben, ist – mit Abstrichen – ohne größeren Aufwand möglich. Ausgesprochen schwer fällt es dagegen, demütigende Erfahrungen mit Mädchen und Frauen zu erinnern. Gewöhnlich heißt es zunächst: Da war eigentlich nicht viel Schlimmes ... Nach und nach wird die Liste dann doch immer länger – häufig begleitet von einem schlechten Gewissen und/ oder einer plötzlich aufschäumenden Wut.

Es widerspricht dem Gebot der kategorischen männlichen Überlegenheit, Opfer eines Mädchens oder einer Frau geworden zu sein. Hinzu kommt die tiefverwurzelte Hemmung, am Heiligenbild der Mutter (bzw. der Frauen) zu kratzen. Dem Vater gegenüber fühlen sich Männer häufig in einer mürrischen Art und Weise verpflichtet, beruflich erfolgreich zu sein, denn darüber glauben sie seine Anerkennung zu erlangen. Da seine Liebe sich vor allem auf dieser materiellen Basis zu äußern scheint, firmiert das, was der Vater durch seine Leistung für die Familie erbracht hat, oft nur unter recht und billig. Gegenüber der Mutter empfinden viele Männer eine nur schwer faßbare Dankbarkeit für die (emotionale) Aufopferung – und vor diesem Hintergrund eine gewisse Bringschuld, die unter dem Namen ‹Ritterlichkeit› zu den klassisch-männlichen Aufgaben gehört.

Die in den dunklen Ecken einer Männerseele archivierten Verletzungen schmerzen allerdings weiter. Möglicherweise läßt sich so mancher gewalttätige Ausbruch gegen Frauen mit einer plötzlichen Auflösung des mit großem seelischem Aufwand konstruierten Frau-Junge-Idylls erklären, denn das versprach ausschließlich die selbstlose Liebe der Frau – und damit die Unterordnung weiblicher Wünsche unter männliche Bedürfnisse.

Die unkritisch ritterliche Bringschuld vieler Söhne, die sich – zum Beispiel – in explizit feministisch orientierten Männerkreisen in Sätzen äußert wie «Wir haben zweitausend Jahre lang die Frauen unterdrückt, da steht es uns jetzt nicht zu, sie für das ein oder andere Vergehen anzuklagen …» ist lediglich die andere Seite derselben Medaille. Die Tabuisierung weiblicher Aggressivität und Gewalt gereicht den Mädchen und Frauen ohnehin vor allem zum Nachteil. Schließlich werden sie auf diesem Weg als handelnde Subjekte geradezu entmündigt: Warum sollen Mädchen und Frauen überhaupt ernst genommen werden, wenn sie in einer «Männergesellschaft» sowieso für nichts verantwortlich zu machen sind? Im selben Atemzug wird durch Ritterlichkeit die männliche Norm zementiert, daß Jungen und Männer jedem Mädchen und jeder Frau überlegen sein müssen – ob die Überlegenheit der Realität entspricht oder nicht.

Inneres Wachsen

Die Beschäftigung mit der komplexen Vorgeschichte eines Gewalttäters kann dazu beitragen, ihm zur Überwindung der Gewalt ein inneres Wachstum zu ermöglichen. Wer Gewalttätern helfen will, muß herausfinden, woher ihre Ängste rühren, wo genau sie klein und hilflos geblieben sind und über welche seelischen Ressourcen sie verfügen, um den Mut zur Friedfertigkeit aufzubringen. Man muß sie sogar auf irgendeine Weise mögen, um ihnen helfen zu können.

Sieht man einmal von Richtern, Staatsanwälten und Polizisten ab, die mit staatlich legitimierter Macht gegen Gewalttäter vorgehen, gibt es bei weitem zu wenige Männer, die sich berufsmäßig um ihre prügelnden Geschlechtsgenossen kümmern. Die wenigen Einrichtungen, die es gibt, richten ihre Aufmerksamkeit ausschließlich auf jene Männer, die Frauen schlagen. Wie zum Beispiel der Hamburger Verein «Männer gegen Männergewalt.»

In der Veröffentlichung «... habe ich einfach zugeschlagen» (Joachim Lempert/Burkhard Oelemann 1995) wird Männergewalt stets mit Gewalt gegen Frauen gleichgesetzt, was nicht nur der Gewaltstatistik widerspricht, sondern auch ein klassisch-männliches Verhaltensmuster der Ritterlichkeit ermöglicht: Gute Männer beschützen durch ihren Einsatz die Frauen vor den anderen bösen Männern.

Die Arbeit der Hamburger Einrichtung soll hier nicht diskreditiert werden. Es sollten sich viel mehr Männer mit dieser Arbeit zum Schutz der Frauen befassen. Kritikwürdig ist jedoch, daß der beraterische Ansatz des Hamburger Vereins die Opfererfahrungen ihrer Klienten kategorisch ausblendet – mit zum Teil hanebüchenen Begründungen: «Wir fragen die Männer nicht nach ihren Gefühlen, weil wir dann als Berater gleichsam die Bemühungen der Frauen fortsetzen würden (‹W fühlst du jetzt?›, ‹Zeig doch mal Gefühl!›), dadurch in die R der Partnerin gerieten und eine Neuauflage der Beziehu konstellation schaffen würden.» (S. 84) Anstatt die Üb gung als wichtigen Teil therapeutischen Geschehens zu r wird «Mitleid» über die bloße Ablehnung hinaus au als Anfängerfehler disqualifiziert. Die derart Bemüh den in die Nähe von Weicheiern gerückt, die sich b scheuen, «ihre eigenen Aggressionen und Distanzwünsche gegenüber dem Täter» zum Ausdruck zu bringen. (S. 106) Mahnend wird der Zeigefinger erhoben, daß Therapeuten und Therapeutinnen, die sich mit den Opfererfahrungen ihrer Klienten befassen, den Täter nicht als Täter ernst nehmen würden. Der stark gewaltfördernde Abwehrmechanismus von Männern, eigene Opfererfahrungen zu verdrängen, wird zum Programm gemacht: «Der gewalttätige Mann will nicht länger gewalttätig sein, also haben der Berater und die Beraterin sich an erster Stelle mit dem Thema Gewalt, mit dem Täter im Mann zu beschäftigen.» (S. 109)

Da es die Hamburger Männerarbeiter «entschieden ablehnen, regressionsfördernd vorzugehen», bezeichnen sie ihre Arbeit nicht als Therapie, sondern als Beratung. Die Einzel- und Gruppenberatung der schlagenden Männer dauert in der Regel zusammengenommen etwa ein Jahr, an dessen Ende – der Buchveröffentlichung zufolge – alle beratenen Männer in der Lage sind, die Verantwortung für ihr Gewalthandeln zu übernehmen. Und nicht nur das. Mit Hilfe einer zu trainierenden «Time-out-Technik» (aus der Konfliktsituation herausgehen, sobald Gewalt droht) und der Eröffnung einer «Gewinn-Verlust-Rechnung» (verzichtet der Mann auf Gewalt, besteht die Chance, daß er Frau und Familie nicht verliert), soll es jedem Mann gelingen, zu begreifen, daß es stets einen speziellen Punkt gibt, «an dem er sich für oder gegen die Gewalt entscheiden kann». (S. 111) Angesichts der Komplexität eines Gewalthandelns sind allerdings erhebliche Zweifel daran angebracht, daß sich Gewalt über den Kopf steuern läßt.

Ein erfahrener Therapeut ist durchaus in der Lage, sowohl das Opfer als auch den Täter im schlagenden Mann zu berücksichtigen. Das zeigt der österreichische Transaktionsanalytiker Klaus Sejkora (1993). In seinem Buch «Männer unter Druck» berichtet er u. a. von der vierjährigen(!) Therapie eines 41jährigen Mannes.

Die langwierige therapeutische Arbeit besteht darin, sich mit den «Schatten der Vergangenheit» zu befassen, das heißt mit dem «inneren Kind» des schlagenden Mannes, das so lange «in Angst und Abkapselung verharrt», bis es jemand befreit. (S. 104)

Im geschilderten Fall geht es um einen Mann namens Christian. Er ist ein kleiner, stiller Mann, der in besonderen Streßphasen immer wieder zu unkontrollierbaren Gewaltausbrüchen gegen seine Frau und die beiden kleinen Kinder neigt. Zu Beginn der Therapie wird die täglich zu erneuernde Vereinbarung getroffen, daß er keine Gewalt mehr anwenden darf. Nach vier Monaten gibt es einen Rückfall, danach nicht mehr.

Als Kind erlebte Christian seine Mutter als depressiv und nur wenig Schutz bietend. Der von ihm zutiefst gehaßte Vater war Polizist und regierte die Kinder mit brutaler Strenge. Auf Widerspruch, Unzuverlässigkeit und Versagen folgten stets Prügel mit einem Gummiknüppel.

Im Verlauf der Therapie wird deutlich, daß Christian immer dann Gefahr läuft, seine Frau oder seine Kinder zu schlagen, wenn er ihnen gegenüber in eine Lage gerät, in der er sich wie ein hilfloser Versager fühlt. In solchen Augenblicken beginnt sein «innerer Vater», ihn wieder – zur Strafe – zu verprügeln. Um diesem Schmerz auszuweichen, schlägt Christian selbst zu, als könnte er damit die ursprüngliche Quelle seines Schmerzes verstopfen.

Bald ist klar, daß Christian seelisch wachsen muß, um sowohl der Gewalt des «inneren Vaters», als auch dem eigenen Gewaltimpuls entgehen zu können. Es dauert drei Jahre, bis er stark genug ist, sich an die Wurzeln seiner Angst und seiner Schmerzen zu begeben.

In einer wichtigen Sitzung versetzt ihn der Therapeut in die Zeit als Sechsjähriger zurück. Christians Gesicht nimmt einen störrisch-mißtrauischen Ausdruck an. Lust, über irgend etwas zu reden, hat er nicht, und so schlägt ihm der Therapeut vor, ein Bild von seinem Vater zu zeichnen. Christian zieht sich in eine Ecke zurück und beginnt zu malen. Nach etwa zehn Minuten wird er sichtbar traurig, sein Blick leer. Der Therapeut bittet ihn zu sich:

«Th: Bist du traurig, Christian?

Ch: Hmmm ... Angst hab ich ...

Th: Mm! Zeigst du mir dein Bild?

Ch: Nein. Mag kein Bild von Papa (zerreißt die Zeichnung).

Th: Oh! Das ist schade. Warum zerreißt du deine Zeichnung?

Ch: Mag ihn nicht.

Th: Den Papa?

Ch: Nein. Ist bös zu mir.

Th: Bös zu dir?

Ch: Ja.

Th: Was tut er?

Ch: Haut mich.

Th: Er haut dich?

Ch: Hm.

Th: Das ist nicht richtig von ihm!

Ch: (schüttelt mit trotzigem Blick den Kopf)

Th: Das muß weh tun, hm?

Ch: Nein, tut mir eh nicht weh!!!

Th: Nicht?

Ch: Nein!!

Th: Schau mich mal an Christian.

Ch: (hebt langsam den Kopf)

Th: Weißt du, einem kleinen Buben tut's immer weh, wenn der Papa ihn haut. Manche Buben machen sich dann stark, damit's nicht so weh tut. Dann spüren sie's vielleicht nicht mehr so in ihrem Körper, auf ihrer Haut.

Ch: (schaut mich an, seine Augen füllen sich mit Tränen)

Th: Aber im Herzen drin – da tut's furchtbar weh. Kennst du das?

Ch: (nickt mit zitternder Unterlippe)

Th: Und weißt du, warum's so weh tut? (lange Pause) Weil sie – die kleinen Buben – ihren Papa ja eigentlich so liebhaben.

Ch: (fängt an zu weinen)

Th: Ja, da hast du recht. Das ist wirklich ein Grund zum Weinen.

Ch: (schluchzt tief, rückt näher an mich heran): Er soll's nicht mehr tun.

Th: Komm her. Du darfst ruhig weinen und deine Tränen kommen lassen.

Ch: (legt sich in meinen Schoß, weint heftig)

Th: Das ist sehr schlecht von deinem Papa, dich zu schlagen. Kleine Kinder schlägt man nicht.

Ch: Ich hab so Angst!

Th: Ja! Er ist so groß und du so klein!

Ch: Ja! Und so bös!

Th: Und so bös!

Ch: Ja!!

Th: Ich paß auf dich auf! Er darf dir nichts mehr tun!

Ch: Er soll nicht mehr hauen!

Th: Ja! Hörst du, Vater?! (Mit lauter Stimme) Schlag deinen Sohn nicht mehr! Hör auf damit, Vater! Kleine Kinder haut man nicht!!

Ch: Nein!!! (weint heftig)

Th: Du sollst ihn lieber in die Arme nehmen, Vater, und ihm sagen, was für ein liebes Kind er ist!

Ch: (weint heftig)

Th: Ein wirklich lieber kleiner Bub. Liebhaben statt hauen – das brauchen kleine Buben (streichelt ihn) ...» (S. 98 f.)

Nach dieser Sitzung vergeht noch eine lange Zeit harter Arbeit für Christian, aber an diesem Tag wurde die Basis dafür geschaffen, daß er die Gewalt nicht mehr nur mit dem Verstand kontrolliert, wie er an einer Stelle sagt, sondern: «Jetzt, glaub ich, stimmt's auch vom Herzen her.»

Nicht jeder gewalttätige Mann braucht eine tiefenpsychologische Behandlung, und gewiß ist nicht jeder Schläger so zugänglich wie Christian. Auch verhaltenstherapeutische oder beraterische Angebote sind notwendig und sinnvoll. Die Opfererfahrungen eines Täters grundsätzlich auszublenden und seinen Schmerz zu verleugnen – wie das im übrigen auch Uwe Heilmann-Geideck und Hans Schmidt (1996) tun, die den Heidelberger Verein «JederMann» mitgegründet haben – gleicht jedoch zu sehr dem klassisch-männlichen Weg zur nächsten Stufe der Gewaltspirale.

Das Zusammenspiel der männlichen und weiblichen Muster zeigt, auf welch ausgetretenen und dennoch schmalen Pfaden beide Geschlechter nach Halt ringen. Nach Halt, der ihnen nicht nur Geschlechtssicherheit geben, sondern sie auch liebenswert machen soll. Natürlich taugt gerade die Gewalt gegen Mädchen und Frauen nicht im geringsten dazu, Halt und Liebe zu sichern, denn sie gefährdet oder vernichtet, was sie sichern soll. Die gleichen miteinander korrespondierenden Muster aber sind es, die Rücksichtslosigkeit, Gewalt und auch das Opfersein subjektiv als lohnend erscheinen lassen – und der subjektive Erfolg ist für das Verhalten eines Menschen letzten Endes ausschlaggebend.

Männer sollten sich mehr als bisher der prügelnden Geschlechtsgenossen annehmen – gleich, ob sie gegen Mädchen und Frauen oder gegen andere Jungen und Männer Gewalt ausüben. Die Frauen und Mädchen sollten sich vor allem nichts gefallen lassen. Sie sollten sich wehren, verbal und handgreiflich zurückschlagen. Vermutlich täte es vielen Frauen gut, die Erfahrung eines guten Selbstverteidigungskurses zu machen. Mit Staunen hören wir, daß Frauen dort häufig erst lernen müssen, an ihre körperliche Kraft zu glauben und ihre ängstlich-defensive Haltung im Bedarfsfall durch gezielten Körpereinsatz aufzugeben. Sie lernen dort etwas, was sie eigentlich als zutiefst unweiblich empfinden: Zuschlagen. Nur wenige, insbesondere junge Frauen können davon berichten, sich im Falle eines männlichen Angriffs selbst als siegreiche Kämpferin wenigstens vorzustellen. Das jedoch dürfte weniger ihrer geringeren Körperkraft zuzuschreiben sein (denn es braucht nicht viel Kraft, um einen Angreifer unschädlich zu machen) als vielmehr ihrer Erziehung zum friedfertigen Opfer.

Den meisten Männern täten ordentliche Selbstverteidigungskurse ebenfalls gut. Aber da zeigt sich das Dilemma: Niemand käme auf die Idee, einen solchen Kurs anzubieten. Männer betreiben Kampfsport, aber sie brauchen sich doch nicht in Selbstverteidigung zu üben! Schließlich hat jeder Mann wenigstens die harte Schule des Schulhofs hinter sich gebracht ...

Ein Junge, der sich gehalten und geliebt fühlt, sich selbstbewußt selbst halten und andere lieben kann, der erlebt Hilflosigkeit und Schwäche nicht als Bedrohung seines Selbst. Im Zustand seelischer Bedrängnis wird er deshalb weder einfach zuschlagen noch im männerbündlerischen Taumel ein Haus anzünden, in dem Menschen leben.

Man stelle sich bloß einmal vor, daß es einem gewalttätigen Jungen oder Mann zuvor gelungen wäre, sich gegen die zerstörerische Kraft der Gewalt und für die reinigende Kraft der Tränen zu entscheiden.

«Sagen Sie mal, was ist denn jetzt eigentlich männlich?»
Skizzen zur männlichen Identität

Als Autor, der sich viel mit Männerthemen befaßt hat, werde ich oft eingeladen, in Volkshochschulen, Familienbildungsstätten oder Kulturzentren Vorträge zu Fragen der Männlichkeit zu halten. Manchmal geht es bei solchen Einladungen gar nicht um den konkreten Inhalt eines Vortrages, sondern um das Thema «Männer» an sich.

«Wir haben schon so viel über Frauen gemacht oder von Frauen gehört», sagen manche Veranstalter, «jetzt sind einfach mal die Männer dran.» Viele Institutionen greifen Männerthemen auf, weil sie die Zusammensetzung ihres überwiegend weiblichen Publikums verändern und mehr Männer für die Angebote ihrer Institution interessieren wollen. Oft geht es unterschwellig aber auch darum, daß ich irgend jemandem zeigen soll, was eine Harke ist. Zum Beispiel den begriffsstutzigen Männern, die jetzt dran sind – am unerbittlichen Kanthaken der Erwachsenenbildung. Oder den Frauen, die vielleicht die Diskussion um die Geschlechterrollen dominieren und keine Position außer ihrer eigenen gelten lassen.

Wenn Männer und Frauen über Männlichkeit sprechen, dann geht es immer auch um das Verhältnis der Geschlechter zueinander. Um Geschlechter-Neid, Geschlechter-Enttäuschung, Geschlechter-Sehnsucht, Geschlechter-Mief, Geschlechter-Zank, Geschlechter-Abgrenzung, Geschlechter-

Angst. Und manchmal geht es auch um etwas, was Frauen mit einem Wort aus der Männerwelt bisweilen als Geschlechter-Krieg bezeichnen. Für den Wunsch, daß in dieser Diskussion jemand anderem gezeigt werden möge, was eine Harke ist, gibt es also viele verständliche Motive.

«Jemandem zeigen, was eine Harke ist» – eine seltsame Redewendung. Schließlich wissen alle Leute, was eine Harke ist: ein Gartengerät zum Anhäufeln oder Glätten, in Süddeutschland sagt man Rechen dazu. Die Herkunft der Redewendung ist nicht ganz sicher zu klären. Angeblich machte früher in Norddeutschland die Geschichte von einem Bauernjungen die Runde, der nach einem längeren Aufenthalt in der Stadt in sein Dorf zurückkam. Er tat nun so, als würde er keine Harke mehr kennen. Aus Unachtsamkeit trat er aber auf die Zinken einer Harke, woraufhin ihm der Stiel vor den Kopf knallte und er wütend schrie: «Die verfluchte Harke!» Im Holsteinischen heißt es auch noch: «Der kennt de Hark nich.» Damit wird jemand bezeichnet, der sich in seiner eigenen Heimat fremd gibt, und man kann sich vorstellen, daß den holsteinischen Bauern gewiß einiges einfällt, um so jemandem beizubringen, wie er sich gefälligst zu benehmen hat.

Die Frage «Sagen Sie mal, was ist denn jetzt eigentlich männlich?» wird – immer ziemlich exakt um Viertel vor zehn – interessanterweise nur in solchen Veranstaltungen gestellt, die nicht besonders gut verlaufen sind, in denen der Kontakt mit den Leuten nicht gestimmt hat oder mir auf wichtige Diskussionsbeiträge keine vernünftigen Antworten eingefallen sind. Die Frage zeugt von einer gewissen Unzufriedenheit mit dem Mann da vorn, und ich muß dann immer achtgeben, nicht in die Harke zu treten.

Manchmal bin ich aber auch nicht gemeint. Einmal hielt eine Frau in einer Diskussionsveranstaltung über Väter eine flammende Anklagerede über die Abwesenheit derselben, über zu entfaltende weibliche Anteile *in* denselben und den nach wie vor großen Bedarf an kämpferischen Frauen. Sie schloß ihren wortgewaltigen Beitrag mit besagter Frage: Was ich denn nun eigentlich männlich fände. Ich wußte nichts Rechtes zu antworten, aber weil mir die Frau sympathisch war, schlug ich ihr nach der Veranstaltung vor, doch noch zusammen mit einigen anderen in ein nahe gelegenes Restaurant zu kommen. Sie freute sich sichtlich über die Einladung, mußte aber absagen. Ihr Mann habe einen wichtigen Posten im nahe gelegenen Autowerk, erzählte sie, und müsse am nächsten Morgen sehr früh aufstehen. Leider könne er überhaupt nicht einschlafen, wenn sie nicht neben ihm im Bett liege, so daß sie spätestens um Viertel vor elf zu Hause sein müsse: «Tja, so sind die Männer eben!» sagte sie noch, dann stieg sie in ihr schickes rotes Stadtauto und fuhr von dannen.

Was ist männlich? Ich weiß gerade mal, wie Männlichkeit riecht. Männlichkeit riecht nach Tabak, nach Leder, nach Hasenbroten, nach Lack und Schweiß, kurz, sie riecht wie die Tasche, die mein Vater bei sich trug, wenn er abends von der Arbeit kam. Ich bin mir ganz *sicher*, daß Männlichkeit so riecht – und ich bin froh um diese Sicherheit.

Sport: Lohda und ich

Wenn man jemanden einlädt, einen Vortrag über männliche Identität zu halten, dann erwartet man von ihm, daß er sich viele Gedanken über dieses Thema gemacht hat und daß es anregend sein könnte, diese Gedanken zu hören. Ja gut. Ich habe mir tatsächlich viele Gedanken gemacht. Aber man könnte natürlich auch Lothar Matthäus einladen. Der macht sich wahrscheinlich wenig Gedanken über männliche Identität, aber er sieht klasse aus. Und er ist Rekordnationalspieler und Libero bei Bayern München. Manche kennen vielleicht das Werbefoto, das eine berühmte Fotografin für ein Kreditkartenunternehmen von Lothar im Unterhemd gemacht hat. Man sieht seinen durchtrainierten und wohlproportionierten Körper, und wie ein Cowboy blickt er in Richtung Horizont – wissend um die Einsamkeit des Mannes, die Sinnlosigkeit des Tuns und die Notwendigkeit, den Drachen zu töten.

So sieht ein Mann aus. Oder? Ich finde schon. Doch. Jedenfalls ein maskuliner, auf deutsch: ein männlicher Mann.

Lothar Matthäus soll strohdoof sein. Unter intellektuellen Fußballfreunden haben die Interviews, die er nach Spielschluß den Reportern gewährt, inzwischen einen gewissen Kultstatus erlangt, weil er es wie kein anderer schafft, wortreich und selbstbewußt gar nichts zu sagen. Einmal hat er in einer Kampagne der Bundesregierung gegen Ausländerfeindlichkeit mitgemacht und sich mit dem Spruch «Mein Freund ist Ausländer» ablichten lassen. Insgeheim war ich wohl nicht der einzige, dem dieser arme Ausländer ein wenig leid getan hat.

Natürlich kenne ich nur das Medienprodukt Lothar Matthäus. Ich weiß, was er auf dumme Fragen antwortet, nachdem er neunzig Minuten lang an seine körperliche Belastungsgrenze gegangen ist. «Hätte die deutsche Mannschaft in der zweiten Halbzeit nicht doch mehr über Außen kommen müssen?» Ich selber bin schon seit Jahrzehnten nicht mehr an die Grenze meiner körperlichen Belastungsfähigkeit gegangen. Jedenfalls ist es mir wichtig, zu betonen, wie strohdoof so jemand wie Lothar Matthäus sein muß, und am allerliebsten würde ich noch lange mit meinen Tiraden fortfahren und ausführlich über Michael Schumacher, den Rennfahrer, sprechen wollen oder besser noch über seinen Bruder Ralf, der, als er noch in der Formel 3000 fuhr, in Insiderkreisen nur «das kleine Arschloch» geheißen wurde. (vgl. Spiegel 12/97, S. 181)

Man wird in meinen sarkastischen Bemerkungen über den Typus des maskulinen Dumpfkopfes eine Menge Herablassung und Gemeinheit spüren können. Und ich hätte gewiß, wenn es um maskuline Männer geht, anstatt von Lothar Matthäus auch von dem berühmten Schriftsteller John Irving sprechen können, der in seiner Jugend ein ganz hervorragender Ringer war. Oder von Ernest Hemingway, der als Kriegsreporter aus dem spanischen Bürgerkrieg berichtet hat. Aber diese beiden Männer passen nicht in mein Konzept.

Lothar Matthäus, Fußballfreunde werden das wissen, ist auf dem Platz eine sogenannte Führungspersönlichkeit, in der Boulevardpresse würde man schreiben, ein Leitwolf, ohne den keine Mannschaft auskommt. Er kann die anderen mit-, das Spiel an sich und eine drohende Niederlage ganz allein herumreißen. Er kann in der Kabine laut werden, die jüngeren Spieler antreiben und dafür sorgen, daß die Anweisungen des Trainers auf dem Spielfeld umgesetzt werden. Ein Kämpfertyp, der neunzig Minuten alles aus sich herausholt. Der geborene Mannschaftskapitän, der sich allerdings auch dann noch als Leitwolf echauffiert, wenn längst niemand mehr auf ihn hört. Und das ist dann wieder lustig.

Lothar Matthäus ist ungefähr zehn Jahre jünger als ich. Ich ‹kannte› ihn schon, als er noch gar nicht auf der Welt war. Meine herablassende Wut ist *Kinderwut*, und mein Spott ist der pure Selbstschutz. Ich hatte jedenfalls von klein auf allen Grund, mir intensiv Gedanken über die männliche Identität zu machen, und wenn ich den Jungen fragte, der ich mal war, dann würde er sagen: Solche Typen wie der, die sind schuld. Ich habe sie bewundert, beneidet und gehaßt.

Wenn die sagten, der Ball war drin, dann war der Ball drin. Und wenn sie sagten, der Ball war drüber, dann war er eben drüber. Sie wurden von den Jungen angehimmelt, die einen richtigen Lederball hatten, wenn sie denn nicht selber, von ihrem Vater natürlich, einen Superball geschenkt bekommen hatten. Wenn wir Mannschaften wählten – Pißpott, Spitze, Hacke, ohne Halbe –, dann waren es immer Lothar Matthäus und Matthias Sammer, die die anderen auswählten, und ich gehörte regelmäßig zu den letzten, die genommen wurden.

Ich war ein kleingewachsener und nicht sehr robuster Junge. Ich schaffte es manchmal, einen Gegenspieler auszutricksen, aber weil mir die Grundschnelligkeit fehlte, war ich nach drei Metern eingeholt und den Ball wieder los. Für grandiose Einzelleistungen taugte ich auf dem Fußballplatz einfach nicht. Meine einzige Chance bestand darin, mannschaftsdienlich und uneigennützig zu spielen. Eine Flasche, aber irgendwie nett. Wir spielten ohne Abseits, so daß ich mich manchmal einfach vor das gegnerische Tor stellte und darauf hoffte, daß mich niemand deckt. Wenn dann aber der Ball tatsächlich auf mich zukam, bin ich bald gestorben vor Angst, weil es ja nichts Schlimmeres gibt, als völlig frei zu stehen und dann neben den Ball zu semmeln. Oft mußte ich auch ins Tor, aber ich habe bis heute nicht verstanden, warum die Torleute nicht instinktiv zur Seite gehen, wenn ein dicker fetter Lederball auf sie zugedonnert kommt. An ein entscheidendes Tor, das ich einmal erzielt habe, kann ich mich noch gut entsinnen. Weil ich mal wieder sträflich ungedeckt war, rannte ich allein einem Steilpaß hinterher, direkt auf das gegnerische Tor zu. Im entscheidenden Moment trat ich neben den Ball, so daß der Torwart ganz irritiert war und ebenfalls danebensemmelte. Natürlich hielten wir beide dicht: Ein hervorragender Torwart war bei einem grandios vorgetragenen Angriff ohne Chance gewesen. Selbst heute ist die Geschichte nicht besonders lustig für mich. Ich spüre noch immer den Schwindel und schäme mich dafür.

Ich war eine Leseratte. Als Zehn- oder Elfjähriger verschlang ich Fußballbücher, in denen elf Freunde wie Pech und Schwefel zusammenhielten. In der Realität waren unsere Fußballmannschaften ein konkurrierender Haufen, in dem geschrien, endlos palavert und eine strenge Rangordnung hergestellt wurde. Ich war kein Außenseiter, ich war sogar einigermaßen beliebt, aber im Hinblick auf meine Männlichkeitswerte habe ich mir nie einbilden können, auch nur auf einen Mittelfeldplatz zu kommen. ‹Richtige Jungen› – das waren immer andere. Dabei war die Rangordnung, die zum Beispiel in unserer Schulklasse bestand, alles andere als eindeutig. Manche Jungen waren sehr sportlich, wirkten aber überhaupt nicht männlich. Ihnen fehlte das Zeug zum Anführer, manchmal einfach nur das große Mundwerk. Manche Jungen waren zwar bärenstark, aber aus anderen Gründen nicht in der Lage, sich zu behaupten oder ihr Territorium zu verteidigen.

Je deutlicher ich mich an diese Zeit erinnere, um so einleuchtender wird mir die Auffassung, daß Männlichkeit letztlich keinen biologischen Tatbestand, sondern eine soziale Konstruktion darstellt. Obwohl wir Jungen alle eindeutig männlichen Geschlechts waren, mußten wir unsere Männlichkeit jeden Tag aufs neue beweisen und öffentlich darstellen. Aus Seminaren mit Männern weiß ich, daß ich gewiß nicht der einzige bin, dem dieses beständige Beweisverfahren große Probleme bereitet hat. Die meisten Männer kennen, in welcher Form auch immer, die Geschichte mit dem erschwindelten Torerfolg. Alle kennen Lothar Matthäus, aber ich habe seltsamerweise noch keinen Mann getroffen, der ein solcher Lothar Matthäus gewesen wäre.

Stall: Jeder Mann riecht anders

Geld spielte eine große Rolle. Mein Vater war Drucker, und daß Arbeiterkinder aufs Gymnasium gingen, war Anfang der sechziger Jahre alles andere als üblich. Im Klassenbuch gab es die Rubrik: «Beruf des Vaters». Wenn es mir gelingt, die trotzige Selbstbehauptung beiseite zu schieben, dann kann ich noch heute die Beschämung spüren, wenn ich an diese Seite im Klassenbuch denke. Apotheker, selbständiger Unternehmer, Lehrer, Angestellter, Arzt, Kaufmann usw. stand da – nur bei vier Jungen stand: ‹Facharbeiter›. Vielleicht verfärbt der Ärger meine Erinnerung, aber ich habe die anderen Jungen aus den Arbeiterfamilien eher als angepaßt und brav erlebt. Untergründig spielte der soziale Status der Familie für unsere interne Rangordnung eine wichtige Rolle. An unserem Gymnasium hatte der Sohn des Straßenbahnfahrers dem Arztsohn nicht zu sagen, was ein richtiger Kerl ist. Und hätte der Sohn des Straßenbahnfahrers auch nur halb soviel Unsinn angestellt wie der Arztsohn, dann wäre er mit Sicherheit von der Schule verwiesen worden.

In meiner Pubertät, Ende der sechziger Jahre, wurde ich ein rebellischer Schüler, und ich weiß noch gut, daß bei meiner späteren Entscheidung, Pädagogik zu studieren, die Überlegung eine wichtige Rolle gespielt hat, nicht zu denen da oben, sondern zu denen unten gehören zu wollen. Im ersten Semester wurde ich Gewerkschaftsmitglied und schrieb meinem Vater flammende Briefe, daß er ab sofort von mir und meinen Genossen befreit werden würde.

Daß der soziale Aufstieg durch Bildung als möglicher Verrat am eigenen Milieu erlebt werden kann, gilt sicherlich für beide Geschlechter. Aber ich weiß noch genau, welch wichtige Rolle der soziale Status meiner Familie für meine Männlichkeitskonstruktion gespielt hat. «Was willst du denn später mal werden?» – «Ach, ich weiß nicht, vielleicht übernehme ich auch mal die Praxis meines Vaters!» Bei den Jungen aus bürgerlichen Familien schien allein durch ihre Herkunft gesichert zu sein, daß sie einmal einen angesehenen Beruf haben würden. Weil ich aus einer normalen Arbeiterfamilie kam, hielt ich dagegen, daß aus mir etwas Besonderes werden würde, weil ich eben etwas ganz Besonderes war. Innerlich war ich nie davon überzeugt, daß Arbeiterkinder eine höhere Bildung erhalten sollten. Aber ich war mir absolut sicher, daß *ich* aufs Gymnasium gehörte. Diese verquere Art des Dünkels ist ein ziemlich harter Job. Es war nicht einfach, Männlichkeit im ‹falschen Milieu› darzustellen.

Mein Bruder und ich sind mehr von der Mutter als vom Vater erzogen worden. Mein Vater hätte uns durchaus beibringen können, wie Mann sich stark und würdevoll in einer Werkshalle benehmen kann, aber für die höhere Schule taugte sein Verhaltenskodex nicht. So war für die Karriere der Söhne und alle damit verbundenen Konflikte in erster Linie unsere Mutter zuständig, die wortgewandter und von ihrer ganzen Lebensart her sehr viel bürgerlicher als mein Vater war. Ich habe gelernt, daß ich mich eher wie meine Mutter verhalten soll, wenn ich ein erfolgreicher erwachsener Mann werden will. Sie war oft in der Schule, um mit den Lehrern zu sprechen. Daß mein Vater jemals das Gymnasium von innen gesehen hat, kann ich nicht erinnern.

Mein Nachdenken über männliche Identität hängt auch damit zusammen, daß ich nicht in die Fußstapfen meines Vaters treten konnte. Ich könnte noch nicht einmal sagen, ob seine Fußstapfen zu groß oder zu klein für mich gewesen sind. Sie waren wohl beides.

Unabhängig von meiner persönlichen Lebensgeschichte bleibt festzuhalten, daß Männlichkeit und Weiblichkeit in unterschiedlichen sozialen Milieus unterschiedlich konstruiert und dargestellt werden. Manchmal sind die sozialen Differenzen so groß, daß von den vermeintlichen Geschlechtergrenzen nicht mehr viel übrigbleibt. Die Kabarettistin Gaby Köster zum Beispiel stellt in der Rolle der «Dümmsten Praline der Welt» ein proletarisches Weibsstück vor, das in all seinen Lebensäußerungen viel eher an einen rheinischen Kohlenhändler als beispielsweise an eine klinische Psychologin oder Gesamtschullehrerin erinnert. Aus der Sicht des Subproletariers, den der Kabarettist Tom Gerhards («Voll normal, ej») darbietet, dürfte ein sanfter, männerbewegter Mann fast wie eine Frau wirken.

Ein ehemaliger Mitschüler fällt mir ein. Er hieß Horst und kam aus Essen-Katernberg, einem eindeutig proletarisch identifizierten Stadtteil. Horst ging falsch mit seinem Geld um. Er war ein etwas pummeliger, sehr spendabler Kumpeltyp, der immer Geld in der Tasche hatte. Von ihm konnte man fast jeden Tag Süßigkeiten schnorren, manchmal sogar eine Cola. Er ließ auch ausnahmslos jeden, der es wollte, in seine Bravo gucken, was durchaus nicht selbstverständlich war. Daß Horst nicht aus reichem Haus kam, sah man an seiner Kleidung. Auch seine Großzügigkeiten verrieten ihn, und seine mangelnde Anpassung. Bürgerliche Männer halten ihr Geld zusammen, weil sie Besitztümer anhäufen wollen. Proleten geben ihr Geld auf der Stelle aus, weil es sowieso nur für den täglichen Bedarf reicht. Nur wenn man bei Aldi einkauft, darf man sich den Einkaufswagen bis oben hin volladen und jedes Sonderangebot mitnehmen. Ein höherer sozialer Status verlangt ein anderes Konsumverhalten. Daß diese Norm auch heute noch Gültigkeit hat, zeigt sich an den vielen Medienberichten über den neureichen Aufsteiger, den Emporkömmling, den Lottogewinner, der sich eine Woche nach seinem Glückstag einen roten Porsche kauft und zur Freude aller anderen in der Bild-Zeitung ablichten läßt. Falsch plazierter Reichtum wirkt lächerlich. Horst jedenfalls ist mit der mittleren Reife vom Gymnasium abgegangen und, soweit ich weiß, ein ziemlich windiger Immobilienmakler geworden.

Die Geschichte macht deutlich, daß Geschlechtsidentität nicht von den anderen Umständen abgetrennt werden kann, die das Leben eines Menschen bestimmen. Was für ein Mann ein Mann ist, wird durch seine ethnische Zugehörigkeit, seinen sozialen Status, seine Familiengeschichte, durch Bildungsniveau, Beruf, Familienstand, sexuelle Orientierung und einiges andere mehr geprägt. Ich halte nichts davon, auf die Suche nach dem ‹eigentlichen›, dem quasi zeitlos Männlichen zu gehen.

Daß viele Männer gerne grillen, läßt sich ganz prima auf den seit der Steinzeit virulenten, archaischen Hang des Mannes beziehen, das Feuer zu beherrschen. Aber ein türkischer Familienvater, der in Köln bei Ford arbeitet, wird sich am Grill anders verhalten als ein katholischer Bahnbeamter aus einer schwäbischen Kleinstadt, ein sozialdemokratischer Bundestagsabgeordneter oder ein schwuler Student der Kommunikationswissenschaften. Ein neunzehnjähriger Mann wird mit der Spiritusflasche anders umgehen als ein achtundvierzigjähriger Mann, oder der Achtundvierzigjährige wird es so machen wie der Neunzehnjährige und dabei feststellen, daß Mann unaufhörlich älter wird, es aber nie zu spät ist, sich gehörig die Finger zu verbrennen. Vielleicht werden alle die verschiedenen Männer die Vorstellung haben, daß es souverän und männlich wirkt, wenn die Bratwurst zum richtigen Zeitpunkt fertig ist, aber sie werden sich dennoch ganz unterschiedlich verhalten.

Körper 1: Muttertach

Im folgenden möchte ich mich mit dem männlichen Körper, mit *meinem* Körper befassen. Als ich diesen Abschnitt aufschreiben wollte, hatte ich mit starken Schreibblockaden zu kämpfen und kam erst dann wieder in Fluß, als ich den Bildschirm meines Computers mit einem Tuch verhängt hatte. Wenn ich mich an den Zustand meiner Nackenmuskulatur erinnere, dann weiß ich auch, warum dieser Trick funktioniert hat: Ich hatte vorher einfach Angst, daß mir jemand über die Schulter guckt und mitliest.

Dieser Jemand ist meine Mutter. Voller Zorn möchte ich sagen, daß mein Körper über viele, viele Jahre ihr gehört hat. Sie hat lange nicht zugelassen, daß ein eigener selbständiger Körper daraus hat werden können, und ich gebe ihr die Haupt-*Schuld* daran, daß ich irgendwann weitgehend aufgehört habe, meinen Körper zu beachten oder ihm eine positive Funktion bei der Konstruktion meiner Männlichkeit einzuräumen.

Ich weiß, daß zwischen zornigen Schuldzuschreibungen und der Selbsterkenntnis meistens noch ein beträchtliches Stück Weg liegt, aber ich möchte meinen Zorn trotzdem loswerden. Nicht zuletzt, weil solcher Zorn auf vielfache Weise tabuisiert wird. Mit der bürgerlichen Familie ist in einem langen historischen Prozeß das Bild der heiligen, entsexualisierten und unschuldigen Mutter entstanden. Während draußen im feindlichen Leben die Gesetze des Profits, des Kampfes und der Konkurrenz gelten, «verbürgt drinnen die Mutter durch ihre bloße Existenz die bedingungslose und unvertauschbare Liebe, die lebenslange Treue, das Mitgefühl für die Schwachen, die Pflege der Kranken, die Dankbarkeit des Herzens», schreibt der Psychoanalytiker Bernd Nitzschke. Die Mutter wird «zum letzten Zufluchtspunkt, zum Symbol des ‹Ewigweiblichen›, das als das Ewigbleibende verklärt wird. Wenigstens eine Bindung soll lebenslang halten – die Bindung an die Mutter.» (1996, S. 25)

In männerbewegten Kreisen wird viel und oft sehr produktiv über die Beziehung zum eigenen Vater nachgedacht. Was einen Mann bedrückt oder vielleicht auch verkorkst hat, wird im Spiegel der Vater-Sohn-Beziehung ausgeleuchtet. Bisweilen läßt sich dabei trefflich auf den Vater schimpfen, nicht zuletzt, weil Rebellion gegen den Alten durchaus als männlich gilt. Aber die Beziehung zur Mutter bleibt im dunkeln.

Das Tabu setzt sich aus verschiedenen Teilen zusammen. Die Mutter steht für das Kindheitsidyll, das nicht zerstört werden soll. Die Aktualisierung der Mutter-Sohn-Beziehung würde darüber hinaus vielleicht einen abhängigen und ohnmächtigen Jungen zeigen, der weiblicher Macht mehr oder weniger hilflos ausgeliefert war. Auch ein männerbewegter Mann erinnert sich nicht gerne daran, was für ein Muttersöhnchen er einmal gewesen ist. Der ausgedrückte Zorn auf die Mutter würde ebenso sichtbar machen können, daß auch das aktuelle Frauenbild des Mannes womöglich von Angst und Verachtung durchzogen ist. Bernd Nitzschke weist darauf hin, daß gerade in Machismo-Kulturen die Unantastbarkeit der Mutter besonders stark ausgeprägt ist. (ebd.)

Ich selber habe viele Jahre empfunden, daß ich meiner Mutter *immer* dankbar sein muß. Sie ist ja selbstlos für uns dagewesen. Sie hat uns bedient, manchmal wie eine Putzfrau. Deshalb wäre es ungerecht, sie offen zu kritisieren. Im Gegenteil. Im Grunde wäre es nur recht und billig, wenn mindestens einmal in der Woche Muttertag wäre. Vielleicht donnerstags.

Die Unantastbarkeit der Mutter wird auch von Frauen auf das heftigste propagiert. Wenn ich in Diskussionen über Pädagogik unvorsichtig darauf hinweise, daß Mütter nicht nur unterdrückte Wesen sind, die das Beste für ihre Kinder wollen, sondern gleichzeitig mächtige Frauen, die ihre Macht über die Kinder auch mißbrauchen können, dann latsche ich nicht in die Zinken der Harke, sondern auf eine Tretmine. Die im offiziellen Diskurs entschuldete und unantastbare Mutter steckt in Wirklichkeit voller Schuldgefühle, die sich in einem solchen Moment kraftvoll entladen.

Das idealisierte Mutterbild wird in unserer Kultur auf vielfache Weise gesichert. Wenn ich mich selber befrage, dann spielt die Hauptrolle wohl der verliebte kleine Junge, der immer noch in mir steckt. Der läßt nichts, aber auch gar nichts auf seine gute Mutter kommen. Der beschützt sie mit Wasserpistolen und Plastikschwertern, mit frauenbewegten Ermunterungen und guten Leistungen vor den Unbillen des Lebens und der Entwertung in einer patriarchalischen Gesellschaft. Und auch jetzt spüre ich, daß ich die Mutter schon wieder eher beschützen denn anklagen will. Ob mein Zorn so gewaltig ist?

Sie hatte sich immer ein Mädchen gewünscht, und ihr Pech war es, daß die Geburt ihres zweiten Sohnes, meine Geburt, sehr schwierig verlaufen war und mein Vater nicht genug sicheres Geld nach Hause brachte, als daß meine Eltern es hätten wagen können, ein drittes Kind in die Welt zu setzen. Nach meiner Geburt gab es den definitiven Familienbeschluß, daß die Kinderkriegerei beendet war.

Ganz unverschämt und sicher, ohne zu wissen, was sie damit anrichtete, ließ sie meine Haare die ersten sieben Jahre meines Lebens lang wachsen, manchmal bis auf die Schultern. Die offizielle Begründung lautete, daß ich eben wunderschöne Locken hätte. Das Kämmen schöner Haare war in der Tat eine lebenslange Obsession meiner Mutter.

Wenn ich alte Fotos anschaue, auf denen ich zusammen mit meiner Mutter zu sehen bin, dann steigt das klamme Gefühl in mir hoch, ihr gehört zu haben, ihr mit Haut und Haaren gehört zu haben. Wenn ich mich diesem Gefühl aussetze, werde ich weder wütend noch traurig, sondern auf eine seltsame Weise gelähmt. Es gibt keinen Impuls, kein Gefühl, keinen Gedanken – nur Lähmung. Es ist schlimm, aber der kleine Junge kann einfach nichts machen.

Die jeweiligen Sippen meiner Eltern verstanden sich nicht gut. Auf unausgesprochene Weise waren sie einander sogar spinnefeind, und auch das hatte Auswirkungen auf uns Kinder. Die Eltern und Verwandten hatten nämlich per Augenschein festgelegt, daß in meinem Bruder deutlich mehr Erbgut der väterlichen Linie und in mir deutlich mehr Erbgut der mütterlichen Linie versammelt sei. Mein Bruder wurde der Sippe des Vaters und ich der Sippe der Mutter zugeschlagen.

Ich entsinne mich an einen heftigen Streit meiner Eltern, wie er wohl in jeder langjährigen Ehe mindestens einmal vorkommt. Meine Mutter packte laut schimpfend die Koffer und wollte meinen Vater verlassen. Aus welchem Grund, weiß ich nicht. Es war allen vollkommen klar, daß mein Bruder beim Vater bleiben und ich mit der Mutter gehen würde. Es hätte gar nicht anders sein können.

Ich verstehe gut, daß meine Mutter ein Mädchen haben wollte. Sie war nämlich, genau wie ihre eigene Mutter, eine besondere Frau. Aber dieses Besondere hat auf Grund der persönlichen und materiellen Verhältnisse nicht leben, sich nicht entfalten können. Ich kann mich noch gut an meinen Großvater, den Vater meiner Mutter, erinnern. Er war ein Patriarch alter Schule, dick, laut und überaus herrisch, oft aber auch warmherzig und klug. Meine leibliche Großmutter ist sehr früh gestorben. Auf Fotos sieht man, daß sie eine interessante und sehr schöne Frau war. Darauf war mein Großvater gewiß stolz, aber gleichzeitig wollte er natürlich der Herr im Haus sein, und er konnte diesem Anspruch auch sehr handfest Nachdruck verleihen. Ein besonderes Leben hat meine in der ganzen Sippe geheimnisumwobene Großmutter jedenfalls nicht gehabt. Nach einer schizophrenen Erkrankung ist sie 1936 in einem psychiatrischen Krankenhaus verstorben. Mein Großvater war auch stolz auf seine besonderen Töchter, sehr stolz sogar, aber besonders gekümmert hat er sich nicht um sie.

Und meine Mutter? Was hätte sie denn als Frau eines Industriearbeiters in den Nachkriegsjahren für eine Aussicht auf ein besonderes Leben haben können? Welche Chance hätte die kleine Prinzessin in ihr sich denn ausmalen sollen?

Man sieht, daß dem dankbaren Sohn viel einfällt, um seine arme Mutter zu verstehen. Aber es ändert nichts. Mich zu ihrer kleinen Prinzessin *und* zu ihrem kleinen Prinzen zu machen war ein Mißbrauch, der mir geschadet hat. Im Volkslied geht das kleine Hänschen frohgemut in die Welt hinein. Erst als die Mama sehr weint, besinnt es sich und kehrt zu ihr zurück. Meine Mama mußte nicht einmal weinen, um mich an sie zu binden. Statt Stock und Hut zu tragen, sah ich nämlich aus wie ein Mädchen und bin gar nicht erst losmarschiert. Die zornige Erinnerung ist gewiß erfindungsreich, aber seltsam ist es schon, daß ich immer große Schwierigkeiten hatte, die verschiedenen Fortbewegungsarten zu erlernen. Erst als Erwachsener habe ich richtig schwimmen und Fahrrad fahren gelernt, einen Führerschein habe ich bis heute nicht.

Es war schön bei der Mutter. Sie hat mit uns Jungen gebastelt, gemalt, gesungen und gespielt. Wir sind in den Zoo, in den Park, in den Wald gegangen. Später war sie eine gute Freundin, mit der man über alles reden konnte, vor der sich aber auch wenig geheimhalten ließ. Die Mutter hat sich wirklich sehr für uns Jungen eingesetzt. Vielleicht sehe ich die Dinge immer noch zu einseitig durch die Brille des kleinen Hänschen, aber ich glaube, daß wir Jungen über viele Jahre eine zu zentrale Rolle in ihrem Leben gespielt haben. Ich habe keine Ahnung, wie es wirklich war, aber ich erinnere mich an Gedanken, daß sie mich mehr liebt als ihren Mann, und als ich solche Gedanken hatte, war ich nicht vier, sondern vierzehn Jahre alt.

Nicht zuletzt durch den unermüdlichen Einsatz der Mutter war ich ein charmantes, eloquentes und aufgewecktes Kind. Was mir im Sportunterricht abging, konnte ich durch solche Eigenschaften leidlich ausgleichen. Ich habe mich immer für einen «besonderen» Jungen gehalten. Aber nie für einen richtigen Jungen.

Eigentlich wollte ich mich mit meinem Körper befassen. Und nun habe ich ausführlich von einer intensiven Mutter-Bindung berichtet und meinen Körper darüber vergessen.

Körper 2: Untenrum

Ich kann mich nicht daran erinnern, vor meinem achtzehnten Lebensjahr auch nur ein einziges Kleidungsstück selber eingekauft zu haben. Welche Kleider ich trug, bestimmte sicherlich in der Hauptsache der Geldbeutel, aber den hatte die Mutter in ihrer Handtasche. Sie achtete zwar in gewisser Weise den Geschmack der Söhne, aber es war ebenso wichtig, daß ein eingekauftes Kleidungsstück *ihr auch* gefiel. Wenn wir in die Stadt fuhren, um Kleidung einzukaufen, waren das oft fröhliche Unternehmungen, Ausdruck der guten Beziehung zwischen Mutter und Sohn. Daß Kleidung eine Möglichkeit sein kann, Eigenheit auszudrücken, habe ich zum Leidwesen meiner Frau bis heute nicht realisiert.

Ich kann mich nicht daran erinnern, als Kind oder Jugendlicher darauf geachtet zu haben, ob ein Kleidungsstück schmutzig oder verschwitzt ist. Die Mutter sagte, wann die Kleidung zu wechseln war. Ich glaube, sie hat uns morgens zurechtgelegt, was wir anziehen sollten. Die Mutter machte mir auch als einzige Komplimente, wenn ihr gefiel, was ich anhatte: «Das steht dir aber gut!» Ich weiß noch, wie ich mich vor meiner ersten Party mit Mädchen fühlte. Ich hatte überhaupt keine Ahnung, ob die Kleider, die ich mir angezogen hatte, für den Anlaß passend waren. Meine Mutter sagte: «Dieter, du siehst ganz prima aus. Mir würdest du sehr gefallen.» Eine irrsinnige Situation.

Die Mutter schnitt uns die Haare und bestimmte später, wann wir zum Friseur zu gehen hatten. Im Grunde hätte ich dem Friseur jedesmal sagen müssen: «Guten Tach, meine Mutter schickt mich!» In den sechziger Jahren war ein Kind oder ein Jugendlicher noch kein Kunde, die Friseure verpaßten mir also genau den Schnitt, von dem sie annahmen, daß er meiner Mutter gefallen würde. Wenn ich wieder nach Hause kam, begutachtete sie sehr sorgfältig, wie der Friseur gearbeitet hatte. Bis auf den heutigen Tag hasse ich Friseure wie die Pest. Friseure sind Verbrecher. Link und unaufrichtig. Man kann diesem Berufsstand unter gar keinen Umständen über den Weg trauen.

Man sollte beim nächsten Friseurbesuch einmal darauf achten, ob zufällig auch eine Mutter mit ihrem Sohn da ist. Man schaue sich an, in welcher Aufregung sie um den Frisierstuhl herumspringt, wie sie von oben, von unten und von allen Seiten guckt und wie sie mit der Friseuse über jedes einzelne Haar ihres Sohnes verhandelt. Man achte auf die verkrampfte Körperhaltung des Jungen und höre zu, was die beiden Frauen sa-

gen, um das Objekt ihrer Begierde zu beruhigen und abzulen-
ken. Ich habe schon des öfteren sechsjährige Jungen beim
Friseur in panischer Angst schreien hören, als sollten sie geschlachtet werden oder als wären sie gerade kopfüber vom
Wickeltisch gefallen.

Die Mutter war für die Körperpflege zuständig. Sie schnitt
uns die Zehnägel und die Fingernägel. Sie wusch uns, trocknete
uns die Haare und kämmte uns. Sie cremte uns ein oder for-
derte uns auf, uns selber einzucremen. Sie sagte: «Du hast aber
eine schöne Haut!» Das Badezimmer erinnere ich als einen
Ort, der von der Mutter und den Söhnen belebt wurde. Den
Vater erinnere ich an diesem Ort eher als Fremden. Es gab in
unserer Familie eine Mutter-Sohn-Weise, mit dem Körper umzugehen, und es gab eine andere, davon deutlich getrennte Va-
ter-Weise, mit dem Körper umzugehen. Diese Trennung der
Körper sagt etwas über meine Eltern, über unsere Familie aus –
und gleichzeitig ist sie ein Symptom des ganz normalen Wahn-
sinns, der sich aus der traditionellen Arbeitsteilung in der bürgerlichen Kleinfamilie ergibt. Wenn ich an unser Badezimmer
denke, dann kann ich sehr gut nachfühlen, daß die Historiker
die Entstehung der isolierten Kleinfamilie, die Entsexualisie-
rung der Frau hin zur heiligen Mutter, den Kampf gegen das
Laster der kindlichen Masturbation, überhaupt die Verteufe-
lung und Pathologisierung der kindlichen Sexualität in ein
und denselben gesellschaftlich-historischen Prozeß einordnen.
(vgl. Bernd Nitzschke 1996, S. 25)

Die Mutter war zuständig, wenn wir Jungen krank waren.
Sie war eine liebevolle Krankenpflegerin, und ich erinnere
mich gerne daran, wie sie uns umsorgt hat. Ich durfte dann
immer kleiner sein, als ich in Wirklichkeit war. Regression war
gestattet, und die Mutter brachte heiße Milch mit Honig und
Schokolade. Die Tatsache, daß viele Männer Krankheitssym-
ptome beharrlich ignorieren, wird gewiß *auch* damit zusammenhängen, daß sie solche schönen, aber gefährlichen Erinne-

rungen in sich tragen: körperlich geschwächt und vorübergehend regrediert auf die Liebe und Sorge der Mutter angewiesen zu sein, ohne sich im Zweifelsfall abgrenzen zu können.

Die Mutter ging mit uns zum Arzt. Sie war Zeugin, wenn mir bei einer Blutabnahme schlecht wurde oder bei einer Spritze die Tränen in die Augen schossen. Sie war dabei, wenn der Arzt sagte: «Zieh dich mal aus!» Sie brachte mir bei, wie Mann mit Verletzungen, mit Verstauchungen, mit Wunden, mit Pickeln, mit Haarschuppen, mit Zahnschmerzen, mit Fußpilz und Verdauungsstörungen umgeht. Sie wußte, was ich zu essen hatte, um gesund und stark zu werden, oder auch nicht stark – ich weiß es nicht.

Mit zwölf litt ich unter einer schmerzhaften Vorhautverklebung und wußte längere Zeit nicht, was ich machen sollte. Schließlich erzählte ich meiner Mutter davon. Sie sah sich die Sache an und meinte, das müsse sich mein Vater ansehen. Mein Vater sah sich die Sache ebenfalls an und meinte, damit müsse ich zum Arzt. So bin ich denn am nächsten Tag zum Arzt gegangen, der die Vorhautverklebung auf eine ziemlich schmerzhafte Weise behandelte. Daß mir dabei die Mutter die Hand gehalten hat, habe ich als sehr beruhigend, als unanständig und als beschämend in Erinnerung.

Daß für meinen Körper in der Hauptsache die Mutter zuständig war, ist banal – und gleichzeitig ein Geheimnis. Es gab nämlich kaum etwas Schlimmeres, als draußen als der erkannt zu werden, der man war: ein von der Mutter umsorgter, ein an die Mutter gebundener Junge.

Wenn die Mutter für die Kleidung sorgte, dann war es draußen wichtig, sie dreckig und kaputt zu machen. Die Wörter, die zu Hause verboten waren, mußten draußen um so lauter gerufen werden. Umsorgte die Mutter liebevoll und vielleicht ein wenig überfürsorglich die Wunden des Sohnes, so mußte man draußen so tun, als könne einem Schmerz und Verletzung nichts anhaben. Klangen einem von drinnen noch all die Muttersätze im Ohr – «Putz dir die Nase!» «Geh gerade!» «Zieh dir die Schuhe aus!» «Wisch dir den Mund ab!» «Sei nicht so vorlaut!» –, so mußte man draußen demonstrieren, daß einem solche Ermahnungen völlig gleichgültig waren.

Die Männlichkeit des wilden, ungestümen oder rotzfrechen Jungen ist sicherlich in erster Linie Resultat kulturell abgesicherter Geschlechtsrollenentwürfe, aber gleichzeitig eben auch eine grandiose Tarnung der innerfamiliären Realitäten. Gerade die Rabauken unter den Jungen sind in Wirklichkeit oft ganz stark an ihre Mütter gebunden. Ich würde so weit gehen, für viele Jungen von einer *doppelten* Identität zu sprechen: eine für drinnen und eine für draußen. Man könnte auch sagen, daß sie zwei Gesichter haben. Es gelingt ihnen nicht, die Anforderungen des mütterlich geprägten Drinnen und die Männlichkeitsanforderungen der Außenwelt miteinander in Einklang zu bringen.

Mir selber ist die Kompromißbildung zwischen der mütterlichen Welt und dem Diktat der Männlichkeit ebenfalls nur unzureichend gelungen. Vor allen Dingen wußte ich nicht, wohin ich mit meinem Körper sollte. Ich war zu klein und zart, um meinen Körper als richtigen Jungenkörper zu empfinden, und als Jugendlicher zu schlaksig und hoch aufgeschossen, um mich in meinem Körper wirklich männlich zu fühlen. Meine Mutter war zu mächtig, zu nett und zu wichtig für mich, als daß ich sie mir durch Abwertung hätte vom Leib halten können.

In der Geschlechterdiskussion ist von Frauen oft beschrieben und beklagt worden, wie der weibliche Körper in der patriarchalen Gesellschaft zugerichtet wird, wie er von Männern definiert, festgezurrt, eingezwängt und beschränkt wird. Ich möchte dieser Auffassung nichts entgegensetzen, sondern hinzufügen, daß auch der männliche Körper in unserer Kultur vielen Restriktionen unterliegt. Unterläßt man den beständigen Vergleich, welchem Geschlecht es denn wohl schlechter gehe als dem anderen, wird man nicht umhinkommen, beidem Beachtung zu schenken.

Interessant finde ich, daß sich das Klischee vom harten Mann nicht nur in der patriarchalischen Kultur, sondern ebenso in der Kritik daran breitmacht. Der Vorzeige-Macho geht breitbeinig und selbstbewußt über die Straße. Wenn er sich in der Straßenbahn hinsetzt, nimmt er anderen, mit Vorliebe den Frauen, den Platz weg. Er hat seinen Körper instrumentalisiert und hart gemacht. Er hat sich einen starren Körperpanzer und eine starre Körpergrenze zugelegt. Die landläufige feministische Kritik beschreibt den Mann als eine Art Hirschkäfer.

Ich dagegen sehe viele Männer, die sich in der Straßenbahn auf eine Weise hinsetzen, die nur als Entschuldigung verstanden werden kann, daß sie überhaupt auf der Welt sind. Viele haben einen unsicheren und eher verhaltenen Körperausdruck. Viele, ich eingeschlossen, haben ihren Körper nicht hart und wehrhaft gemacht, sondern nach und nach vergessen. Es gibt unter Männern eine weitverbreitete Ignoranz und Mißachtung des Körperlichen. Viele Männerkörper wirken, als hätte Mann schon vor langer Zeit das Interesse an ihnen verloren. Wenn ich mich in ein Straßencafé setze und den Leuten zuschaue, dann sehe ich sehr viele Männer, die überhaupt nicht stolz auf ihren Körper zu sein scheinen.

Papa: El Alamein

Als ich bei der Erarbeitung meines Textes an dieser Stelle angekommen war, kam ich auf die Idee, einfach mal einen Mann zu malen.

Ja, so sieht das aus, wenn ich einen Mann male. Also nicht gerade sonderlich identitätsstiftend. Ich kann nicht besonders gut malen. Mein Vater, der konnte toll malen. Und mein Sohn kann toll malen – so geht das manchmal.

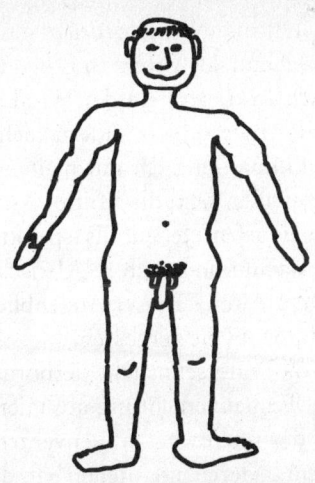

Weil ich mit meinem gemalten Mann nicht allzuviel anzufangen wußte, kam ich auf die Idee, im Lexikon nachzugucken, was da unter Identität steht: «Identität bedeutet die vollkommene Gleichheit, Einerleiheit zwischen Dingen. Genaugenommen kann etwas nur mit sich selbst identisch sein. In der Mathematik versteht man unter Identität die völlige Gleichheit zweier Größen.» Nach dieser Definition könnten wir die Suche nach männlicher Identität eigentlich schon einstellen. Was ist zwischen uns Männern schon von völliger Gleichheit? Wir haben zwar alle einen Penis, aber vollkommene Gleichheit, gar Einerleiheit?

Das Lexikon, in dem ich diese Definition fand, ist ein Geschenk meiner Mutter, und schon bin ich wieder bei Vater und Mutter. In der Tat. Es sind die Eltern, die entscheidend beeinflussen, auf welche Weise jemand in der Welt steht. Wie sicher, wie frei, wie angenommen, wie gemocht hat er zu Hause leben können? Wieviel und worüber wurde daheim gelacht? Oder geweint? Was schätzten und schätzen Vater und Mutter an ihm? Um einen alten Begriff zu gebrauchen: Was haben sie ihm mit auf den Weg gegeben?

Für mich hat männliche Identität sehr viel damit zu tun, an der warmen Hand des Vaters zu gehen und diese Wärme auch später in sich zu tragen. An der Hand eines Vaters, der nicht Gewalt und Abwertung, sondern Sicherheit und Vertrauen ausstrahlt. Einmal ging ich mit meinem Vater, ich muß acht oder neun gewesen sein, die Mutter hatte uns an einem Samstag hinausgeworfen. Jedenfalls spuckte ich auf die Straße. Mein Vater lachte und sagte: «Mensch, Junge, du kannst ja rotzen wie ein Alter.» Dieser Augenblick war kosmisch, und ich werde ihn wohl nie vergessen.

Je tiefer die Vatersehnsucht verborgen ist, um so leichter wird sie als Frauenverachtung ausagiert. Ein männlicher Jugendlicher, der unentwegt frauenverachtende Sprüche klopft und vor allem anderen mitzuteilen hat, daß Frauen «blöde Fotzen» sind, kämpft womöglich mit seiner Mutter und seinen Bedürfnissen an sie. Heiße Milch mit Honig bräuchte er und packungsweise Pflaster und Aua-Creme, einen großen Busen zum Ausweinen. Sie, die große Frau, soll ihn in einer warmen Decke bergen und ihm zart die Füße einschlagen. Alle diese Wünsche sind mit großem Zorn verbunden, und manchmal denke ich, daß Frauen viel von dem Zorn und der Verachtung abbekommen, die eigentlich dem Vater gelten.

Ich zumindest war mir der Liebe der Mutter immer ziemlich sicher, so sicher fast, daß ich insgeheim anfangen konnte, ihrer Liebe Noten zu geben, sie klebrig, anmaßend oder sonstwie unangemessen zu finden. Zu meinem Vater hatte ich nie so viel Zutrauen, auch wenn ich ihm gewiß Unrecht getan habe. Ich bin mir heute noch nicht sicher, was und wieviel die Beziehung zu ihm hätte tragen können. Wir kannten uns doch so wenig! Ob ich es hätte wagen können, ihm wirklich zu zürnen, ohne ihn zu verlieren? Oder mich mit all den aus der Kinderzeit übriggebliebenen regressiven Wünschen an ihn zu wenden? Ich habe mich viel zu selten getraut, sein Sohn zu sein.

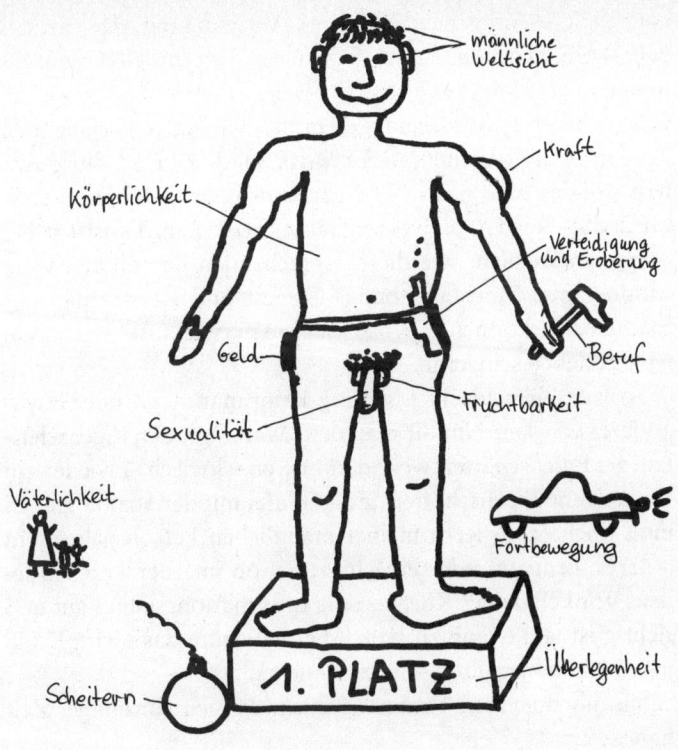

männliche Weltsicht

Kraft

Körperlichkeit

Verteidigung und Eroberung

Beruf

Geld

Fruchtbarkeit

Sexualität

Väterlichkeit

Fortbewegung

1. PLATZ

Überlegenheit

Scheitern

Zu selten getraut, sein Sohn zu sein! Wen interessiert das schon? Seltsam: Zu dem sehnsüchtigen Jungen, der in mir steckt, bin ich, seit ich denken kann, grob und verständnislos gewesen.

Ich habe mir noch einmal ‹meinen Mann› genommen und eingezeichnet, woraus sich männliche Identität alles zusammensetzen könnte.

So wird aus dem Mann ohne Eigenschaften ganz flott ein Mann mit Eigenschaften. Fruchtbarkeit, Sexualität, Kraft, Beruf, Fortbewegung, Väterlichkeit, Abgrenzung und Bezogenheit, männliche Weltbilder, Verteidigung und Eroberung, Überlegenheit und Scheitern, Körperlichkeit, Geld usw.

Ordentliche Kontoauszüge, pralle Weiber, entscheidende Tore in der 89. Minute, dicke Muskeln, dicke Eier, dicke Autos – all das (und noch viel mehr) macht einen Mann. Identität als Setzkasten, als vorzeigbarer Setzkasten. Es ist oft beschrieben worden, wie die entsprechenden Bemühungen der Männer mit Machtausübung, Gewalt und Zerstörung verbunden sein können. Ebenso weiß man, wie anstrengend ein Männerleben sein kann.

So weit, so schlecht – traurig kann man noch über etwas anderes werden: Nimmt man dem Mann mit den Eigenschaften die Eigenschaften weg, dann ist er – logisch – wieder ein Mann ohne Eigenschaften. Zum Teufel mit der Soziologie! Es muß doch einen Kern meiner männlichen Person geben, ein inneres Zentrum oder eine Information in jeder Pore, in jedem Winkel meines Körpers; die Information, daß es gut und richtig ist, ein Mann zu sein. Aber ich spüre das nicht. Da in meiner Männermitte – spüre ich nichts.

Ich möchte einen Traum erzählen, den ich vor einiger Zeit hatte.

Ich bin neun oder zehn Jahre alt und fahre mit meinem Freund auf dem Rücksitz seines Fahrrades zu einem Fußballplatz, aus der Ruhrgebietsstadt hinaus, durch zugewachsene Hohlwege, Waldstücke und Schrebergärten, meistens bergab, runter ins Emschertal. Im Traum ist mir noch einmal vollkommen deutlich, daß dieser Weg mein Hänschen-Klein-Weg ist, daß er wegführt aus der Enge meines Elternhauses, weg vor allem aus der Kontrolle durch die Mutter. (In meiner Kindheit nannte ich ihn Möpschenweg. Heute heißt er A 220 und ist breiter geworden.) Der Fußballplatz war sowohl in der Realität als auch in meinem Traum wunderschön angelegt, von außen nicht einsehbar, wie ein großes Stadion, nur daß die Ränge und Tribünen aus dichten, am Hang gelegenen Hecken und hohen Bäumen bestanden. Wenn man durch das eiserne Tor ging, war das wie der Eintritt in eine andere Welt, vielleicht auch in eine große Höhle.

In meinem Traum war das Tor sehr groß und mit einem weißen, glitzernden Tuch verhangen. Es war klar, daß etwas ganz Besonderes dahinter verborgen sein mußte. Mein Freund und ich standen sehr andächtig davor. Es war plötzlich völlig still. Dann war das Tuch weg, und ich erschrak. Auf dem roten Aschenplatz lag ein riesiges Tier, das fast von der einen Torauslinie bis zur anderen reichte. Es bewegte sich überhaupt nicht und sah aus wie ein Berg. Sein Fell war hellbraun und gekräuselt, wie meterdicke Schafswolle. Überhaupt niemand war am Platz, außer diesem Tier und uns beiden. Langsam gingen wir etwas näher heran. Ich hatte nacheinander zwei Phantasien. Zuerst wollte ich hinaufsteigen, was sag ich, hineinsteigen wollte ich in diesen warmen männlichen Berg, der plötzlich aussah wie ein bestimmter alter Stofftierhund aus meiner Kindergartenzeit. Und dann dachte ich plötzlich: ‹Das ist Godzilla, das schreckliche Monster!› Mein Freund und ich waren nicht nur die einzigen Zeugen, sondern die einzigen Menschen, die die Stadt würden retten können, denn ganz bald würde das Tier starten und alles zerstören. Und dann wußte ich auf einmal, daß ich auf Godzillas Schultern sitzen würde, ich würde ihn lenken und ihm sagen, was er alles kaputtmachen soll.

Dieser Gedanke war grauslig und gleichzeitig erregend. Aber noch erregender und eigentlich dominierend war die Vorstellung, das große Tier wenigstens zu berühren, so nahe heranzugehen, daß ich es hätte vorsichtig anfassen können. Aber ich stand nur staunend davor und war dazu nicht in der Lage. So blieb es eine Zeitlang, und dann gingen mein Freund und ich langsam weg, in jeder Hinsicht unverrichteter Dinge. Ich glaube, wir sind nicht gelaufen und haben uns an die Hand genommen. Als positiv erinnere ich das Gefühl, nun wenigstens eingeweiht zu sein und um die Existenz dieses Tieres zu wissen.

Soweit mein Traum. Es ist nur ein biographisches Detail, daß meine Mutter mir in der Realität damals verboten hatte, Mitglied im Fußballverein zu werden. Statt dessen schenkte sie mir ein Florett, eine Maske und einen Fechtanzug, und ich sah damit wirklich aus wie Don Quichotte in der Schießbude.

Mein Vater konnte mir damals nicht helfen, weil er nicht wirklich da war. Außerdem hatte er wenig Ahnung von mir und ich wenig Ahnung von ihm. Sein Hänschen-Klein-Weg hatte ihn geradewegs in die Hitlerjugend, genauer gesagt in die Pflicht-HJ, und anschließend als knapp 17jährigen in den Krieg geführt. Bevor er überhaupt wußte, wie ihm geschah, hing er auf Godzillas Rücken; nicht in weicher Schafswolle geborgen, sondern im harten Sitz eines Flakgeschützes.

Manchmal denke ich, das große warme Tier, das ich in meiner Mitte so wenig spüren kann, ist irgendwo im Krieg, in der Wüste kurz vor El Alamein geblieben, dort, wo mein Vater seine Jugend verlebt hat. Es gibt übrigens ein Foto, das ihn in der Uniform des Afrika-Korps zeigt, aufgenommen auf dem Koblenzer Bahnhof, kurz vor seiner Abreise in den Krieg. Darauf sieht er genauso zum Schießen aus wie ich in meinem Florettanzug.

Papa: Kriegsgefangenschaft

Mein Vater kam Ende 1948 aus französischer Kriegsgefangenschaft nach Hause. Wie die meisten seiner Kameraden heiratete er sehr schnell, nicht nur, weil so viel Zeit im Krieg vergangen war, sondern weil die heimgekehrten Soldaten nicht mehr in die Familien, nicht mehr in die Kinderzimmer paßten, die sie vor dem Krieg verlassen hatten. Ende 1949 wurde mein Bruder, dreieinhalb Jahre später wurde ich geboren.

Für das Religiöse war in unserer Familie die Mutter zuständig, die regelmäßig zur Kirche ging. Mein Vater blieb zu Hause. Zeit seines Lebens schimpfte er auf die Pfaffen und machte sich über sie lustig. Er kam aus einer sozialdemokratisch orientierten Arbeiterfamilie, in der das Religiöse keine große Rolle gespielt hatte, aber den Glauben hat er im Krieg verloren, den er dem lieben Gott nie verziehen hat.

Ich erinnere mich an meine erste heilige Kommunion. Bei den Katholiken ist es Brauch, daß die Eltern des Kommunionkindes beim feierlichen Gottesdienst das Sakrament ebenfalls empfangen, und es ist Vorschrift, daß man vor der Kommunion zur Beichte geht. Mein Vater steckte in einem ernsthaften Dilemma. Es hätte wirklich nicht gut ausgesehen, wenn er beim Austeilen der Hostien einfach sitzen geblieben wäre, aber er wollte auch partout nicht zur Beichte gehen. Zwei Wochen quälte er sich und beichtete schließlich, daß er sich im Krieg wiederholt des Mundraubes schuldig gemacht habe, wofür ihm die Absolution erteilt wurde.

Der katholische Glaube war nicht der Glaube meines Vaters. Was mir die Priester über gut und böse, über richtig und falsch erzählen, hatte mit meinem Vater nichts zu tun. Die katholische Kirche ist eine patriarchale Großorganisation, in der mächtige Vaterfiguren – der heilige Vater, der Kardinal, der Bischof und schließlich der Familienvorstand – die Wahrheit definieren und verkünden. An dieser männlichen Definitionsmacht hat mein Vater nicht teilhaben können. Überhaupt hätte er sich auf Grund seiner Kriegserfahrung nie herausgenommen, sich zur moralischen Instanz aufzuschwingen, obwohl er in Wirklichkeit ein hochmoralischer Mensch war.

Ich bin mir ziemlich sicher, daß mein Vater keine Kriegsverbrechen begangen hat. Ihm muß es absurd vorgekommen sein, irgendeinem Pfaffen den ganz *normalen* Wahnsinn des Krieges mitzuteilen und sich dabei vorzustellen, anschließend könne die Angelegenheit erledigt sein.

Mein Vater gehörte zu denjenigen Kriegsveteranen, die über ihre Erlebnisse nicht beharrlich schwiegen, sondern beharrlich davon erzählen mußten. Er bestand immer wieder darauf, im Krieg kein Held, sondern ein Feigling gewesen zu sein – eine Aussage, die für einen Jungen nur schwer zu akzeptieren ist. Ich dachte damals, daß die Verhältnisse ihm keine Chance gelassen hätten, sich heldenhaft zu zeigen, und erst sehr spät habe ich begriffen, was er damit ausdrücken wollte. Um den Preis der eigenen Feigheit hat er versucht, sich der Logik des Krieges zu entziehen. «Wie jeder Sozialverband fordert die Armee ihren Mitgliedern eine Adaptionsleistung ab, und die ist in diesem Fall zunächst einmal die Adaption an das Milieu des Tötens», schreibt der Sozialwissenschaftler Jan Philipp Reemtsma (1996). «Die zweite Adaptionsleistung ist die an ein Leben in Angst (oder sagen wir besser, weil sich ja bei vielen Soldaten die Angst verliert oder jedenfalls kein Dauerzustand ist), ein Leben in Todesgefahr. Beide Adaptionsleistungen müssen vollbracht werden, und sie gelingen nur zusammen.» (S. 99)

Bis zum Ende des Zweiten Weltkrieges waren in Deutschland militärische Erfolge und soldatische Tugenden zentrale Eckpfeiler bei der Konstruktion von Männlichkeit. Ich bin meinem Vater sehr dankbar, daß er nicht versucht hat, sich als anständigen und mutigen Soldaten zu schildern. Er hat wirklich oft vom Krieg erzählt, aber seine Geschichten handelten nicht von der anständig gebliebenen deutschen Wehrmacht. Sie handelten nicht von der Bewährung des soldatischen Mannes im Moment der Gefahr, sondern von der Zerstörung männlicher Identität in einem sinnlosen und verbrecherischen Krieg.

Als Ende der sechziger Jahre das kollektive Beschweigen des Faschismus brüchig wurde, begannen mein Bruder und ich, den Vater in die Mangel zu nehmen. Wir wollten wissen, welche Schuld er auf sich geladen und warum er nichts gegen den Faschismus unternommen hatte. Ich erinnere uns Söhne in diesen Diskussionen als ziemlich gnadenlos und ohne jedes Verständnis. Mein Vater hat sehr gelitten, aber er hat es uns gegenüber durchgehalten, nicht nur kein toller Soldat, sondern auch kein antifaschistischer Held gewesen zu sein.

Er hat sich in den fünfziger Jahren für seine Möglichkeiten intensiv an den Demonstrationen gegen die Wiederbewaffnung beteiligt. Ich glaube, wenn der Antimilitarismus zum kulturell maßgebenden Muster der Nachkriegs-Männlichkeit geworden wäre, wenn sich ein Gegenentwurf zur schuldbeladenen soldatischen Männlichkeit durchgesetzt hätte, wäre aus meinem Vater ein politisch aktiver Mann geworden.

Ich habe von ihm eine antimilitaristische Grundeinstellung, das Mißtrauen gegenüber politischen Organisationen und vor allem anderen die Feigheit übernommen. Ich habe den Wehrdienst nicht verweigert, weil ich Pazifist gewesen wäre, sondern weil ich selbst in Friedenszeiten zu feige war, zur Bundeswehr zu gehen. Ich hätte mir überhaupt nicht vorstellen können, wie ich in einer Uniform hätte männlich sein können.

Ich erinnere mich an eine Großdemonstration gegen den Bau eines Kernkraftwerkes in Brokdorf. Einer der Oberaktivisten drückte mir auf dem Marsch zum Bauplatz einen dicken Vorschlaghammer in die Hand, was ich als großen Vertrauensbeweis empfand. Einen Kilometer später versteckte ich den Hammer heimlich unter einem Busch. Noch Wochen später habe ich mich dafür geschämt. Als Steine und Tränengaspatronen durch die Luft flogen und es darum ging, die Polizisten zu besiegen, war ich völlig durcheinander. Auch in anderen Situationen stellte sich heraus, daß ich als Straßenkämpfer eine absolute Null bin. Ich halte mich für einen couragierten Menschen, aber in paramilitärischen Situationen reagiere ich gelähmt und voller Angst. In den siebziger Jahren habe ich mich stark mit Befreiungsbewegungen und auch mit militanten Widerstandsgruppen identifiziert. Che Guevara, Ho Chi Minh und manche RAF-Kämpfer waren für mich nicht nur politische Idole, sondern auch Traummänner. Zu wissen, daß ich so nicht sein kann, kratzte gehörig an meinem Selbstbewußtsein als Mann, zumal ich mich noch gut daran erinnern kann, daß zu jener Zeit in unseren Kreisen ein schmissiges Streetfighter-Image ganz hervorragend dazu taugte, an die besten Frauen heranzukommen. Ich habe mich geschämt für meine mangelnde Militanz, und noch heute ficht es mich an, wenn ich einem Mann begegne, der zum Beispiel eine schicke Lederkluft am Leib trägt. Er repräsentiert für mich das Bild des Kämpfers, und ich fühle mich weniger männlich als er. Ich bin halt bloß ein Zivilist.

Man braucht nicht einmal die zunehmenden neofaschistischen Tendenzen in der Gesellschaft ins Feld zu führen, sondern sich bloß anzuschauen, wie viele am Soldatischen orientierte Männlichkeiten alleine, innerhalb der linken Bewegungen der letzten zwanzig Jahre konstruiert worden sind, um gewiß zu sein, daß der soldatische Mann nicht 1945 mit dem Faschismus untergegangen ist. Im Gegenteil. Ich bin mir sicher, daß Ernst Jünger uns allesamt überleben wird.

Papa: Wirtschafts-Wunderzeit

Wie alle anderen Männer auch ist mein Vater nach dem Krieg arbeiten gegangen, erst im Ein-Schicht-System, dann in zwei und schließlich in drei Schichten. Mein Vater hat als Offsetdrucker in einem metallverarbeitenden Betrieb große Stahl- oder Aluminium-Bleche bedruckt. Er war ein geschickter und qualifizierter Facharbeiter. Ich glaube, daß sich die Männlichkeit meines Vaters nicht nur aus der Sicht des kleinen Jungen, sondern auch aus seiner eigenen Sicht in nicht zu unterschätzendem Ausmaß durch seine beruflichen Fähigkeiten genährt hat. Fit und erfahren im Beruf zu sein, sich von anderen nichts vormachen zu lassen, in den kommunikativen Strukturen der männlich geprägten Welt eines Industriebetriebes angesehen zu sein – all das hat meinem Vater dabei geholfen, sich als wertvoller Mann zu fühlen. Frau und Kinder hat er in den ersten Nachkriegsjahren gut durchbringen können, und später schließlich hat er für einen Arbeiter sehr viel Geld verdient. Geld auszugeben war meinem Vater ein Graus, aber es war ihm immer wichtig, uns viel Geld geben zu können, und wenn er sich, durch was auch immer, angegriffen fühlte, hatte er die Angewohnheit, alte, längst abgerechnete Akkordzettel noch einmal durchzurechnen.

Ich erinnere einige wichtige und symbolisch hochbesetzte Konflikte im Zusammenhang mit der Arbeit, über die in der Familie immer wieder gesprochen worden ist.

Mein Vater hatte sich Ende der fünfziger Jahre in den Betriebsrat wählen lassen und offenbar Spaß daran gefunden, manchmal auch nach der Schicht mit Kolleginnen und Kollegen zusammenzusein. Die in diesem Punkt vor allem von der Mutter transportierte Familienlegende weiß zu berichten, daß dabei auch das eine oder andere Glas Bier und der eine oder andere Flirt eine Rolle gespielt haben soll. *Sie* jedenfalls saß mit zwei kleinen Kindern ohne Verkehrsmittel am Stadtrand fest, und es war objektiv ungerecht, daß mein Vater, und dann auch noch im Zusammenhang mit seiner Arbeit, Spaß hatte. Die traditionelle Familienstruktur weist der Frau einen nicht unbedingt sonderlich attraktiven Platz zu, und im Rahmen der in jeder Beziehung notwendigen Gleichgewichtskonstruktion darf die Erwerbsarbeit des Mannes keinen *offensichtlichen* Spaß machen. Im Gegenteil, Männer, die Familie haben, arbeiten alle *schwer* – um so schwerer, je unzufriedener die Frau zu Hause ist.

Anfang der sechziger Jahre ging auch meine Mutter arbeiten. Für einen Lohn, für den mein Vater, wie er immer wieder gerne betonte, morgens nicht einmal aufgestanden wäre. Sie nahm eine Halbtagsstelle in einem Uhren-Großhandel an. Jetzt konnte mein Vater in Streitsituationen nicht mehr zu ihr sagen: «Du weißt ja gar nicht, was draußen los ist!» Über diesen Spruch regte sich meine Mutter jedesmal fürchterlich auf. «Du und deine Scheißfabrik!» pflegte sie zu kontern, aber bevor sie selber berufstätig geworden war, konnte sie wenig dagegen ausrichten, daß die Arbeit dem Vater eine gewisse

Definitionsmacht über die Mechanismen und Normen der Außenwelt verlieh. Im Grunde war sie nie damit zufrieden gewesen, drinnen die züchtige Hausfrau, die Mutter der Kinder zu sein.

Die Erwerbstätigkeit der Mutter veränderte die Verhältnisse zwischen den Eltern noch auf eine andere Weise. Weil nun beide arbeiteten, war die innerhäusliche Arbeitsteilung in Frage gestellt. Meine Mutter hörte zwar nicht auf, den Vater zu bedienen, und er nicht, sich bedienen zu lassen. Aber es war ungerecht geworden. Die Arbeit konnte nicht mehr dafür herangezogen werden, die traditionelle Arbeitsteilung zwischen Mann und Frau zu legitimieren, auch wenn mein Vater für sich reklamierte, daß seine Arbeit wichtiger, schwerer und lukrativer sei, mithin, daß er das Familieneinkommen und sie bloß ein kleines Zubrot nach Hause bringe.

Frühere Versuche der Mutter, eine Arbeit aufzunehmen, waren vom Vater blockiert worden. Er war der für diese Zeit typischen Ansicht, daß eine Frau zu den Kindern gehöre und nicht arbeiten zu gehen brauche. Der Stolz des proletarischen Mannes, seiner Frau die Mühen der Lohnarbeit ersparen zu können, war sicherlich nicht nur patriarchalisches Gehabe oder Instrument zur Sicherung männlicher Vormachtstellung. Es gab gute Gründe, gegen die Erwerbstätigkeit der Frau eingestellt zu sein. Die Kinder sollten gut betreut und die Frau nicht überfordert werden.

Als die Mutter arbeiten ging, veränderten sich auch die Ansichten über die Arbeit des Vaters, die nun seltener als Opfer angesehen wurde, das der Mann für die Seinen bringt, sondern immer häufiger als Privileg, Ausrede oder Störfaktor.

Über den vor allem auf den Männern lastenden Zwang zur Erwerbsarbeit hat sich männliche Identität über Jahrhunderte konstituiert. Der Vater ist der Stärkste in der Familie. Er kann schwere Arbeit machen und bekommt abends das größte Stück Fleisch. Die Mannsbilder, die zum Beispiel der sozialistische

Realismus hervorgebracht hat, zeigen den Arbeiter als gestähl-
ten Kämpfer. Sein Blick ist entschlossen und fest auf den mor-
genroten Horizont gerichtet. Seine Muskeln sind hart wie
Krupp-Stahl – und bisweilen sicher nicht nur seine Muskeln.
Die Arbeit ist es, die ihn stark und klassenbewußt gemacht hat.

Die Vorstellung, daß harte korperliche Arbeit richtige Männer hervorbringt, ist keinesfalls auf sozialistische Männlich-
keitsentwürfe beschränkt. In einer Werbung für Coca-Cola
light stürmen die Mädels aus den Büros in jeder Mittagspause
zum Fenster, um mit verzückten Augen einen muskulösen Bau-
arbeiter anzuschmachten. Das Gegenbild zu diesem Bauarbei-
ter ist der Bürohengst. Weil er keiner richtigen Männerarbeit
nachgeht, kann er auch als Hengst, sprich im Bett, nicht viel
taugen.

Immer weniger Männer verrichten heutzutage harte körperliche Arbeit, aber diese Veränderung bedeutet nicht, daß damit
umgehend die entsprechenden Muster zur Konstituierung von
Männlichkeit verschwinden. Ich zum Beispiel finde, daß meine
Hände zu klein sind, was mir keine Frau wird ausreden können. Ich hätte viel lieber ordentliche Männerpranken, so wie
mein Vater sie gehabt hat. Sie wären zwar für meine Arbeit an
der Computertastatur denkbar ungeeignet, aber mit *richtigen*
Männerhänden könnte ich *richtig* arbeiten und sicher auch bei
anderer Gelegenheit richtig zupacken.

Dafür hab ich Abitur gemacht und bin ein Studierter. Anfang der sechziger Jahre gab es zwischen meinen Eltern einen
lang andauernden Streit über die schulische Zukunft von uns
Söhnen. Die Mutter wollte, daß wir die höhere Schule besu-
chen, der Vater, daß wir einen Beruf erlernen. Ich glaube, er
war auch deshalb für eine berufliche Ausbildung seiner Söhne,
weil er uns aus dem Mutter-Land eisen und in das Vater-Land
der Industriearbeit holen wollte. Aber schließlich gab er nach,
und meine Mutter boxte uns zwei Jungen mit unermüdlichem
und kämpferischem Einsatz bis zum Abitur. Heute bin ich

froh, daß sie sich in diesem Streit durchgesetzt hat. Leider wurde dadurch mein Vater in der Familie noch mehr als vorher der ‹Andere›.

Die viele Zeit, die er bei der Arbeit war, die Wechselschichten, die Müdigkeit, die Fremdheit gegenüber der gymnasialen Bildung der Söhne und sicherlich auch manche Schwierigkeit in der Ehe haben dazu geführt, daß sich mein Vater als normgebendes Elternteil nach und nach zurückgezogen hat. Weil es an seinem Arbeitsplatz unerträglich laut war, wurde er selber mit der Zeit immer lauter und nervöser, so daß er besonders in Konfliktsituationen leicht überreagierte. Wenn die Mutter ihn anspitzte, einem von uns Jungen abends mal so richtig die Meinung zu sagen, dann pfiff sie ihn regelmäßig mitten im Vollzug des Donnerwetters wieder zurück. Es wäre völlig sinnlos gewesen, beim Vater um längeren Ausgang nachzufragen, weil solche Entscheidungen letztlich Sache der Mutter waren. Er wurde zwar manchmal als Donnergott präsentiert, aber was an Blitzen zu befürchten war, das war von der Mutter zu erwarten. Auch emotional wurde sie immer mehr zum Mittelpunkt der Familie. «Du weißt doch, wie der Vater ist», sagte sie zu uns Jungen, und zu ihm sagte sie: «Du weißt doch, wie die Jungen sind.» Sie hielt die Kommunikation aufrecht, und sie kontrollierte sie.

Wenn ich als junger Erwachsener zu Hause anrief und meinen Vater am Telefon hatte, dann begrüßte er mich jedesmal mit überschwenglicher Freude, um im nächsten Moment zu sagen: «Warte, ich gebe dir die Mutter.» Ich weiß heute, daß er meine Entwicklung mit großer Liebe und Sorge verfolgt hat, aber auf Grund der indirekten Kommunikationsstruktur in unserer Familie habe ich davon viel zuwenig gemerkt. Ich finde, daß mein Vater ein Mensch war, der in gewisser Weise um die Früchte seiner Liebe betrogen worden ist – auch von mir.

Soweit wir Jungen das beurteilen konnten, war mein Vater in der Familie weniger mächtig als die Mutter. Manchmal denke ich, daß sie ihren Mann viel mehr geliebt, gebraucht und respektiert hat, als wir Jungen das wahrnehmen konnten. In der Folge dieser Phantasie zürne ich ihr sehr, daß sie diese Liebe vor uns verborgen hat.

Meine Eltern sind beide verstorben, und ich bin ein erwachsener Mann, der selber Kinder hat. Was mache ich bloß mit dem sehnsüchtigen kleinen Jungen, der immer noch in mir steckt? Ob ich weniger grob zu ihm sein sollte? Soll ich ihn sehr genau im Gespür haben, um zu merken, wann er mir in meinem erwachsenen Leben Knüppel zwischen die Beine wirft? Ob ich großer Mann ihm sogar helfen und beistehen kann? Nicht damit er endlich Ruhe gibt, sondern damit wir beide es leichter haben?

Es ist auch und mit flammendem Herzen der kleine Junge in mir, der schon immer einen väterlichen Freund haben wollte und haben will – ohne daß es dazu bisher gekommen wäre. Sobald ich mit einem Mann zusammen bin, bei dem ich spüre, daß ich mich anlehnen will und losplappern und fragen und jammern und wieder anlehnen; wenn ich einen treffe, von dem ich phantasiere, daß er mich nähren könnte, dann drohe ich schier verrückt vor Angst und Aufregung zu werden. Wahrscheinlich brauche ich nicht zu erwähnen, daß ich meine Angst im Rahmen gängiger Männlichkeitsrituale abwehren kann. Meistens betrinke ich mich mit ihm, gehe in die Konkurrenz oder fühle mich tief und mit einem Knoten im Herzen in *seine* Probleme ein. Natürlich kann ich auch jammern, daß alles schlimm ist. Dann bin ich derart bedürftig, daß mir nichts und niemand weiterhelfen kann. (Erst recht nicht dieser Idiot, der da vor mir sitzt!) Aber dem großen Mann gegenüber ganz konkret bedürftig zu sein – das ‹konkret› meint hier die Erwartung, daß er meine Bedürfnisse annehmen und mir vielleicht etwas geben kann –, das fällt mir sehr schwer.

Seit ich mir darüber klarer werde, traue ich mich langsam an andere Erfahrungen heran. Vor einiger Zeit hatte ich bei einem kirchlichen Träger einen Vortrag über Jungenerziehung zu halten. Als ich am Veranstaltungsort ankam, ging ein Mann, der Veranstalter, auf mich zu, bei dem es in mir sofort ‹klick› machte. Das war so einer, der hätte verdammt gut mein Vater sein können; mein idealer Vater, versteht sich. Der Mann war Pfarrer, bot mir offensichtlichem Heiden aber zur Anrede seinen Namen an. Ich sagte: «Ich möchte aber gerne Herr Pastor zu Ihnen sagen.» Er akzeptierte das, und ich fühlte mich wie ein Vierzehnjähriger. Dieses Gefühl habe ich ihm gegenüber den ganzen Abend beibehalten. Das war zwar albern, fühlte sich aber toll an. Wider Erwarten habe ich den Abend nicht wie ein Jüngling, sondern sehr erwachsen gestaltet. Ich war präsent, kräftig und einfühlsam.

Für unser Buch ‹Kleine Helden in Not› hatten wir zu Beginn unserer Arbeit zwei Recherchegespräche bei einem Kindertherapeuten, einem, der für mich auch sofort das Bild vom guten Vater repräsentierte. Das zentrale Ereignis dieser Gespräche fand nicht auf einer inhaltlichen Ebene statt. Ich habe keine Ahnung, wie er das gemacht hat, aber irgendwie hat er nicht nur uns große, kluge Männer akzeptiert, sondern auch die zwei kleinen Jungen, die da vor ihm saßen. Und zwar auf eine Weise, daß ich ihm geglaubt habe, ihm glauben konnte. Diese kurzen Begegnungen haben mich während der fast zwei Jahre begleitet, die wir an dem Buch gearbeitet haben – wie ein guter Geist. Ohne diesen guten Geist wäre für mich nichts herausgekommen. Da bin ich mir ganz sicher.

Es gibt eine eindrucksvolle Meditation, die ich gelegentlich in Fortbildungen mit Pädagogen einsetze. Sie heißt ‹Schöne fünf Minuten›. Es geht um die Erinnerung an Kindheit oder Jugend und an Menschen außerhalb des Elternhauses, die einem gutgetan haben, oft einfach durch ihre bloße Existenz oder durch ein Lächeln, durch ein Gespräch, durch Begleitung oder handfeste Unterstützung – und sei es nur für ‹schöne fünf Minuten›. In der Auswertung dieser Meditation wird oft berichtet, daß es Menschen gegeben hat, die man im nachhinein wie Retter ansieht, ohne daß über irgendwelche Heldentaten zu berichten wäre. Für mich war in der Jugend ein Religionslehrer ein solcher Retter. Im Moment der offenen *Begegnung* mit einem solchen Menschen ist übrigens die Frage nach der männlichen Identität völlig irrelevant.

Ich gehe mit der kleinen Meditation «Schöne fünf Minuten» immer sehr vorsichtig um. Es kann nämlich passieren, daß jemand keinen menschlichen «Retter», sondern nur eine bodenlose Einsamkeit erinnert. «Wenn da niemand ist, wenn dir niemand einfällt», sage ich deshalb, «dann gibt es vielleicht ein Idol, eine Phantasiegestalt, ein Held, der dir Halt gegeben hat und dir ein Gegenüber war» – Winnetou oder Tarzan, Mick Jagger, Che Guevara, Jesus Christus.

Erst jetzt fällt mir auf, wie fromm diese Meditation eigentlich ist. Den Jungen, die sich von niemandem gemocht, gesehen, erkannt fühlen, bietet sie als stützende Helden vergleichsweise ziemlich nette Kerle an. Und wenn gar nichts mehr geht – vielleicht weiß ja der Mahatma Gandhi einen Rat? Da war mein Traum realistischer. Wenn du in dem großen warmen Tier nicht versinken kannst, dann verwandelt es sich in Godzilla, in die nackte Gewalt, in Rambo und den Terminator.

Wenn heute von Jugendgewalt die Rede ist, fehlt eigentlich nie das Erschrecken darüber, daß die Gewalt immer häufiger durch Beziehungslosigkeit gekennzeichnet ist. Die Kinder und Jugendlichen schlagen oft ohne Empathie und Einfühlung zu. Es liegt nicht daran, daß ihnen niemand erklärt hat, wie schlecht es ist, einem Gegenüber mit beiden Füßen auf das Gesicht zu treten. Empathie ist kein Bildungsgut, sondern eine Beziehungserfahrung. Man muß sie am eigenen Leib gespürt haben.

Vielleicht ist das große warme Tier ja wirklich keine Innerei des Menschen. Womöglich ist es gar nicht so wichtig, was da in meiner Männermitte wabert, knautscht und sumst. Ehrlich gesagt: Außer im Traum ist mir das große warme Tier bisher nur zusammen mit anderen Menschen erschienen. Vielleicht ist es nicht immer gut, gar soviel in sich hineinzuhorchen. Vielleicht wäre es viel besser, öfter einmal die Fühler auszustrecken.

Der Text ist die überarbeitete und erweiterte Fassung eines Vortrages, den Dieter Schnack am 30. 5. 1997 bei der Jahrestagung des Däumling-Instituts in Bonn gehalten hat. Das Däumling-Institut ist ein gestalttherapeutisches Ausbildungsinstitut.

«Der Alte kann mich mal gern haben!»
Vatererfahrungen der heutigen Vätergeneration

Eine Umfrage

Geben sich die heutigen Väter dem Vernehmen nach wenigstens Mühe, lassen sie an ihrem eigenen Vater häufig kein gutes Haar. Oft heißt es: «Ich kann mit dem nicht reden. Ich konnte es noch nie, und jetzt will ich es auch nicht mehr.» Oder, ein wenig wohlwollender: «Ich würde ja gerne mit ihm reden. Ich habe so viele Fragen, aber sobald es heikel für ihn wird, blockt er ab.»

So manchem Sohn bereitet es keinerlei Schwierigkeiten, über seinen Vater herzufallen, in kaum enden wollenden Jammertiraden über ihn auszubrechen – bis unter dem Schutt dieser Litanei niemand mehr Luft bekommt. Möglich, daß der Sohn dann irgendwann einmal gewahr wird, daß tief unter dem Berg von Wut, Enttäuschung und Verständnislosigkeit auch die Liebe zum Vater vergraben liegt.

Vielen Männern geht es so mit ihrem Vater, aber das Verhältnis zum Alten ist doch vielschichtiger, als es der eigene Erwachsenenalltag über die vielen vergangenen Jahre hinweg zu Bewußtsein kommen läßt. Die oft schwierige Liebe zwischen Vater und Sohn (oder Tochter) ist kein grandioses Mißverständnis.

Wir baten insgesamt 27 Männer zwischen 24 und 48 Jahren, Fragen über ihren Vater zu beantworten. Wir wollten wissen, wie sie als Kind ihren Vater erlebt und was sie über ihn gedacht haben.

Die meisten der befragten Männer arbeiteten in sozialen Berufen. Ihre Väter gingen jedoch sehr unterschiedlichen beruflichen Tätigkeiten nach: Etwa die Hälfte waren (Fach-)Arbeiter, die anderen arbeiteten als Handwerker, Akademiker oder in einem Dienstleistungsberuf.

Die Antworten auf manche unserer Fragen fielen den Männern ausgesprochen schwer, weil sie darüber so gut wie noch nie nachgedacht hatten.

- Etwa zwei Drittel der Männer sagten, daß für den Vater die Arbeit das «ein und alles» gewesen sei. Er sei hoch identifiziert mit ihr gewesen und habe den größten Teil seiner Zeit darein investiert. Das restliche Drittel der Väter ging nach Wahrnehmung der Söhne einer nur wenig interessanten «Maloche» nach, die lediglich als notwendige Erwerbsquelle empfunden wurde. Unter ihnen befanden sich mehrheitlich die Arbeiter.

- Ebenfalls etwa zwei Drittel der Männer waren als Jungen stolz auf ihren Vater, denn sie fanden seine Arbeit spannend und wichtig. Das restliche Drittel glaubte dagegen, daß der Vater einer zwar irgendwie wichtigen, aber eigentlich doch nur müde machenden und anstrengenden Arbeit nachging, deren Sinn sich dem Sohn nicht erschloß. Man könnte annehmen, daß sich im letzten Drittel wieder vor allem die Arbeitersöhne versammelt hätten. Aber dem war nicht so. Gerade sie waren stolz auf die laute, schmutzige und oft auch körperlich gefährliche Arbeit des Vaters, obwohl sie dessen eigenes Verhältnis zum Beruf im nachhinein als eher problematisch einschätzten. Der Grund für diesen Widerspruch liegt darin, daß die meisten Arbeiterväter, aber auch die Handwerker, ihre Söhne hin und wieder mit zur Arbeit genommen haben und ihnen dabei etwas ganz Konkretes von ihrer Männerwelt vermitteln konnten. Hinzu kommt, daß brüllende Maschinen und im doppelten Sinn begreifbare Dinge, die von den Vätern hergestellt wurden, gewiß mehr der jungenspezifischen Vorstellungswelt entsprochen haben als abstrakte Denk- und Verwaltungsarbeit in Form von Projektpapieren, Rechnungen und Verordnungen.

- Die Hälfte der Männer schätzte, daß der Vater durchschnittlich «weniger als eine halbe Stunde pro Tag» mit ihnen verbracht hatte. In dieser Zeit wurde allerdings nicht gespielt. Der Vater war einfach so da, beim Essen zum Beispiel oder bei der Gartenarbeit. Die anderen Männer gaben «bis zu eine Stunde täglich» an. Aber auch mit ihnen hat der Vater nicht gespielt. Sie mußten lediglich mehr mit ihm zusammen im Garten arbeiten oder beim Hausbau helfen.

- Nur an Wochenenden hatten einige Väter mehr Zeit für ihre Kinder, denn es galt der Satz: «Sonntags gehört Papa der Familie.» Immerhin etwas mehr als ein Drittel der Männer erlebte den Vater an diesem Tag als «ruhig, ausgeglichen und zugewandt». Die anderen machten auf die Frage «Wie hast du deinen Vater sonntags erlebt?» ambivalente Angaben. Sie erlebten ihn als «müde, erschöpft und angespannt, mehr für sich allein, nur selten aktiv mit der Familie, gesellig zwar, aber eher mit Sportfreunden oder Skatbrüdern». Dieser eine Tag reichte in der Regel einfach nicht aus, um all das von den Söhnen Vermißte nachzuholen. Im übrigen gab es unter den Vätern nicht wenige Schichtarbeiter und einige Selbständige, die auch sonntags arbeiten mußten.

- Richtig schön wurde es für die Mehrheit der Jungen erst, wenn der Vater Urlaub hatte, und besonders dann, wenn die ganze Familie verreiste. Da war der Vater «unternehmungslustig, entspannt und meistens gut gelaunt». Ein Teil der Jungen erlebte ihn auch im Urlaub nicht anders als zu Hause oder eher «durchwachsen: nicht gerade entspannt, aber sehr aktiv». Wegen Geldmangels haben einige nie einen Familienurlaub erlebt. Deutlich ist, daß die Väter in diesen längeren arbeitsfreien Zeiten noch am ehesten die verschiedensten Sehnsüchte erfüllen konnten – die ihrer Familien *und* offenbar auch ihre eigenen.

- Ohne lange zu überlegen, antworteten auf die Frage «Kannst du dich daran erinnern, mit deinem Vater geschmust zu haben?» 20 der 27 Männer mit einem schlichten «Nein». Zärtlichen Körperkontakt kannten sie aus ihrer Kindheit nur mit der Mutter. Vier sagten «Ja, viel sogar», und immerhin drei erinnerten sich an gelegentliche zärtliche Balgereien mit dem Vater.

- Demgegenüber gab mehr als die Hälfte der Männer an, vom Vater manchmal oder sogar häufig körperlich schwer bestraft worden zu sein (in den meisten Fällen allerdings auch von der Mutter). Auf die Frage «Bist du von deinem Vater bestraft worden?» antworteten fünf mit «Nein», der Rest nannte «Strafarbeiten oder Hausarrest». Unterm Strich läßt sich also das traurige Fazit ziehen, daß sich der *erinnerte* Körperkontakt zwischen Vater und Sohn vornehmlich auf körperliche Züchtigungen beschränkte.

- Weiter ging es mit Spekulationen der Männer darüber, wie der Vater seinen eigenen Vater charakterisieren würde. Spekulationen deshalb, weil der Vater sich in den seltensten Fällen einmal in Gegenwart des Sohnes über dessen Großvater geäußert hatte. Zum einen fiel auf, daß etliche Väter (sieben) mehr oder weniger ohne eigenen Vater aufwachsen mußten, weil jener durch Krankheit oder Krieg schon früh gestorben war. Zwei Drittel der Männer, die einen Großvater erlebt hatten, spekulierten, daß ihre Väter den eigenen Vater als «streng, dickköpfig und autoritär» beschreiben würden. Das restliche knappe Drittel entschied sich für Eigenschaften wie «eher liebevoll und gerecht».

- Die Antwort auf die Frage «Wie würde dein Vater seine eigene Mutter charakterisieren?» fiel den Männern wesentlich leichter. Die Großmütter haben zumeist nicht nur länger gelebt als die Großväter; die Enkel haben insgesamt auch mehr von Auseinandersetzungen zwischen dem Vater und seiner Mutter wahrgenommen. Eine Hälfte der Männer glaubte, daß der Vater seine Mutter als «eher streng und hart» bezeichnen würde, die andere Hälfte entschied sich für «eher warmherzig und liebevoll», wobei es den meisten dieser Frauen nicht an Strenge gefehlt habe.

- Mit der Frage «Wie würde dein Vater seine Frau charakterisieren?» taten sich die Männer ausgesprochen schwer, denn in ihrer Gegenwart hatten sich die Väter so gut wie nie über die Ehefrau geäußert. Die überwiegende Mehrheit entschied sich nach längerem Überlegen für positive Charakterisierungen, wie «liebevoll, herzlich, attraktiv, klug und fürsorglich». Nur gelegentlich wurden auch negative Eigenschaften genannt: «gefühlskalt, abweisend und rechthaberisch».

- Den Vater aus der Sicht der Mutter zu beschreiben war für die Männer dagegen eine eher leichte Übung, wohl auch deshalb, weil die Mutter sich in Gegenwart des Sohnes häufiger über den Vater ausgelassen hatte. Dessen von ihr geschätzte Eigenschaften kreisten vor allem um «Verläßlichkeit und Familiensinn» sowie um «Fleiß und Ehrgeiz». Ein knappes Drittel der Ehemänner schnitt ziemlich schlecht ab. Als Mann erschienen sie aus der Sicht der Mutter «schwach, unzuverlässig und träge».

- Bis auf drei Männer waren alle davon überzeugt, ihrem Vater von einem bestimmten Zeitpunkt an intellektuell und körperlich überlegen gewesen zu sein. Die meisten nannten als Zeitpunkt ihre Pubertät zwischen 13 und 16 Jahren. Die Söhne fühlten sich gebildeter, betrachteten sich als sozial und emotional flexibler – besonders gegenüber Frauen und nicht zuletzt im Umgang mit der Mutter.

- Zwar taten sich alle Männer ausgesprochen schwer mit der Bitte, ihrem Vater als «Liebhaber im Ehebett» eine Note zu geben, aber nach zahlreichen Einschränkungen erhielten die Väter im Schnitt ziemlich schlechte Noten. «Mangelhaft» war die häufigste Nennung. Nicht wenige entschieden sich unter größtem Unbehagen für ein Mittelding zwischen «unter den gegebenen Umständen befriedigend» und «irgendwie ausreichend». Immerhin vier gaben ihrem Vater eine «Zwei». Natürlich rührt die Frage an ein tabuisiertes Thema, es fehlten auch keine entschuldigenden Hinweise, daß «früher doch andere Vorstellungen von befriedigender Sexualität» geherrscht hätten, doch ändert das nichts daran, daß die Söhne die Männlichkeit ihres Vaters in einem sehr wichtigen Punkt eher gering einstuften – auch wenn keiner dies mit arroganter Selbstgefälligkeit tat.

- Auf die Frage «Hat dein Vater früher Freunde gehabt?» antworteten nur sieben Männer mit «Ja, er hatte einen richtigen Freund». Häufig handelte es sich um Kriegskameraden. Die Hälfte der Männer sagte «Nein, er hatte höchstens lose Bekannte», und der Rest meinte «Ja, vielleicht den einen oder anderen Arbeitskollegen, aber nicht im Sinne eines vertrauten Freundes».

- Die letzte Frage lautete: «Welchen Traum hat sich dein Vater nie erfüllen können?» Ein Drittel der Männer antwortete mit «Da weiß ich nichts drüber». Ein weiteres Drittel nannte «Fernreisen, mehr von der Welt sehen», und das restliche Drittel teilte sich auf in Einzelnennungen wie «ein Künstler werden», «einen großen sportlichen Erfolg erringen» oder «eine glückliche Sexualität haben». Fast alle Männer mußten lange für ihre Antwort überlegen, denn den Vater auch mit einem gewissermaßen uneigennützigen Blick zu betrachten lag ihnen bislang eher fern.

Zieht man ein Fazit aus der Befragung, so könnte es lauten: Etliche Männer der heutigen Vätergeneration haben ein eher distanziertes Verhältnis zum eigenen Vater. Das väterliche Vorbild ist mehrheitlich ein fleißig arbeitender, mit sich mehr oder weniger zufriedener und nur in Ausnahmefällen entspannter Mann, der viel für seine Familie geleistet hat und (innerlich) eher einsam war bzw. ist. Die meisten seiner Generation waren außerdem selbst nicht mit einem zärtlich-aufmerksamen Vater gesegnet.

Kumpel, Dompteur oder Vaterfigur?

In Gesprächen mit Männern, die mit Jungen arbeiten wollen, sollen oder müssen, erfahren wir häufig, daß sie die Jungen als schwer zugänglich bzw. emotional verschlossen erleben. Auch gutgemeinten Beziehungsangeboten verweigern sie sich oft hartnäckig. Das gilt insbesondere für pubertierende Jungen. Selbst wenn die Männer beste Absichten hegen, fällt es ihnen mitunter ziemlich schwer, an die Jungen *heranzukommen* und einen vertrauensvollen Kontakt herzustellen.

Andererseits befürchten nicht wenige Männer, von den Beziehungswünschen der Jungen regelrecht aufgefressen zu werden. Denn ist erst einmal ein guter Kontakt entstanden, kann es passieren, daß der Junge Nähe und Verbindlichkeit in einem Maße einfordert, daß der große Mann erschrocken zurückweicht. Soviel Vaterhunger! Soviel Sehnsucht nach männlicher Nähe, Solidarität und Schutz! Mit einemmal lautet das Problem nicht mehr: Wie komme ich an den Jungen heran?, sondern: Wie kriege ich ein befriedigendes Verhältnis von Nähe und Distanz hin – ohne ihn vor den Kopf zu stoßen?

Eine Menge Fragen stellen sich: Was will der Junge von mir? Soll ich ihm ein Vater sein, ein Freund, ein Kumpel? Vielleicht ein väterlicher Freund, der weiß, wo's langgeht, wenn's brennt? Kann ich ihm das überhaupt bieten? Und wo soll ich die nötige Energie hernehmen? Will der Junge, daß ich ihm auf die Sprünge helfe, daß ich den Dompteur spiele? Aber ich wollte doch alles ganz anders machen und besser, als ich es früher selbst erlebt habe: nicht so autoritär und ignorant, sondern mit viel mehr Interesse und Einfühlung.

Zusammen mit dem Münsterschen Psychologen Klaus Gerhards hat Rainer Neutzling insgesamt dreimal ein Seminar zum Thema «Männliche Bindungs- und Beziehungserfahrungen» durchgeführt. Die jeweils mehrtägige Fortbildungsveranstaltung trug den Titel «Kumpel, Dompteur oder Vaterfigur?» und richtete sich an Männer, die als Sozialarbeiter und Sozialpädagogen in der offenen Jugendarbeit, in Heimen oder im Rahmen der Jugendhilfe arbeiteten – also professionelle Beziehungsarbeit leisteten.

Im Zentrum des Interesses stand die Frage, ob insbesondere jene Erfahrungen, die ein Mann mit seinem eigenen Vater gemacht hat, Einfluß auf sein Befinden und Verhalten als professionelle Vater*figur* haben. Darüber hinaus sollte es um Kindheits- und Jugenderfahrungen mit einem anderen, besonderen erwachsenen Mann gehen, also mit einer Vaterfigur (beispielsweise einem Lieblingslehrer oder Lieblingsonkel), sowie um frühere Jungenfreundschaften. Von einem dieser Seminare soll hier berichtet werden.

Einige Wochen vor Seminarbeginn wurden die Männer schriftlich gebeten, ein Foto aus ihrer Kinder- und Jugendzeit mitzubringen, auf dem sie selbst und entweder der Vater, ein früherer Freund oder eine andere wichtige männliche Bezugsperson von damals zu sehen seien.

Die meisten Männer brachten ein Foto von sich und ihrem Vater mit. In der Vorstellungsrunde berichteten sie, daß es äußerst schwierig gewesen war, ein geeignetes Foto aufzutreiben. Einige mußten ihren Eltern einen Besuch abstatten, um an ein Foto heranzukommen. Aber auch in der Fotokiste der Eltern fand sich in der Regel nur dieses eine Bild, auf dem der Sohn häufig jedoch nicht allein mit dem Vater abgebildet war, sondern zusammen mit Geschwistern. Manche Männer stellten das überrascht und betrübt zugleich fest. Sie hätten gerne mehr Fotos von sich und ihrem Vater gefunden – und vor allen Dingen eins mit sich und dem Vater allein.

Bilder von Mutter und Sohn gab es dagegen vergleichsweise viele. Dafür hatten die Väter offensichtlich gesorgt – und sei es, weil das Fotografieren früher zu den väterlichen Aufgaben gehört hatte.

Aber das war sicher nicht der einzige Grund für dieses auf Papier dokumentierte Ungleichgewicht. Gemeinsam war den Bildern von Vater und Sohn nämlich nicht nur, daß es nur wenige davon gab, sondern auch – wie sich später noch herausstellen sollte –, daß darauf ausgesprochen seltene Augenblicke festgehalten worden waren.

Die Männer wurden gebeten, anonym auf Karteikarten eine «Klage über den Vater» der Kindheit und Jugend zu formulieren: «Was hat euch nicht gepaßt? Was erinnert ihr, was euch enttäuscht oder geärgert hat?»

Die Karten wurden anschließend eingesammelt, gemischt und en bloc vorgelesen. Das Ergebnis war starker Tobak. In gebündelter Form lasen sich die Klagen wie eine vernichtende Aburteilung der Väter: Sie überforderten die Söhne, brachten wenig Zuneigung auf, geizten mit Lob, Aufmunterung und Anerkennung, hatten zuwenig Zeit, trösteten nie, schlugen oft zu, waren engstirnig zielorientiert und letztlich mehr oder weniger uninteressiert an den Gefühlen des Sohnes.

Die Heftigkeit der «Klage über den Vater» erschreckte alle Beteiligten. Zwar paßte die harsche Kritik durchaus zur aktuellen Diskussion über die zu allem Wichtigen unfähigen Väter. Dennoch bereitete es Unbehagen, daß die alten Herren nicht nur hier und da einmal etwas falsch gemacht, sondern in den Augen der Söhne auf ganzer Linie versagt haben sollten. Einige meinten daraufhin, daß ihr Verhältnis zum Vater *sooo* schlecht doch nicht gewesen sei, wie es dem allgemeinen Tenor nach nun den Anschein hätte. Natürlich hätten sie früher einiges vermißt bei ihrem Vater, sich aber dennoch grundsätzlich von ihm geliebt und bei ihm geborgen gefühlt.

Die anderen Männer blieben zunächst unversöhnlich, was sich im weiteren Verlauf noch verstärkte. Die Männer sollten sich nun an ein schönes Erlebnis mit dem Vater erinnern und wieder ein paar Sätze dazu auf eine Karteikarte schreiben. Eine Handvoll Männer vermerkte dazu, daß es ein schönes Erlebnis schlicht und einfach nicht gegeben habe. Andere berichteten von einzigartigen, geradezu kosmischen Augenblicken, in denen sie den Vater vertraut und nahe erlebt hatten, in denen er Zeit für sie gehabt hatte und sie allein und *ungestört* mit ihm zusammengewesen waren. Solche Situationen, die sich im Vergleich zu den vielen Verletzungen und Frustrationen merkwürdig bescheiden ausnahmen, waren meist während einer Reise entstanden oder an einem Wochenende bei einem Ausflug außerhalb des Heimatortes. Auf jeden Fall war durch irgendwelche Umstände die Alltagsroutine des Vaters und der Familie außer Kraft gesetzt worden.

Hier einige Beispiele:

«Mein Vater hat in der Mittagspause einmal einen Igel mit nach Hause gebracht. Er ist sonst mittags nie nach Hause gekommen. Es war außergewöhnlich, weil es die sonst übliche Ordnung durchbrach und mein Vater sich über den Igel freute. Es war selten, daß er Gefühle zeigte und so spontan war.»

«Mit fünf oder sechs Jahren habe ich mit meinem Vater zusammen Kirschen gepflückt. Wir fuhren mit seinem Fahrrad nach Hause, der Eimer mit den Kirschen hing am Fahrradlenker, ich saß auf der Stange. Es ging einen Abhang hinunter, ich kam mit dem Fuß in die Speichen, und wir überschlugen uns. Mein Vater hat mich getröstet und zum Arzt gebracht. Kein Vorwurf, daß ich auf dem Fahrrad gezappelt habe.»

«Mein Vater hat relativ spät den Führerschein gemacht. Sein Auto wurde zu seinem Heiligtum. Aber im Urlaub, da war ich elf oder zwölf Jahre alt, hat er mich damit mal fahren lassen. Am nächsten Tag wollte ich wieder fahren, aber er war müde und sagte nur: ‹Da liegt der Schlüssel. Fahr ruhig.›»

«Mit dreizehn Jahren habe ich einen Fahrradausflug gemacht, der mich fünfzig Kilometer weit weg von zu Hause führte. Mein Vater hat mich bis zur Hälfte der Strecke begleitet. Das war genau passend.»

Trotz solcher und anderer schöner Erinnerungen wurde die Stimmung zunehmend bedrückter. Die meisten Männer waren zwischen Zorn, Loyalität und Sehnsucht hin- und hergerissen. Etwas Entspannung brachten erst die anschließenden Kleingruppengespräche, bei denen sie sich über das bisher Gesagte und Gehörte austauschen konnten.

Die Atmosphäre im folgenden Plenum war von Nachdenklichkeit geprägt. Die Männer fragten sich, wie es zu dieser Ferne zwischen Vater und Sohn hatte kommen können. Natürlich hatten die Väter vor allem deswegen so wenig Zeit für ihre Kinder, weil sie viel arbeiten mußten, um ihre Familien zu ernähren. Es war viel von «harten Zeiten» die Rede. Aber wieso war der Vater häufig auch in seiner Freizeit so wenig greifbar? Weshalb war er so streng, so hart und mitunter auch so gemein?

Etliche Männer stellten fest, daß sie von ihrem Vater nichts oder nur wenig wußten. Über das Verhältnis des Vaters zu seinem eigenen Vater konnten die wenigsten etwas berichten. Vor allem wußten sie nichts über dessen Gefühle zu berichten, weder über die Gefühle zu seiner Frau noch zu seinen Kindern.

Einige stellten zur Diskussion, ob die Mutter vielleicht ein engeres Verhältnis zwischen Vater und Sohn verhindert oder zumindest *be*hindert hätte. Ein Mann hatte auf die Frage nach dem «schönen Erlebnis mit dem Vater» geschrieben: «Wenn meine Mutter mal nicht zu Hause war, dann war es eigentlich schön zusammen» – ein, wie sich zeigte, heikles Thema, denn es bescherte den Männern einen Loyalitätskonflikt mit der Mutter.

Jene Männer, die selbst schon Kinder hatten, berichteten zum Teil verärgert und eifersüchtig, daß der Vater als *Opa* den Enkeln nun auf erstaunlich liebevolle Weise vieles von dem geben könnte, was sie sich selbst früher oft vergebens gewünscht hätten: Zeit zum Spielen, Geduld und Nachsicht.

Fast alle beklagten, daß sich ihr Verhältnis zum Vater bis auf den heutigen Tag kaum verbessert habe. Es komme immer wieder zum Streit, die Väter seien unverändert stur und verschlossen. Einige Männer hatten irgendwann einmal den Versuch unternommen, mit dem Vater ins Gespräch zu kommen, waren aber gescheitert. Die meisten reduzierten die Begegnungen mit ihm auf mehr oder weniger erquickliche Höflichkeitsbesuche *bei den Eltern*. Alle nickten einvernehmlich, als ein Mann erzählte: «Wenn ich bei meinen Eltern anrufe, spreche ich eigentlich nur mit der Mutter. Hat der Vater eine Frage, richtet er sie aus der Ferne über meine Mutter an mich. Ist er zuerst am Apparat, was äußerst selten vorkommt, herrscht unmittelbar nach der ‹Na, wie geht's›-Begrüßungsfloskel beiderseits hilfloses Schweigen.»

Einige Männer hatten den Kontakt zum Vater oft schon vor Jahren enttäuscht oder angewidert abgebrochen, während das Verhältnis zur Mutter in der Regel zwar gespannt war, aber dennoch – meist auf ihre Initiative hin – Bestand hatte.

Insgesamt wurde die erste Seminareinheit mit viel Wut – mit viel alter *Kinderwut* – und etlichen Fragen beendet.

Am Abend des ersten Seminartages wurde der 1993 gedrehte Film «Perfect World» von Clint Eastwood gezeigt. «Perfect World» handelt von einem Gefängnisausbrecher (Kevin Costner), dessen Vater ihm viele Jahre zuvor eine Ansichtskarte aus Alaska geschickt und versprochen hat, ihn bald zu sich zu holen, was jedoch nie geschehen ist. Nun ist er wild entschlossen, seinen Vater in Alaska aufzusuchen. Auf dem Weg dorthin – und auf der Flucht vor dem Sheriff (Clint Eastwood) – kidnappt er einen achtjährigen Jungen. Es stellt sich heraus, daß der Kleine ebenfalls vaterlos aufwächst.

Es beginnt ein anrührendes Roadmovie, in dessen Verlauf sich eine innige Beziehung zwischen den beiden vaterhungrigen Protagonisten entwickelt. Doch das Ende ist bitter: Der Ausbrecher wird erschossen, und für den Jungen ist die aufwühlendste und vielleicht schönste Zeit seines bisherigen Lebens zu Ende.

Im Verlauf des Films wurden die Männer zunehmend unruhig. Ständig ging jemand zur Toilette oder holte etwas zu trinken. Hier und da schneuzte jemand in ein Taschentuch.

Im Anschluß an die Filmvorführung sagte zunächst niemand etwas. Eine peinliche Stille entstand. Bis jemand sagte: «Das war ja ein Scheiß-Hollywoodschinken. Ich mag das nicht, wenn die so auf die Tränendrüsen drücken.» In den nächsten Minuten schlossen sich einige Teilnehmer dankbar dieser Bewertung an. Niemand verteidigte den Film oder sagte, daß die Geschichte ihn angerührt hätte. Und es dauerte nicht lange, da erzählte jemand einen Witz, dem weitere folgten. Die Runde zerstreute sich bald.

Erst am nächsten Morgen war ein Gespräch über die Gefühle möglich, die der Film ausgelöst hatte. Fast alle Männer waren den Tränen nahe gewesen, aber jeder hatte sich zusammengerissen. Niemand hatte vor den anderen Tränen zeigen wollen, niemand hatte zugeben wollen, daß dieses «Rührstück» verborgene Gefühle angesprochen hatte. Es begann ein Gespräch darüber, daß die Männerrunde am Vorabend möglicherweise deshalb jeden mit seinen Gefühlen allein gelassen hatte, weil niemand darauf hoffen konnte, von den anderen getröstet zu werden. «Vielleicht fiele es uns leichter», sagte einer der Teilnehmer, «uns gegenseitig zu trösten, wenn wir das von unseren Vätern mehr erlebt hätten.»

Als nächstes hatten die Männer die Aufgabe, sich daran zu erinnern, ob es in ihrer Kindheit oder Jugend neben dem Vater noch einen anderen Mann gegeben habe, der ihnen als bedeutsame Bezugsperson in Erinnerung geblieben sei. Die Einheit hieß «Der Lieblingsonkel, -lehrer, -nachbar und so weiter». Jeder sollte ein paar Stichworte zu diesem Mann aufschreiben und ihn anschließend in einer Kleingruppe vorstellen.

Für alle Männer hatte es einen solchen Mann gegeben. In einigen Fällen war es der Großvater, bei anderen war es ein Onkel, in der überwiegenden Mehrzahl war es ein Lehrer.

Zurück im Plenum, berichteten die Männer, daß sie bei diesem besonderen Mann, anders als beim Vater, ein grundsätzliches Interesse gespürt hätten. Dieser Mann war nicht unterschiedslos allen Jungen gegenüber so aufmerksam zugeneigt. Zwischen ihm und dem Jungen bestand eine besondere Beziehung, die durchaus nicht frei von Kämpfen war. Die Jungen fanden an ihm Reibungsflächen, denn der Mann vermied nicht die Auseinandersetzung, sondern suchte sie sogar. Dabei hatte er nicht einmal viel Zeit für den Jungen erübrigt. Er hatte keine großartigen Dinge vollbracht. Doch anders als den Vater erlebten sie ihn als *wohlwollend interessiert.*

Auf Zuruf wurde eine gemeinsame Eigenschaftsliste dieser Männer zusammengestellt:

Dieser andere Mann «brach Tabus, war unkonventionell, antispießbürgerlich, konnte zuhören, war ein neutraler Berater, gab Zuwendung und Orientierung, nahm mich ernst, war weltoffen, begeisterungsfähig, konnte begeistern, half mir, mich selbst zu formen, war duldsam, strapazierfähig, mochte mich, glaubte an mich, war Mentor, half mir auf die Sprünge, war humorvolles Original, hatte und gab Lebensfreude, war ausgeglichen, ungezwungen, diskret, vertrauensvoll, zuverlässig und verbindlich, rechtfertigte Respekt, setzte Grenzen, war einfühlsam».

Es liegt auf der Hand, daß mit dieser eindrucksvollen Liste diesem anderen, besonderen Mann all jene Eigenschaften zugeschrieben wurden, die die Söhne bei ihrem Vater vermißt hatten. Das Wichtigste an ihm war zum einen seine respektable Autorität, zum anderen und vor allen Dingen waren die Jungen mit ihm nicht so emotional verstrickt wie mit dem Vater, was das Ringen um Nähe und Distanz erheblich vereinfachte.

Die Liste beschreibt jedoch nicht nur einen dem eigenen Vater konträren *Idealvater*, sondern auch die Qualitäten eines rundum perfekten Erziehers – und damit all jene Eigenschaften, die die Jungen von damals nun als erwachsene Männer, als Sozialarbeiter, Sozialpädagogen und Väter von sich selbst erwarteten.

Die nächste Seminareinheit hatte die «Jungenfreundschaften in der Pubertät» zum Thema. Uns interessierte, was das besondere und verbindende Element zwischen den Jungen damals war und welche Bedeutung diese Freundschaft für die Haltung des Jungen gegenüber dem Rest der Welt hatte. Mit Hilfe einer Meditation wurde der Jugendfreund noch einmal heraufbeschworen.

Die anschließenden Kleingruppengespräche und die darauf folgende Plenumsrunde brachten die Erkenntnis, daß die Jungenfreundschaften damals vor allem *Flucht*ziele aus der Familie waren: mal mehr, mal weniger geglückte Versuche, bei einem halbwegs gleichberechtigten männlichen anderen Sicherheit, Orientierung und Geborgenheit zu finden. Es ging darum, sich woanders als zu Hause wohl zu fühlen. Die Jungenfreundschaft lockerte insbesondere die Bindung zur Mutter, deren Kontrolle sich die Jungen mehr und mehr zu entziehen suchten.

Wie schon bei der «Vatereinheit» berichteten einige Männer auch in diesem Zusammenhang von Versuchen der Mutter, eine tiefer gehende Beziehung zwischen dem Sohn und einem Geschlechtsgenossen zu behindern. Galt der Vater in der Familie häufig als der Kauzige und Beziehungsunfähige, war der Freund außer Haus nicht selten «schlechter Umgang».

Die Verbrüderung mit dem Freund – und mehr noch die Geborgenheit in einer größeren Jungengruppe – stellte eine stärkende Opposition gegen die Beziehungen in der Familie, aber auch gegen die Schule dar. Aus der sicheren Gruppe heraus ließ sich der Welt allemal ein befreiendes «Ihr könnt uns alle mal!» entgegenbrüllen.

Nicht alle Männer konnten sich glücklich schätzen, eine schöne Jungenfreundschaft erlebt zu haben. Bei den meisten dauerte sie nur wenige Jahre, bis man sich nach dem Schulabschluß, vor allem aber durch die Bindung an ein Mädchen, plötzlich oder allmählich aus den Augen verlor. Die wenigsten hatten danach wieder einen solchen «echten» Freund gefunden.

Nachdem die Erfahrungen mit den drei wichtigsten männlichen Bezugspersonen der Kindheit und Jugend ausgetauscht worden waren, bestand der nächste Schritt darin, daß die Männer an jeden dieser drei jeweils einen Wunsch formulieren sollten.

Hier die Wünsche an den Vater:

Geh mit mir mal zum Fußball, in eine Kneipe. Erzähle mir von deiner Kindheit. Bleibe bewundernswert. Frage mich, wie es mir geht. Habe Zeit für mich. Freue dich, wenn ich wiederkomme. Sei authentisch und gelassen. Erzähle mir mehr von dir. Bau mich auf. Akzeptiere und liebe mich. Fahr mit mir mal alleine in Urlaub.

Die Wünsche an den anderen, besonderen Mann lauteten:

Ich wünschte, du wüßtest, wie wichtig du mir warst. Erzähle mir, wie du früher gelebt hast. Ich möchte gerne wissen, was du heute machst und denkst. Schreibe mir eine Ansichtskarte. Habe mehr Zeit für schöne Gespräche. Ich möchte mit dir Tee trinken und über früher reden. Sei mir ein freundschaftlicher Berater. Laß uns was zusammen anstellen. Laß uns zusammen in Urlaub fahren. Gib das, was du mir gegeben hast, noch vielen anderen Jungen. Rede mit meinen Eltern.

Und schließlich die Wünsche an den alten Freund:

Ich möchte dich gerne wiedersehen. Laß uns alte Erinnerungen auffrischen. Laß uns die Beziehung so lange wie möglich aufrechterhalten. Hau mit mir ab. Laß uns viel Quatsch machen und über andere (auch über Frauen) lachen. Laß uns mehr Zeit miteinander verbringen.

Im letzten Schritt ging es um die eigentliche Zielfrage des Seminars: Richten die Jungen, um die sich die Männer im Rahmen ihrer Arbeit kümmern, vielleicht ähnliche Wünsche an ihre Erzieher? Finden die Männer womöglich ihre eigenen alten Wünsche bei den Jungen wieder?

Es zeigte sich, daß die Männer vor allem ihre Wünsche an den Vater wiederfanden. Das galt insbesondere für Sozialarbeiter und -pädagogen, die in Heimen oder beim Allgemeinen Sozialen Dienst beschäftigt waren. Dort haben es Männer häufig mit Jungen zu tun, denen der Vater real fehlt. Nach einer gewissen Zeit können gerade kleinere Jungen ihre Bedürfnisse nach verläßlicher Nähe und ihre Wünsche nach wärmendem Körperkontakt zu einem Mann völlig unverstellt zeigen.

Vor allem jene Männer, die ihr eigenes Verhältnis zum Vater als besonders schlecht geschildert hatten, berichteten von großen Schwierigkeiten, auch *väterliche* Rollen gegenüber den Jungen einzunehmen. Sie erzählten von Irritation und Panik, die sie manchmal in solchen Situationen erfasse. Sie bemühen sich dann um eine eher sachlich-distanzierte Haltung zu den Jungen. Einigen Männern fiel auf, daß sie – entgegen ihrem beruflichen Anspruch – den Jungen gerade *das* verweigern, was sie von ihrem Vater selbst nicht bekommen haben. Ein Mann sagte: «Wenn die Jungen mich als Vater wollen, lehne ich das ab, weil ich ihnen nun mal kein Vater sein kann. Ich merke aber, daß ich ihnen das nicht nur rein faktisch nicht sein kann, sondern ich habe vor allem Angst, in dieser Rolle zu versagen.»

Damit soll kein auswegloses Entwicklungsmuster beschrieben werden. Ein Mann mit schlechten Vatererfahrungen hat nicht zwangsläufig Schwierigkeiten, väterliche Aufgaben zu übernehmen bzw. väterliche Gefühle zu entwickeln.

Männer mit einem halbwegs aufgeräumten Verhältnis zum Vater kamen dagegen nach eigener Auskunft mit entsprechenden Wünschen der ihnen anvertrauten Jungen besser klar. Die nähesuchenden Jungen geben ihnen das Gefühl, gute Arbeit geleistet zu haben. Schwierigkeiten haben sie eher damit, daß zu viele Jungen einen solch großen Vaterhunger äußern, was die Kräfte der Männer nicht selten übersteigt, denn bei den meisten warten zu Hause noch die eigenen Kinder.

Besonders jenen Männern, die als Wunsch an ihren Vater aufgeschrieben hatten, mehr von ihm erfahren zu wollen, fiel auf, daß viele Jungen wissen möchten, was der Mann in seinem Privatleben alles so treibt. Die Jungen wollen auch wissen, wie er selbst als Junge in seiner Familie gelebt hat. Gleichzeitig signalisieren sie deutlich, wie sehr sie sich wünschen, dem großen Mann besonders wichtig zu sein.

Auch viele ihrer Wünsche an den anderen, besonderen Mann fanden die Männer bei den Jungen wieder. Mit dieser Rolle des ‹Mentors› kommen die Männer noch am besten zurecht, nicht nur, weil sie ihnen am ehesten Zuspruch und Anerkennung verschafft, sondern auch, weil sich die Beziehungen aus dieser Position heraus leichter begrenzen lassen. Die Männer gestatten es sich in solchen Fällen eher, nicht *jedem* Jungen ein freundschaftlicher Berater zu sein. Ähnlich, wie sie es früher selbst erlebt haben, handelt es sich dabei oft um eine besondere Beziehung zu einem bestimmten Jungen, der ihnen aus den unterschiedlichsten Gründen nahe am Herzen liegt. Versucht dieser Junge, den Mann aus seiner Berufsrolle herauszulocken, um noch mehr Nähe und Zuwendung zu bekommen, kann es jedoch schwierig werden. Wünsche wie «Laß uns etwas anstellen!» oder «Laß uns zusammen in Urlaub fahren!» kollidieren in der Regel nicht nur mit der Verantwortung, die der Erwachsene trägt, sondern auch mit seinem Zeitbudget.

Schwierigkeiten anderer Art schilderten Männer, die in ihrer Jugendzeit zwar dringend Rat und Orientierung gesucht, aber jedes Beziehungsangebot mißtrauisch abgelehnt hatten. Kümmern sich solche Männer um einen Jungen, der zum Beispiel seine Alltagsorganisation, die Schule oder die Berufsausbildung nicht geregelt kriegt und ständig angeschubst werden muß, fragen sie sich oft ratlos, was der Junge *tatsächlich* von ihnen will: Will er, daß ich ihm Hinterbeine mache, ihm ‹auf die Sprünge› helfe? Oder will er doch in Ruhe gelassen werden? Vielleicht scheitert der Junge ja deshalb täglich, weil es ihm meine besorgte Zuwendung sichert? Andererseits hackt alle Welt genau aus diesem Grund auf dem Jungen herum …

Besagte Männer haben oft besonders sensible Antennen für die ambivalente Situation solcher Jungen, und sie engagieren sich deshalb häufig mit glühendem Herzen – auch wenn der Erfolg ihrer Arbeit nicht unbedingt daran abzulesen ist, daß der Junge es unter ihrer Anleitung endlich schafft, die Grundsteine für eine ordentliche bürgerliche Existenz zu legen. Aber vielleicht geben sie ihm zum erstenmal das Gefühl, daß jemand wirkliches Interesse an seinem Wohlergehen hat. Eine Saat, die möglicherweise erst viel später aufgehen wird.

Wünsche an den alten Freund konnten die Männer bei ihren Jungen nur ansatzweise bzw. gar nicht finden. Die Jungen suchen im erwachsenen Mann weniger einen Kumpel als eine Vaterfigur oder einen Mentor. Die Erinnerung an die eigene Jungenfreundschaft als «Schutzburg» gegenüber der Erwachsenenwelt machte deutlich, daß die Männer die Freundschaften unter den Jungen nicht *stören* sollen. Die Jungenfreundschaft ist der autonom gestaltete Beziehungsbereich der Jungen.

Am Ende des Seminars waren die meisten Männer sehr mit sich selbst beschäftigt. Die Erinnerung an die alte Jungenfreundschaft brachte viele auf den Gedanken, wie sehr ihnen in ihrem *jetzigen* Leben ein Freund fehle. Die Arbeit mit Jungen sei dafür in keiner Weise ein Ersatz. Dennoch zeigte sich eine Verbindung, die einer der Teilnehmer so auf den Punkt brachte: «Es ist schwierig für mich, an die Jungen gefühlsmäßig heranzukommen, weil ich Schwierigkeiten habe, mich unter Männern wohl zu fühlen. Ich merke, daß ich die Nähe nicht so zulassen kann, wie ich das möchte.»

Die Erkenntnis, daß sich viele Männer bei ihrer Arbeit mit Jungen an den Eigenschaften jenes «anderen, besonderen Mannes» orientieren, warf die Frage auf, was ein Mann im Rahmen seiner Arbeit einem Jungen mit auf den Weg geben könne: Vielleicht ist es in der Hauptsache die Versicherung, daß ein Erwachsener ihn grundsätzlich mag, daß er ihn so akzeptiert, wie er ist. Das hört sich nach wenig an, aber daran scheint es vielen Jungen tatsächlich zu mangeln.

Den größten Raum beanspruchten am Ende die Gedanken an den eigenen Vater. Fast alle Männer sprachen in der Abschlußrunde des Seminars vorsichtig versöhnlicher über ihn.

Gerade *weil* in den abwehrenden Reaktionen auf die Nähewünsche der Jungen Spuren des eigenen Vaters entdeckt worden waren, nahmen sich viele Männer vor, mehr über dessen Geschichte und Gefühle in Erfahrung zu bringen. Einige Männer äußerten Trauer über auch von ihnen selbst verpaßte Chancen, mit ihrem Vater noch einmal ins Gespräch zu kommen. Manch einer dachte darüber nach, ob frühere Gesprächsversuche nicht deswegen gescheitert waren, weil es ihnen damals weniger um eine von gegenseitiger Wertschätzung getragene Auseinandersetzung gegangen war, sondern darum, daß der Vater seine Verfehlungen einsehen und *endlich* Buße tun sollte.

Versöhnung

Was wäre unter einem halbwegs aufgeräumten Verhältnis zum eigenen Vater zu verstehen? Und vor allem: Was wäre von der Seite des Sohnes aus dafür zu tun?

Wer sich mit seiner Familiengeschichte beschäftigt, der wird sich an schöne, aber auch kränkende und verletzende Erlebnisse erinnern. Und immer wieder wird er mit Trauer und Wut zu kämpfen haben, mit dieser stets ungeheuren Kinderwut: Du hast mir nicht gegeben ...! Ich will aber haben ...! Gib mir endlich ...! Mag er auch mit seinen vielleicht vierzig Jahren schon lange erwachsen sein, kann er doch über diese Wut in Zweifel darüber geraten, ob aus ihm denn auch wirklich ein erwachsener, reifer Mann geworden ist.

Ein Mann erzählte uns eine schöne Geschichte. Vor einigen Jahren fuhr er mit seinem Vater für zwei Wochen in Urlaub. Anschließend schrieb er ein privates Protokoll dieser Reise und suchte lange nach einem geeigneten Titel. Bevor er sich für «Vadder und ich» entschied, hatte er über die Idee nachgedacht, seinen Text «Die Versöhnung» zu nennen. Nach Jahrzehnten der Distanz zu seinem Vater wollte er wieder «der Sohn meines Vaters» sein, wollte sich sozusagen mit ihm «versöhnen». Er dachte sich: Vielleicht steckt in dem Begriff «Versöhnung» ja das Wort «Sohn». Das wäre doch wirklich schön!

Das Herkunftswörterbuch machte ihm einen Strich durch die Rechnung. Dort stand, daß «Versöhnung» von «Sühne» kommt. Enttäuscht verwarf er die Idee. Mit «Sühne» hatte das alles doch nichts zu tun.

Inzwischen denkt er anders darüber. Löst man sich von dem Bedeutungsteil des Wortes «Sühne», der an eine Strafe denken läßt, offenbart sich nämlich ein weiterer Aspekt, und zwar «sühnen» im Sinne von «wiedergutmachen». Als er also ein zweites Mal über das Wort «Versöhnung» nachdachte, war er ziemlich verwirrt: Wenn «Versöhnung» auch damit zu tun hat, etwas wiedergutzumachen – für wen von beiden gilt das dann? Für den Sohn oder den Vater? Hat sein Vater bei *ihm* etwas gutzumachen, wenn *er*, der Sohn, sich mit ihm versöhnen will? Er kam auf den Gedanken, daß er dem Vater heute, als erwachsener Mann, vielleicht dieses oder jenes großherzig *verzeihen* könnte: daß er ihn als Kind mit seinen Sorgen und Ängsten im Stich gelassen und nicht beschützt hatte, daß er nicht da war, wenn er ihn brauchte …

«Verzeihen» – das ist auch so ein seltsames Wort. Das Herkunftswörterbuch sagt dazu: Verzeihen kommt von «verzichten» im Sinne von etwas Verschuldetes nicht mehr anrechnen. Heißt das, fragte er sich: *Ich* verzichte darauf, daß mein Vater für *seine* Unterlassungen büßen soll?

Das mit der Versöhnung und dem Verzeihen ist ein ziemlich schwieriges Thema, meinte er, denn dazu müssen von *beiden* Seiten gewisse Leistungen erbracht werden. Also auch von ihm selbst. Was er als erwachsener Sohn tun könne, sei, von seiner *Kinderwut* zu lassen. Wenn er auch noch so laut klage: «Du hast mir nicht gegeben …!», «Ich will aber haben…!», «Gib mir endlich …!» – er kriegte es nicht – weil er kein Kind mehr sei.

Daß viele Männer nur wenig über die Geschichte und die Gefühle des Vaters berichten können, liegt nicht nur daran, daß der Vater so wenig von sich preisgegeben hat. Das Nichtwissen des erwachsenen Sohnes ist eher das Nichtwissen eines Kindes. Von einem Kind kann nicht erwartet werden, daß es von sich absieht und erkennt, in welchen Verstrickungen der Vater womöglich gefangen ist. Einem Erwachsenen dagegen ist das durchaus zuzutrauen und zuzumuten.

Erscheint einem Mann die Versöhnung mit dem Vater möglich, sollte er darauf verzichten, ihm immer wieder als Kind gegenüberzutreten. Vielleicht stehen sich dann einmal zwei erwachsene Männer gegenüber. Gleichzeitig wird er eher ein Gefühl dafür entwickeln können, daß auch der Vater einmal Kind war, ein Junge, der selbst Vater und Mutter hatte, der mehr oder weniger geliebt und beschützt wurde, der Wunden davongetragen hat, der selbst eine *Geschichte* als Sohn hat. Und der schließlich versucht hat, als Ehemann und Vater das Beste zu tun.

Das könnte dann ein Augenblick sein, in dem er für den Vater eine Lanze brechen möchte.

Sehnsucht, Fremdheit, Mißtrauen
Männliche und weibliche Pubertät im Spiegel der Geschlechtsrollen

Wenn Erwachsene sich an ihre eigene Pubertätszeit erinnern, dann tauchen vor ihrem inneren Auge gewöhnlich keine strahlenden Sieger oder Siegerinnen auf. Eher schon Wesen, die sich fürchterlich unfertig vorkommen und sich in einer feindlich gesinnten Welt auf der Suche nach Liebe und Bestätigung immerzu irgendwie ‹falsch› fühlen. Und weil dieser Blick zurück kein schönes Bild ergibt, wird es bald verkehrt: Soviel Schönes hätten wir Mädchen erleben können, wären die Jungen bloß anders gewesen! Oder: Was hätten wir für tolle Liebhaber sein können, wären die Mädchen nur anders gewesen! Das stimmt zwar nicht, aber es tröstet ein wenig und entspricht zudem der Art und Weise, wie Erwachsene ihre Konflikte häufig austragen: Ich bin richtig, du bist falsch.

Es fällt schwer, sich über pubertierende Mädchen und Jungen auszutauschen, ohne Partei für die jeweils eigene Seite zu ergreifen. Hier wie dort wird viel darum gestritten, wer mehr Mitleid, Liebe und Zuwendung verdient hat und vor allem wer die Schuld trägt am Leid.

Die Pubertät ist eine Lebensphase, in der viele besondere Ereignisse zum erstenmal zur Bewältigung anstehen: das erste Mal «richtig miteinander gehen»; der erste Zungenkuß; das erste Petting, der erste Geschlechtsverkehr, Trennungen, Berge von (Liebes-)Kummer, Tränen, Wut, Selbstmordgedanken und immer wieder euphorische Höhenflüge zur einzigen wahren Liebe, die bis in alle Ewigkeiten andauern soll … Nach und nach entstehen Bilder von sich selbst als liebendem Menschen und Vorstellungen vom begehrenden Gegenüber, das möglichst alle vitalen Bedürfnisse befriedigen soll. Beziehungsmuster bilden sich heraus, die sich später als erstaunlich langlebig erweisen; nicht als unveränderliches Schicksal, sondern als eine auf Erfahrung gründende persönliche Einstellung zu lustvoller Körperlichkeit, Liebe, Bindung und Befriedigung – und zu deren enttäuschendem Gegenteil. Wer sich mit dreißig, vierzig oder in höherem Alter noch einmal verliebt, weiß das: Nicht von ungefähr ist plötzlich alle Souveränität dahin, alle guten Vorsätze sind Makulatur. Man wird zu einem himmelhoch jauchzend zu Tode betrübten Nervenbündel, das einem verdächtig bekannt vorkommt.

Wenn Erwachsene über pubertierende Jugendliche reden, sprechen sie vor allem von sich selbst.

Wer sich über Jungen und Mädchen in der Pubertät Gedanken macht, wird ganz selbstverständlich mit eigenen Erinnerungen und möglicherweise unverwundenen Kränkungen konfrontiert. Das birgt die Gefahr, das Leiden des eigenen Geschlechts hervorzuheben und das andere Geschlecht im Vorteil zu sehen. Bei der Bewertung des Verhaltens von Mädchen und Jungen spielt es eine große Rolle, wie klar der Blick auf die eigene Lebensgeschichte ist. Sind die Wunden von damals halbwegs geheilt, oder machen sie einem immer noch zu schaffen?

Als erstes und wichtigstes Vorbild einer wie auch immer gearteten Liebesbeziehung spielen die Eltern eine bedeutende Rolle, auch wenn sie nicht die einzigen sind, die Wesentliches über die sexuellen Rollen der Geschlechter vermitteln. Wenn ein Zwölfjähriger zum erstenmal ein Mädchen küssen will, dann werden ihm im Geiste jede Menge Leute dazwischenquatschen. Die anderen Jungen: Los, mach schon, trau dich!

Die anderen Mädchen: Der macht das nicht, das traut er sich nicht! Die Spielzeughelden seiner Kinderzeit: Hör mal, du hast doch eigentlich gar keine Zeit zum Küssen! Die Cracks aus der Bravo: Bleib cool, Junge, das mußt du folgendermaßen anstellen! Die großen Frauen: Gott, wie süß! Die großen Männer: Gott, wie dem die Hosen flattern! – Doch irgendwo tief im Innern werden den Jungen ein ganz bestimmtes Bild und eine ganz bestimmte Phantasie leiten. Das Bild, das seine Eltern beim Küssen abgeben, und seine Phantasie davon, wie sich beide dabei fühlen. Später einmal kann er alles noch ganz anders machen, aber seine Eltern werden das Modell sein, von dem er dann abweicht.

Wenn Jungen und Mädchen in die Pubertät kommen, haben sie schon eine Menge über Frauen und Männer, über Lust und Intimität gelernt. Schon von Beginn ihres Lebens an wachsen sie in entgegengesetzten Gefühlswelten auf. In der Pubertät erfährt die daraus resultierende Fremdheit lediglich eine Vertiefung, die gleichzeitig an besonderem Reiz gewinnt: Sich mit dem oder der geschlechtlich anderen zu vereinigen wird zum innigen Erfüllungswunsch des eigenen Geschlechts. Allerdings wollen da zwei zusammenkommen, die unterschiedlicher nicht sein könnten.

Was Jungen und Mädchen von klein auf über ihre sexuellen Rollen durch das alltägliche Vorbild der Erwachsenen und durch diverse Medien erfahren, läßt sich auf zwei kurze klischeehafte Nenner bringen:

- Männer umwerben, sind aktiv und fordernd, sexuell triebhaft und schmutzig. Sie wollen weniger Zärtlichkeit als Sex. Sie wollen und können immer, egal, wie es ihnen geht. Männer belohnen Frauen mit Liebe und strafen mit Liebesentzug.

- Frauen dagegen lassen sich umwerben, sind passiv und ab-
wartend, spenden Leben und müssen stets rein bleiben. Sie
wollen weniger Sex als Zärtlichkeit. Sie brauchen ganz bestimmte atmosphärische Bedingungen, um zu wollen und zu
können. Frauen belohnen Männer mit Sex und strafen mit
Sexentzug.

Es handelt sich um sehr grobmaschige Klischees, von denen es
nicht nur vielfältige individuelle Abweichungen gibt, sondern
von denen auch viele Leute meinen, daß sie in unserer aufgeklärten Zeit doch längst überwunden sein sollten. Gleichzeitig
bestimmen sie nach wie vor die Richtlinien der Geschlechter-
erziehung.

Ein Junge, der keine Zeit zum Essen und Schmusen hat und
ständig aufgeschlagene Knie, der sich zumindest hin und wieder mal so richtig schmutzig macht und der Mutter Riesen-
wäscheberge hinterläßt – über die sie zwar seufzt, aber dann
doch milde lächelt, denn sie hat ja ein Superwaschmittel –, so
ein Junge ist ein richtiger Junge. Auf die Liebe eines solchen
Jungen zu warten wird sich später einmal für ein Mädchen lohnen. Welch ein Prinz!

Ein Mädchen, das sauber, lieb und adrett ist, zart, schmusig,
selbstlos und fürsorglich, das den Vater anhimmelt und der
Mutter nicht zuviel Arbeit macht, so ein Mädchen ist ein richtiges Mädchen. Ein Mädchen zum Verlieben, um das zu kämpfen sich für einen Jungen später einmal lohnen wird. Welch
eine Prinzessin!

Abweichungen vom Geschlechtsrollenklischee müssen mas-
kiert werden. Der «zartbesaitete Junge» und das «kleine,
schmutzige Mädchen» laufen ständig aneinander vorbei, voller Sehnsucht, einander fremd und sich mißtrauend – und tief
enttäuscht.

Im Kino wurde der Film «Kinderspiele» (1992) von Wolfgang Becker und Horst Sczerba gezeigt. In einer Szene treffen

sich der elfjährige Hauptdarsteller und ein gleichaltriges Mädchen an einem Baggersee. Sie baden gemeinsam und liegen anschließend in der Sonne. Das Mädchen trocknet sich mit einem Handtuch ab und fragt, ob er sich nicht auch abtrocknen wolle. Er liegt auf dem Bauch, verneint und sagt, er wolle lieber einfach so in der Sonne trocknen. Da stürzt sie sich mit Gebrüll auf ihn, dreht ihn auf den Rücken und setzt sich rittlings auf seine Oberschenkel, um ihn kräftig durchzukitzeln. Der Junge wehrt sich nur halbherzig, beide lachen und kreischen. Eine schöne und romantische Szene, in der es süß-erotisch zwischen den beiden knistert.

Auf dem Nachhauseweg fährt der Junge ihr Fahrrad, sie sitzt hintendrauf. Er steigt ab, sie nimmt ihr Rad, er weiß nichts zu sagen, sie gibt ihm einen zarten Kuß auf die Wange ... Vermutlich waren in diesem Augenblick die meisten Zuschauerinnen und Zuschauer gerührt von der vorsichtigen Entschlossenheit des Mädchens, da sagte plötzlich eine Frauenstimme: «Der geht aber ran!»

Die verblüffende Umkehrung der Verhältnisse kam wohl von tief unten heraus: Auch wenn ein Mädchen aktiv wird und begehrend, muß sie die Verantwortung für das Geschehen an den Jungen delegieren. Und selbst wenn der Junge passiv bleibt und sein Begehren entfachen läßt, muß er den Aktiv-Part für sich verbuchen. Denn das Mädchen läßt den Jungen ran, nicht umgekehrt. Die blöde Frage an ein Mädchen «Hast du schon mal einen Jungen rangelassen?» läßt sich nicht einfach umdrehen. Niemand käme auf die Idee, einen Jungen zu fragen: «Hast du schon mal ein Mädchen rangelassen?»

Es hat sich bis heute nur wenig daran geändert, daß die Mädchen neben aller Neugierde und Aufbruchstimmung mit einem Gefühl der sexuellen Bedrohtheit in die Pubertät eintreten. Nicht nur real erlebte oder befürchtete sexuelle Übergriffe tragen zu diesem Gefühl bei, sondern ebenso die allgemeinen Ansichten über das ‹Wesen› der weiblichen und männlichen Sexualität. Viele Eltern haben Angst, ihre Tochter könnte vor der Zeit schwanger werden. Mag sein, daß ein Satz wie «Komm mir bloß nicht mit einem Kind nach Hause!» heute seltener fällt als früher, aber der Grundgedanke bestimmt immer noch die elterliche Haltung gegenüber der Sexualität eines Mädchens: Es geht nicht um ihre Lust, sondern um die Warnung vor den Folgen derselben. Und weil die weibliche Lust der allgemeinen Auffassung nach weit weniger stark ausgeprägt ist als die männliche, sollte ein junges Mädchen sich doch gut beherrschen können. Wird sie dennoch schwanger, hat sie sich ein Kind ‹andrehen› lassen und nur bestätigt, daß man besser auf sie hätte aufpassen müssen.

Mädchen werden auch heute noch weniger zu selbstbewußter sexueller Individualität erzogen als zu sexuellem Mißtrauen. Das Gebot zum Passivsein zwingt sie, abzuwarten, was der Junge mit ihnen tut. Anstatt eine erotische und sexuelle Begegnung aktiv zu gestalten und dadurch mitzubestimmen, sollen sie lediglich darauf hoffen dürfen, daß der Junge zärtlich und nicht verletzend ist – oder sie lassen ihn besser nicht an sich heran. Den Jungen sitzt dafür das Gebot zum Aktivsein im Nacken. Sie haben nur wenig Chancen, ein Mädchen gestalten zu lassen, ohne an ihrer Männlichkeit zu zweifeln.

Die Pädagogik für die Jugendphase verfolgt nach wie vor zwei Hauptziele: Die passiv-gefährdeten Mädchen sollen geschützt, die aktiv-triebhaften Jungen in Schach gehalten werden. Zwar wünschen sich viele Jungen ein durchaus zupackendes Mädchen, aber sie fürchten sich auch davor. Hinzu kommt: So, wie sich ein sexuell aktives Mädchen schnell wie ein «Flittchen» vorkommen kann – und dafür gehalten wird –, so kratzt die Abweichung vom Rollenmuster ebenso umstandslos an der Männlichkeit eines eher zurückhaltenden Jungen.

An dieser und anderer Stelle werden die Ergebnisse einer Befragung von Frauen und Männern über ihr Pubertätserleben einfließen, die Rainer Neutzling im Rahmen von vier gemischtgeschlechtlichen Seminaren zum Thema «Pubertät» durchgeführt hat. Die insgesamt 32 Frauen und 31 Männer waren zwischen zwanzig und fünfundvierzig Jahre alt; der Altersschwerpunkt lag zwischen fünfundzwanzig und dreißig Jahren.

Es stellt sich natürlich die Frage, ob die mehr oder weniger weit zurückliegenden Erfahrungen der Erwachsenen etwas darüber sagen können, wie es der aktuellen Jugendgeneration geht. Gleichwohl werden die Ergebnisse den Empfindungen der heutigen Jugendlichen ziemlich nahe kommen. Sowohl die Geschichten von ‹Paul und seinen Freunden› aus den Jugendkapiteln unseres Buchs «Die Prinzenrolle» (1993) als auch der Jugendroman «Herzkasper» (Rainer Neutzling 1995) basieren auf ähnlichen rückblickenden Interviews mit Männern und Frauen. Die Reaktionen von Jugendlichen auf diese Texte waren jedoch stets einhellig: Woher wißt ihr so genau, wie es uns geht? Ihr seid doch schon so alt! Offenbar haben sie sich auf der Gefühlsebene der zu Geschichten verdichteten ‹alten› Erfahrungen wiedererkannt.

Wie hast du deinen ersten Zungenkuß empfunden?

(Mehrfachnennungen) «Unangenehm» sagten 41 % der Frauen, «naßfremd» 38 %. «Toll» fanden den Kuß 9 %, «schön» 19 %, «aufregend» 34 % und «erregend» 12 %. Die Antworten der Männer fielen im Schnitt deutlich positiver aus: «Toll» sagten 39 %, «schön» 55 %, «aufregend» 45 % und «erregend» 35 %. «Unangenehm» fanden ihn 32 %.

Wie war es, als du das erste Mal den Penis eines Jungen / die Vulva eines Mädchens angefaßt hast?

(Mehrfachnennungen) Nur etwa ein Drittel der Frauen schilderte positive Empfindungen wie «aufregend, schön, stolz und erregend», wobei «erregend» ganze zwei Male (6 %) genannt wurde, «Ekel» hingegen siebenmal (23 %) und «erschrocken-unangenehm» sogar zwölfmal (39 %). Anders die Männer: Ihre Angaben waren zu 70 % positiv. «Aufregend», «warm, weich und feucht» und «erregend» machten jeweils ein Drittel der angenehmen Empfindungen aus. «Ekel» wurde nur zweimal (6 %) genannt.

Die Mädchen haben sich im Vergleich zu den Jungen erheblich skrupulöser dem anderen Geschlecht genähert und dabei mehr Angst und Unsicherheit empfunden. Der Moment, in dem das vollkommen Fremde angefaßt werden durfte, war für deutlich mehr Jungen als Mädchen ein echtes Highlight erster sexueller Erlebnisse.

Trotz aller Ängste und Skrupel wenden beide Geschlechter viel Zeit und Mühe auf, sich mit ihrem Geschlecht zu zeigen, anzupreisen und sich attraktiv zu machen. Sie tun es im Rahmen der ihnen gestatteten Möglichkeiten:

Nach etwaigen Irritationen über ihre zu Beginn der Pubertät im Vergleich zu Frauenbrüsten noch unvollkommenen «Knospen» fangen die meisten Mädchen bald an, sich sehr körperbetont zu kleiden, je nachdem, was gerade als ‹sexy› gilt. Sicherlich verstecken auch einige ihre neuen weiblichen Formen schamhaft unter weiter Kleidung, doch dafür präsentieren sich andere mitunter als Extremausgabe einer ihrer sexuellen Ausstrahlung bewußten jungen Frau. Als gäbe es ein entsprechendes Gen dafür, können sie früher oder später an keinem Bekleidungsgeschäft mehr vorbeigehen, ohne einen Blick hineinzuwerfen. Es könnte ja etwas Passendes dabeisein ... Wie die meisten erwachsenen Frauen entwickeln sie ein ausgesprochenes Interesse an Schminke, mit deren Hilfe sie sich ins rechte Licht rücken können. Sie lernen, sich in ihrer neuen sexuellen Rolle einzufinden und sich dem anderen Geschlecht ‹anzubieten›.

Entsprechendes gilt für die Jungen, und auch die Gestaltung ihres Körpers steht im Zentrum ihres Interesses. Was den Mädchen schlanke Fesseln und schöne Brüste sind, bedeuten den Jungen schmale Hüften, ein breites Kreuz und starke Arme. Und geben die Muskeln noch nicht genügend her, tun's zu gegebenem Anlaß auch der angehaltene Atem, ein betont federnder Gang oder übermäßiger Alkohol- und Nikotinkonsum: Ich werde sowieso nicht älter als dreißig! (Der Spruch ist keineswegs überholt.) Am besten fahren Jungen, die sportlich sind, lässig und rebellisch. Und sie sollten mindestens einen fahrbaren Untersatz haben, sonst sinken ihre Chancen bei den Mädchen beträchtlich.

Beide bieten sich gegenseitig an, und doch zielen die Bemühungen der Mädchen eher darauf, von den Jungen genommen zu werden, während die Jungen darauf hoffen, daß die Mädchen ihnen erlauben, sie zu nehmen. Den Jungen fällt dabei die Aufgabe zu, Schutz zu bieten (durch ein breites Kreuz), Grenzen zu sprengen (durch Rebellentum) und das Tor zur Freiheit aufzustoßen (auf dem Moped bzw. im Auto). Das allseits begehrte schöne Mädchen ist dem komplementären Muster nach der Preis für all diese Mühen. Sie ist für die Verbalisierung von Gefühlen zuständig, und sollte der Junge einmal über die Stränge schlagen, muß sie – als die Vernünftige – ihrem übermütigen Helden den Kopf waschen.

Wenn du mit 15 Jahren die Möglichkeit gehabt hättest, deinen Körper nach deinen Vorstellungen zu verändern, was hättest du verändert?

(Mehrfachnennungen) Abgesehen davon, daß alle Befragten, die schon damals eine Brille tragen mußten, sich bessere Augen gewünscht hätten, und jene, die Locken hatten, gerne glatte Haare gehabt hätten (und umgekehrt), deuteten die Antworten der Frauen und Männer in komplett entgegengesetzte Richtungen: 53 % der Frauen wären damals gerne schlanker gewesen (Beine und Po), 18 % hätten gerne größere

Brüste, 15 % lieber kleinere Brüste gehabt. 55 % der Männer hätten sich damals mehr Muskeln gewünscht, 32 % wären gerne größer gewesen.

Geht man von klassisch weiblichen und männlichen Körperformen aus, wären die Mädchen also lieber weniger weiblich-üppig, die Jungen dagegen lieber mehr männlich-markant gewesen. Insgesamt standen die Mädchen ihrem Körper kritischer und negativer gegenüber: Keine einzige Frau, aber sieben Männer (22 %) gaben an, bis auf Kleinigkeiten «ganz zufrieden» mit sich gewesen zu sein.

Im Vergleich zu den Mädchen tun sich Jungen äußerst schwer, Empfindungen wie Begeisterung, Lob oder spontane Freude auszusprechen. Andere Gefühle als Wut oder (scheinbare) Gelassenheit auszudrücken ist weitgehend Sache der Mädchen. Sie sind wesentlich mehr als Jungen an romantischen Liebes- und Beziehungsgeschichten interessiert, beispielsweise in Filmen oder in der Literatur. Jungen bevorzugen dagegen Action und Abenteuer – alles, nur keine Romantik. (vgl. Heinz Bonfadelli / Angela Fritz 1993, S. 169 f.)

Auch im Fanverhalten gegenüber ihren Musiklieblingen unterscheiden sich Mädchen und Jungen gemäß unveränderter Rollenbilder. Mädchen himmeln ihre männlichen Lieblinge an. Sie wollen von ihnen gesehen werden und träumen davon, die erotische Gunst ihrer Stars zu erlangen, denn: Die gleichaltrigen Jungs sind ja sooo doof ... Auch Jungen himmeln ihre Lieblinge an. Aber sie wollen weniger von ihnen gesehen werden, als sich mit ihnen identifizieren, was zum Beispiel das in Konzerten ausschließlich bei Jungen zu beobachtende ‹Luftgitarrenspiel› bezeugt. Sie wollen so sein wie ihre Stars, damit sie davon träumen können, wie jene von den Mädchen begehrt zu werden. Zwar bieten sich als rotzfrech inszenierte Gruppen wie Tic, Tac, Toe auch den Mädchen zur Identifikation an. Im weitgehend von männlichen Stars (und ‹Machern›) beherrschten internationalen Popgeschäft spielen sie jedoch nur eine kleine Rolle. Von der Regel bilden sie lediglich Ausnahmen, die es schon immer gegeben hat.

Daß Jungen angesichts einer Girlie-Band völlig aus dem Häuschen geraten, ist nur schwer vorstellbar, und das ist mit ein Grund, weshalb, von wenigen Ausnahmen abgesehen, Frauenbands nur mäßigen kommerziellen Erfolg haben. Anders als so manches Mädchen, das im Konzert ihrem geliebten Star zuruft ‹Dennis, ich möchte ein Kind von dir!› und womöglich ein Höschen von sich auf die Bühne wirft (das kommt gar nicht so selten vor), wird man es wahrscheinlich nie erleben, daß ein Junge der Leadsängerin zukreischte: Linda, ich möchte dir ein Kind machen! Und schon gar nicht würde er sich trauen, ihr eine seiner Unterhosen anzuvertrauen.

Alter 15 Jahre: Welche Eigenschaften besaß damals jenes Mädchen, das als Favoritin bei den Jungen galt?

(Mehrfachnennungen) In dieser Frage waren sich die Geschlechter ziemlich einig. 79 % (Frauen) bzw. 74 % (Männer) der Antworten entfielen auf das «schöne, erotische, freche und selbstbewußte Mädchen mit langen (blonden) Haaren». Die Männer nannten zusätzlich noch zehnmal (32 %) «unerreichbar, geheimnisvoll».

Alter 15 Jahre: Welche Eigenschaften besaß damals jener Junge, der als Favorit bei den Mädchen galt?

(Mehrfachnennungen) Auch in dieser Frage herrschte große Einigkeit. 71 % (Frauen) bzw. 78 % (Männer) der Antworten entfielen auf den Jungen, der «hübsch, groß, stark und älter (sexuell erfahren) war und eine große Klappe hatte». Bei den Frauen kam noch achtmal (25 %) «unternehmungslustig» hinzu, bei den Männern zwölfmal (39 %) «sportlich». Die Eigenschaft «schlau, intelligent» wurde jeweils nur dreimal (10 %) genannt.

Das schüchtern-unterwürfige Mädchen und der verständnisvoll zuhörende Junge waren offenbar nicht sonderlich angesagt.

Welche Entwicklungsaufgaben Mädchen und Jungen nach
Ansicht der öffentlichen Sexualerziehung in der Pubertät bewältigen sollen, zeigt der Blick in ein zufällig zur Hand genom-
menes Schulbuch: «Biologie», Schroedel Verlag 1992. (vgl.
Die Prinzenrolle, S. 352f.)

«*Die Menstruation*», heißt es dort, «*ist ein natürlicher Vorgang, der anzeigt, daß das Mädchen geschlechtsreif geworden ist und schwanger werden kann.*» Bei der entsprechenden
Formulierung über die Jungen fehlt der Hinweis auf ihre Zeugungsfähigkeit: «*Die erste Pollution ist ein natürlicher Vorgang und ein sicherer Beweis dafür, daß der Junge geschlechtsreif geworden ist.*»

In einer zweiten Definition der Geschlechtsreife heißt es an
anderer Stelle: «*Beim Jungen beginnt die Pubertät etwa mit
dem zwölften Lebensjahr. Es dauert mehrere Jahre, bis der
Junge zum Mann geworden ist. Er ist dann geschlechtsreif und
kann Kinder zeugen.*» Demnach setzt die Zeugungsfähigkeit
also frühestens mit dem Ende der Pubertät ein. Abgesehen davon, daß diese Information falsch ist, erhalten Jungen die fol-
genreiche Botschaft: Für den pubertären Hausgebrauch gilt
ein Junge als geschlechtsreif, wenn er masturbieren und ejakulieren kann. Seine Fruchtbarkeit soll er sich für später aufheben, wenn er denn, auf welchem Weg auch immer, zu einem
richtigen Mann geworden ist. Seine Zeugungsfähigkeit wird
nicht als körperliche Potenz und Teil seiner Mann-Werdung
beschrieben, sondern als soziales Konstrukt einer fernen erwachsenen Männlichkeit.

Den unterschiedlichen Definitionen der Geschlechtsreife
entsprechen auch unterschiedliche Informationen über Se-

xualität. Zum Interesse der Jungen am Sex schreibt das Biologiebuch: «*In zunehmendem Maße werden sich die Jungen ihrer Geschlechtlichkeit bewußt. Immer mehr richtet sich ihre Aufmerksamkeit auf ihre eigenen Geschlechtsorgane. Der Geschlechtstrieb entwickelt sich und mit ihm das sexuelle Interesse.*»

Die entsprechende Formulierung über die Mädchen lautet: «*Die Mädchen nehmen die bei ihnen vorgehenden körperlichen Veränderungen wahr und interessieren sich zunehmend für geschlechtliche Fragen. Es entwickelt sich wie beim Jungen der Geschlechtstrieb.*»

Während die Jungen sich also ihrer Geschlechtlichkeit bewußt werden, interessieren sich die Mädchen zunehmend für geschlechtliche Fragen. Ein bedeutsamer Unterschied. So richtet sich die Aufmerksamkeit der Jungen denn auch «*auf die eigenen Geschlechtsorgane*», während die Mädchen sich lediglich gedanklich mit sich und den Jungen beschäftigen sollen. Ihr Körper hat nicht in erster Linie für sie selbst wichtig zu sein, sondern vor allem im Hinblick auf ihre Chancen bei den Jungen.

Immerhin gestehen die Autoren des Biologiebuches auch den Mädchen einen sich entwickelnden «*Geschlechtstrieb*» zu. Während sich aber bei den Jungen aus diesem Geschlechtstrieb «*sexuelles Interesse*» entwickelt, heißt der nächste Satz für die Mädchen: «*Besonders Mädchen sind in dieser Zeit durch sogenannte Verführer gefährdet, die sich im allgemeinen sehr kinderfreundlich zeigen.*» Es folgt eine detaillierte Schilderung von «*kranken Triebtätern*», Vergewaltigung und Sexualmord. Andere Möglichkeiten, was aus dem Sexualtrieb der Mädchen werden könnte, werden nicht vorgestellt.

Das angesprochene Biologiebuch muß als repräsentativ angesehen werden. Der Soziologe Michael Schetsche und die Sexualpädagogin Renate-Berenike Schmidt (1996) beschäftigen sich in ihrem Aufsatz «Ein ‹dunkler Drang aus dem Leibe›» mit der Geschichte des Masturbationsverbots für Kinder und Jugendliche, das erst im Laufe des 18. und insbesondere im 19. Jahrhundert explizites Thema der öffentlichen Sexualerziehung wurde und sich im Sinne von «Finsternis, Sünd' und Elend» bis in die sechziger Jahre des 20. Jahrhunderts nahezu unverändert gehalten hat. Erst in den siebziger Jahren liberalisierte sich die Behandlung des Themas in den Schulbüchern – zumindest ein wenig: In der Regel wurde die Selbstbefriedigung nun nicht mehr scharf verurteilt, sondern als eine vorübergehende Entwicklungserscheinung ohne Eigenwert dargestellt, die allerdings zu seelischen Schäden führe, wenn sie im Übermaß betrieben würde – wovon sich selbstredend vor allem die Jungen angesprochen fühlen sollten. Anders als zu erwarten gewesen wäre, schritt die Liberalisierung in der Folgezeit keineswegs fort, im Gegenteil. Gab es in den siebziger Jahren wenigstens hier und da ein paar wohlwollende und freizügige Hinweise zur Selbstbefriedigung, wurden sie in späteren Ausgaben wieder gestrichen.

1974 hieß es in «CVK Humanbiologie»: *«Es ist natürlich, daß der Heranwachsende (...) ab und zu seine Geschlechtsorgane selbst reizt, um damit eine lustvolle Befriedigung seines Sexualtriebes zu erreichen. Diese Selbstbefriedigung nennt man auch Masturbation oder Onanie. Für das Mädchen oder die heranwachsende junge Frau gilt sinngemäß dasselbe. Auch sie erfährt durch sanfte Berührung der Geschlechtsorgane, vor allem der Klitoris, ein Lustgefühl, das sich über den ganzen Körper ausbreitet, zu einem Höhepunkt und schließlich zur Entspannung führt.»* Zwölf Jahre später suchte man diesen Abschnitt in der überarbeiteten Neuauflage («Humanbiologie» 1986) vergebens.

Michael Schetsche und Renate-Berenike Schmidt betonen, daß auch die Aids-Prävention der achtziger und neunziger Jahre nicht zu einer Enttabuisierung sexueller Themen geführt habe, und fassen zusammen: «In den ab 1986 erschienenen Biologiebüchern für die Sekundarstufe I ist die Lust am eigenen Körper das mit Abstand größte Tabu.» (S. 9)

Nicht nur in Schulbüchern, sondern auch in den meisten von der öffentlichen Hand finanzierten sexualpädagogischen Medien wurde zu Beginn der achtziger Jahre ein Rollback eingeleitet. Es fing damit an, daß Heiner Geißler als Sozialminister der neuen christlich-liberalen Koalition das von seinem Ministerium herausgegebene «Betrifft Sexualität» einstampfen ließ. Seine Nachfolgerin Rita Süßmuth gab neues Aufklärungsmaterial in Auftrag, das nach seiner Fertigstellung 1988 jedoch nie ausgeliefert wurde. Vermutlich war es zu ansprechend. Erst Ende 1993 konnten die beauftragten Autorinnen und Autoren die Ergebnisse ihrer Arbeit vom Ministerium loseisen und unter eigenem Namen im Beltz Verlag veröffentlichen (Uwe Sielert u. a.: Sexualpädagogische Materialien 1993).

Inzwischen war die dem Gesundheitsministerium unterstellte «Bundeszentrale für gesundheitliche Aufklärung» (BZgA) für die Entwicklung sexualpädagogischer Broschüren zuständig. Im September 1994 erschien das schön gemachte, aber im Grunde recht brave «Starke Mädchen» – und mußte nach wenigen Wochen auf Druck kirchlich-politischer Kreise wieder zurückgezogen werden. Offiziell wurde eine verfassungsrechtlich bedenkliche Textpassage zum Thema Schwangerschaftsabbruch beanstandet. Wie den eifrigen Kritikerinnen und Kritikern zu entnehmen war, störte sie jedoch vor allem die sexuell-emanzipatorische Grundhaltung des Heftes. Sie konnten zwar nicht verhindern, daß die Broschüre später erneut aufgelegt wurde, doch sie ist in der überarbeiteten Fassung – gerade was die Lust am eigenen Körper anbetrifft – abgeschliffen und damit noch ein wenig braver geworden.

Ein Jahr zuvor war es der frechen Broschüre «Let's talk about sex» ähnlich ergangen, die von der «Landeszentrale für Gesundheitsförderung in Rheinland-Pfalz» herausgegeben worden war. Innerhalb kürzester Zeit war nicht nur die Erstauflage von 30000 Exemplaren vergriffen, sondern auch ein (parteipolitischer) Kulturkampf entbrannt, in dem auf konservativer Seite die Rede war von «bewußter Förderung einer Sprachverwilderung und einer dazugehörenden Verrohung der menschlichen Beziehungen». (Landesbischof Karl Lehmann; vgl. Rainer Neutzling 1994) Eine Neuauflage wurde untersagt. Dabei hatte in dem Heft bloß jedes Ding einen Namen erhalten, um der sexuellen Sprachlosigkeit vieler Jugendlicher entgegenzuwirken – wovon man sich inzwischen wieder überzeugen kann: Wie die «Sexualpädagogischen Materialien» wurde auch «Let's talk about sex» an einen privatwirtschaftlichen Verlag abgetreten (Friedrich Verlag, Seelze 1996). Das ist einerseits zwar erfreulich, andererseits jedoch schlecht, denn im Gegensatz zu den öffentlichen Institutionen, die ihre Broschüren kostenlos verteilen, erreichen die Privatverlage nur eine Minderheit der Jugendlichen. So mag es zwar einige gute sexualpädagogische Medien geben, das Gros der Jugendlichen erfährt davon jedoch nie etwas.

Mit welchen spärlichen Worten bzw. beredtem Schweigen eine essentielle Lebensäußerung wie die sexuelle Lust auch immer bedacht wird, breiten Raum nehmen stets detaillierte Schilderungen der Vorgänge im Mutterbauch ein. Im besagten Schulbuch «Biologie» folgen nach einem knappen Verweis auf die besonderen Umstände der Befruchtung einer Eizelle vier Seiten über die Themen Schwangerschaft, Geburt und Neugeborene, in denen ausschließlich von der Mutter die Rede ist. Kein Wunder, daß sich vor allem die Mädchen für einen verantwortungsbewußten Umgang mit ihrer Fruchtbarkeit in die Pflicht genommen fühlen. Zwar bemühen sich auch die Jungen zunehmend, ihren Beitrag zu leisten: In der Studie von Gunter Schmidt (1993) gaben im Westen mehr als die Hälfte der 16- bis 17jährigen Jungen an, beim ersten Mal Präservative benutzt zu haben, im Osten waren es 32 Prozent. Bei einer Untersuchung der BZgA (1996) wurden bei den Jungen in ganz

Deutschland 56 Prozent ermittelt. Doch nach einer gewissen Zeit und weiteren Erfahrungen bevorzugen beide Geschlechter eindeutig die «Pille», also ein Mittel, das in den Körper der Mädchen eingreift. (vgl. Tabelle Seite 180)

Populär ist die Klage, daß sich darin das nur wenig ausgeprägte Verantwortungsgefühl der Jungen für Verhütungsfragen widerspiegele. Ihre Bereitschaft, Präservative zu benutzen, kommt einer Charakterfrage gleich. Schließlich sei es doch so einfach, ein Kondom überzustreifen. Die Verhütungsaufklärung für Jungen beschränkt sich jedoch – falls sie überhaupt stattfinden darf – in der Regel darauf, daß sie an einem Holzphallus ausprobieren sollen, ein Kondom abzurollen. Abgesehen davon, daß sich im Holzphallus eine äußerst merkwürdige Vorstellung männlicher Körperlichkeit manifestiert, werden bei dieser Vorgehensweise die häufig auftretenden und durchaus angemessenen Erektionsschwächen der Jungen während ihres ersten Mals nicht nur ignoriert, sondern auch als problembehaftetes Thema tabuisiert.

Was hast du empfunden, als du das erste Mal mit einem Präservativ verhütet und es angefaßt hast?

(Mehrfachnennungen) 48 % der Frauen empfanden das Präservativ damals als «fremd und künstlich». 16 % hatten «keine Probleme» damit. 25 % fanden den Umgang mit dem Kondom als «irgendwie lustig». Anders war es den Jungen ergangen: Nur 10 % der Männer gaben an, damit «keine Probleme» gehabt zu haben. Darüber hinaus erinnerte kein einziger irgend etwas Positives in diesem Zusammenhang. 55 % empfanden das Präservativ als «unangenehm und lusthemmend». Hinzu kamen weitere 32 %, die «Sorge um das richtige Funktionieren» hatten.

Wer heute Jugendlichen Präservative als einfach zu handhabende Verhütungsmittel anpreist, sollte sich vorher noch einmal der eigenen Schwierigkeiten erinnern und sie möglichst nicht verschweigen. Vor allem die Jungen wären dann sicherlich besser beraten. Es geht nicht darum, sie abzuschrecken, sondern um die Botschaft, daß die Anwendung von Präservativen erst erlernt werden muß.

Jungen fällt es schwer, ihre Fruchtbarkeit und Zeugungsfähigkeit zu begreifen, und die gängige Sexualaufklärung ist dafür mitverantwortlich. Durch das einseitige Augenmerk für die Vorgänge im weiblichen Körper bei Befruchtung, Schwangerschaft und Geburt sowie die unvermindert starke Betonung der besonderen Bedeutung mütterlicher Zuwendung während der ersten Lebensjahre eines Kindes wird der Anteil der Jungen am «Wunder des Lebens» auf den eines lüsternen Samenlieferanten reduziert. Ihnen wird auch die altersgemäße Auseinandersetzung mit ihrer generativen Potenz vorenthalten bzw. erschwert.

Der weiblichen Initiation in die Welt der Tampons entspricht die männliche Initiation in die Welt der Tempotaschentücher, in der das Sperma nur ein leidiges Entsorgungsproblem aufwirft und nicht gerade Phantasien von der eigenen Fruchtbarkeit beflügelt. Sie wird von den Jungen vor allem im Rahmen sexuellen Potenzerlebens wahrgenommen: Wer tolle Erektionen hat und kräftig ejakuliert, der wird wohl auch fruchtbar sein! Darüber hinaus bleibt die eigene Fruchtbarkeit seltsam abstrakt. Es gilt sich einmal vorzustellen, welchen Unterschied es machte, wenn ein Junge statt einer ungeplanten Mutterschaft des Mädchens die eigene ungewollte Vaterschaft verhütete.

Wie wir von Gynäkologinnen erfahren haben, wissen auch heute noch erschreckend viele Mädchen sehr wenig über ihren Körper. Ihre Kenntnisse über die inneren und äußeren Geschlechtsorgane sind häufig sehr theoretisch; die Scham, sich selbst zu erkunden, ist stark ausgeprägt, und auch die Bereitschaft, sich bei Beschwerden gynäkologisch untersuchen zu lassen, ist geringer, als gemeinhin angenommen wird.

Bei den Jungen sieht es in dieser Hinsicht noch schlechter aus. Ein Junge erfährt so gut wie nichts über die inneren Vorgänge seines Körpers. Über diesen merkwürdig klebrigen Saft Ejakulat verliert niemand eingehendere Worte. Er erfährt nichts über die Empfindlichkeit seiner Prostata, nichts über die besonderen, von Wärme und Kälte abhängigen Reaktionen seiner Hoden, nichts über die Zusammenhänge bzw. Unterschiede von Orgasmus und Ejakulation. Spezifisch männliche Merkmale und Eigenarten bleiben ein Buch mit sieben Siegeln – und das leider oft für immer. Bevor ein Junge oder ein Mann zum Urologen geht, muß es ihm schon sehr schlecht gehen. Und wer hat schon davon gehört, daß ein Mann, ein Vater, ein Lehrer oder Erzieher einmal mit einem Jungen eine Exkursion zu einem netten Urologen gemacht hätte, oder zu einer Samenbank? Dort könnte man sich Sperma unter einem Mikroskop ansehen, oder der Urologe könnte dem Jungen erklären, was ein Samentest ist oder daß man die Prostata durch den Anus ertasten kann und so weiter und so fort. Fakt ist, daß sich nicht wenige Jungen in der Pubertät enorm über Veränderungen ihres Körpers ängstigen – zum Beispiel über Pendelhoden, Brustdrüsenschwellungen (Gynäkomastie) oder Verdickungen im Hodensack (Varikozele, Hydrozele, Spermatozele), ohne mit jemandem darüber zu reden. Oft ist es später dem Musterungsarzt vorbehalten, den jungen Mann zum Facharzt zu schicken.

Auch vor dem Hintergrund des unterschiedlichen Zugangs zur Fruchtbarkeit läßt sich erklären, weshalb eine Jugendliche, die fröhlich und unbefangen sexuelle Erfahrungen sammelt, auch heute noch Gefahr läuft, in den Ruf eines ‹Flittchens› zu geraten. Solche «kleinen schmutzigen Mädchen» – um noch einmal das Gegenbild zum «zartbesaiteten Jungen» aufzugreifen – taugen letzten Endes nicht zum Verlieben. Daß sie womöglich ihre Lust ganz selbstverständlich ausleben, verleiht ihnen eine seltsam ängstigende Autonomie und bringt sie gegenüber den auf sie wartenden, wichtigeren – mütterlichen – Aufgaben in Mißkredit.

Anders die Jungen: Sie stehen geradezu unter Beweisdruck, möglichst viele sexuelle Eroberungen verbuchen zu können, damit sie attraktiv erscheinen. Eine hohe Koitusrate mit möglichst vielen unterschiedlichen Partnerinnen wertet Jungen vor allem aus zwei Gründen auf:

Ein in dieser Hinsicht ‹erfolgreicher› Junge hat nicht nur den Beweis erbracht, daß er viele Mädchen herumgekriegt hat. Er ist also so toll, daß die Mädchen das Gebot zur Zurückhaltung einfach sausenlassen. Er signalisiert darüber hinaus, daß er viel geübt hat. Und dieses Üben ist wichtig, weil er in den Augen der meisten gleichaltrigen Mädchen als unreif und in Fragen der Liebestechnik als ungeschickt gilt. Vor allem vor dem Hintergrund dieses Mythos bevorzugen viele Mädchen ältere Jungen. In der Studie von Gunter Schmidt u. a. war rund ein Drittel ihrer Partner drei und mehr Jahre älter als sie selbst. Bei ihrem ersten Mal hatten sogar 60 Prozent der Mädchen einen älteren Partner. Zum Vergleich: Nur 17 Prozent der Jungen hatten eine ältere Partnerin.

Wie viele Jahre älter bzw. jünger war der / die Partner / Partnerin bei deinem ersten Geschlechtsverkehr?

Unsere Befragung bestätigt diese Ergebnisse – allerdings mit einer überraschenden Ausnahme: Erwartungsgemäß waren 78 % der Frauen damals jünger als ihre Partner. Über ein Drittel dieser Mädchen war sogar mehr als vier Jahre jünger. Umgekehrt waren jedoch nur knappe 50 % der Jungen älter als ihre Partnerin, 42 % waren jünger. Und: Je älter die Partnerin war, desto eher gaben die befragten Männer an, zu ihrem ersten Mal mehr oder weniger «verführt» worden zu sein.

Es wird häufig behauptet, Mädchen seien im Schnitt nicht nur körperlich, sondern auch seelisch früher reif als Jungen. Deshalb läge es auch nahe, daß die Mädchen eher ältere Jungen als Liebespartner wählten. Wir möchten dem widersprechen, denn im Grunde passen sich die Mädchen lediglich früher als die Jungen den gängigen Normen der Erwachsenenwelt an. Sie gelten als vernünftiger, und sicher bemühen sie sich auch, endlich einmal ‹weiter› zu sein als die gleichaltrigen Jungen. Schließlich vermag sie dieser Triumph zumindest kurzfristig über so manche Schmach und sexistische Demütigung hinwegzutrösten. Auch Statusfragen spielen eine wichtige Rolle, denn ein älterer Junge, der als reif und erfahren phantasiert wird, wertet ein Mädchen in dessen Weiblichkeit auf. Mit ihm und durch ihn hofft sie zur Frau zu werden – womit sie wieder die klassisch aufschauende Position einnimmt.

Im Anschluß an Lesungen aus dem Jugendroman «Herzkasper», die häufig auf Vermittlung von Pro Familia in Schulen stattfinden, werden gelegentlich sexualpädagogisch angeleitete Gesprächsgruppen angeboten. Und immer wieder kommt es vor, daß sich die im Schnitt fünfzehnjährigen Mädchen und Jungen gegenseitig vorhalten, nur an Sex interessiert zu sein. Daß die Mädchen den Jungen das unterstellen, entspricht dem Klischee von der größeren männlichen Triebhaftigkeit. Daß aber auch die Jungen die Mädchen diesbezüglich verdächtigen, war zunächst überraschend. Allerdings bietet sich für dieses Phänomen eine einfache Erklärung an: Da es viele der Mädchen zu den älteren Jungen hinzieht, erleben sie nicht selten, daß jene sie dann unter Druck setzen, endlich ‹zur Sache› zu kommen. Währenddessen leiden die gleichaltrigen Jungs darunter, von den Mädchen als ‹unerfahrene Bubis› abqualifiziert zu werden, und haben dafür keine andere Erklärung, als daß sie sich nur deshalb für die älteren Jungen interessieren, weil jene ihnen erfahrenen Sex versprechen.

Die erste Menstruation und der erste Samenerguß sind nicht nur im Hinblick auf die Fruchtbarkeit von Bedeutung, sondern auch unter dem Aspekt der Lust.

Für das seelische Gleichgewicht der Jungen erfüllt die exklusiv männliche Fähigkeit, Samen ejakulieren zu können, eine wichtige positive Funktion. Der Samenerguß verschafft ihnen fortan die Gewißheit, endlich und eindeutig dem männlichen Geschlecht anzugehören. Anders jedoch als Mädchen, deren Menstruation sich später nach einem festen hormonellen Zeitplan jeden Monat einstellen wird, können Jungen diesen Geschlechtsnachweis willentlich herbeiführen – und die Mehrheit der Jungen tut das auch: Etwa zwei Drittel der in der Studie von Gunter Schmidt befragten Jungen haben ihren ersten Orgasmus durch Masturbation erlebt. Bei den Mädchen waren es nur 17 % bzw. 29 %. (Tabelle)

So wie die Dinge liegen, hat der sexuell initiatorische Charakter der Menarche für die Mädchen nur wenig mit Lust zu tun. Autorinnen wie die Psychoanalytikerin Ruth Waldeck (1993) betonen jedoch, daß die Tatsache des Blutens eigentlich mehr für als gegen sexuelles Lustempfinden spricht: «In den Tagen zuvor und in den ersten Tagen der Blutung sind Becken und Genitalien stärker durchblutet als in allen anderen Zyklusphasen. Die Menstruation begünstigt also die Möglichkeit zu leichterer sexueller Erregbarkeit und zu intensivem sexuellem Genuß.» (S. 193) Zumindest «vom Physiologischen her» schrankt sie dann ein. Denn: «Das Menstruationsblut galt bisher in allen Gesellschaften als unrein und gefährlich, und diese Behauptung genügte wohl meistens, um das Mädchen vom Berühren des Blutes und der Vulva abzuhalten (...) Die junge Frau kann und darf sich nicht anfassen, nicht streicheln, nicht fühlen. Sie kann nicht erkunden, woher das Blut kommt, wie es sich anfühlt, riecht und schmeckt, sie kann also die gesellschaftliche Behauptung der Unreinheit und Gefährlichkeit des Blutes nicht in Frage stellen. Außerdem kann sie den vielleicht schmerzhaften, vielleicht auch erregenden Empfindungen bei der Blutung nicht durch Tasten, Massieren oder Selbstbefriedigung nachgehen». (S. 187)

Daß ein positiver Zusammenhang zwischen unbefangenem Zugang zur eigenen Lust und einem entspannten Verhältnis zur Menstruation besteht, beweisen zwei Studien. Monika Friedrich (1993) stellte bei einer Befragung von mehr als 250 15- bis 16jährigen Mädchen fest, daß etwa die Hälfte von ihnen im Zusammenhang mit ihrer Menstruation unter mehr oder weniger ausgeprägten psychosomatischen Beschwerden litt, wovon jene Mädchen, die sich selbst befriedigten, deutlich seltener betroffen waren: «Alle Mädchen, die sich positiv zur Selbstbefriedigung äußern, selbst wenn sie keine Erfahrung damit haben, betonen ebenfalls eine positive Einstellung zu ihrer Befindlichkeit während der Menstruation.» (S. 249) Die BZgA-Studie (1996) erbrachte ein ähnliches Ergebnis: «Von den befragten Mädchen mit Masturbationserfahrungen ohne schlechtes Gewissen gaben 70 % an, ihre Regelblutung positiv zu erleben. Von den Mädchen, die Schuldgefühle dabei haben, waren es nur 30 %.» (S. 32)

Trotz allem ist es relativ leicht vorstellbar (und der Versuch dazu wird heute nicht selten unternommen), daß eine Mutter die Menarche ihrer Tochter in intimer Zweisamkeit von Frau zu Frau feiern könnte – je nachdem, welches Verhältnis die beiden miteinander haben. Als seltsam sperrig erweist sich dagegen die Vorstellung, daß ein Vater den ersten Samenerguß seines Sohnes mit ihm bei einem schönen Abendessen «unter Männern» feiern würde. Der sexuelle Lustaspekt und die männlich identifizierte sexuelle Triebhaftigkeit, die mit der Masturbation verbunden werden, stehen dem im Wege.

Wie war es für dich, als du mit deiner Mutter über deine erste Menstruation / deinen ersten Samenerguß geredet hast?

87 % der Mädchen haben damals mit der Mutter über die Menarche geredet. Davon haben 40 % ein «gutes, verständnisvolles» Gespräch erlebt, 10 % ein «schönes, feierliches» und 50 % ein «vor allem peinliches». Kein einziger Mann hatte als Junge mit seiner Mutter darüber geredet. 90 % hätten auch nicht mit ihr darüber sprechen wollen.

Wie war es für dich, als du mit deinem Vater über deine erste Menstruation / deinen ersten Samenerguß geredet hast?

37 % der Mädchen haben damals mit ihrem Vater darüber geredet, wovon zwei Drittel das Gespräch «gut, freundlich» und die anderen «vor allem peinlich» fanden. 16 % glaubten, daß die Menarche «kein Thema» für den Vater war, für 38 % wäre ein Gespräch «vor allem peinlich» gewesen, und 9 % hätten sich ein Gespräch mit dem Vater «vielleicht ganz gut» vorstellen können. Von den Männern hat kein einziger als Junge mit dem Vater über seinen ersten Samenerguß gesprochen. Für die überwiegende Mehrheit wäre ein solches Gespräch «unvorstellbar» bzw. «vor allem peinlich» gewesen. Immerhin ein Viertel hätte sich ein «sachliches, vielleicht ganz schönes und interessantes» Gespräch mit dem Vater vorstellen können.

Bemerkenswert an diesen Ergebnissen ist zum einen, daß nur eine Minderheit der zum ersten Mal menstruierenden Mädchen positive Erfahrungen mit der Mutter gemacht hat, und zum anderen, daß die Jungen mit der seelischen Verarbeitung ihres ersten Samenergusses komplett allein waren. Daß sich daran bis heute nichts geändert hat, zeigt die BZgA-Studie: Unter der Rubrik «Mit den Eltern behandelte Themen» werden zahlreiche Gesprächsstoffe, wie sexuelle Praktiken, Homosexualität, Verhütung, Geschlechtskrankheiten etc., aufgelistet. Der erste Samenerguß findet sich nicht darunter. Dagegen gaben 85 % der Mädchen (und 34 % der Jungen) an, mit den Eltern über die Regel und den Eisprung geredet zu haben.

Eltern sollten sich nicht in alle intimen Angelegenheiten ihrer Kinder einmischen. Die Gründlichkeit, mit der das Thema «erster Samenerguß» und damit die leiblich konkrete Fruchtbarkeit der Jungen vermieden wird, zeigt jedoch, wie stark der Zusammenhang von Lust und Fruchtbarkeit tabuisiert ist – was sich auch auf das Menstruationserleben der Mädchen auswirkt.

Manche Jungen protzen gerade in den Anfängen ihrer Pubertät auf einer zotigen Ebene mit ihren Leistungen beim Masturbieren, aber das läßt gewöhnlich bald nach. Denn ein Junge, der noch mit sechzehn herumprahlte, Weltmeister in dieser Disziplin zu sein, outete sich als «junger Spritzer», der das offenbar noch nötig hat. Öffentlich darf der männliche Samen ebensowenig sein wie das weibliche Menstruationsblut. Und immer noch plagen sich viele Jungen mit heftigen Masturbationsskrupeln wegen ihrer häufig als schmutzig empfundenen Lust herum. (In der BZgA-Studie waren es 28 Prozent der Jungen) Zwar haben sie im Gegensatz zu den Mädchen mit «Wichsen» immerhin einen Namen für ihre Selbstbefriedigung; dennoch bleiben die meisten auf ihren Sorgen allein sitzen.

Wie war es damals, mit der besten Freundin / dem besten Freund über Selbstbefriedigung zu reden?

Bis auf drei Ausnahmen gaben alle Frauen an, nie mit einer Freundin über Selbstbefriedigung geredet zu haben, weil es tabu gewesen war. Aus den Begründungen geht deutlich hervor, daß die meisten sich schon in der Pubertät selbst befriedigt hatten. Zwei der drei Ausnahmen «schämten» sich bei dem Gespräch, nur eine fand es «amüsant». Auch für fast die Hälfte der Männer hatte es in der Pubertät kein Gespräch mit Freunden darüber gegeben. Fünf (16 %) der befragten Männer war das Gespräch als «peinlich» in Erinnerung, immerhin zwölf (39 %) fanden es «aufregend und / oder tröstlich».

Nach Auskunft von Sexualpädagogen und -pädagoginnen hat sich daran bis heute kaum Wesentliches geändert.

Alle Untersuchungen über das Masturbationsverhalten Jugendlicher kommen zu dem Ergebnis, daß mehr Jungen als Mädchen masturbieren. Sie fangen im Schnitt früher damit an, und sie tun es häufiger. (Tabelle) Es macht also keine Mühe, aus den statistischen Befragungen eine größere Triebhaftigkeit der Jungen herauszulesen.

Die meisten Menschen glauben, daß die Natur den Jungen und Männern einen stärkeren Sexualtrieb verpaßt hat als den Mädchen und Frauen. Zu bedenken ist jedoch, daß die Mädchen unter dem Gebot zum Passivsein mehr als die Jungen vom sexuellen Lusterleben abgeschnitten werden, während die Jungen sich vom Gebot zum Aktivsein mehr als Mädchen getrieben fühlen. In der Literatur gibt es keine Hinweise darauf, daß weibliche Säuglinge und Kleinkinder weniger lustvoll an ihrem Geschlecht spielen als die männlichen – wenn man/frau die Mädchen läßt. Später masturbiert immerhin fast die Hälfte der 16- bis 17jährigen Mädchen, die andere Hälfte tut es nicht. Niemand wird jedoch behaupten können, daß die aktive Hälfte der Mädchen von Natur aus triebhafter sei als die passive Hälfte. Außerdem geht aus Vergleichsstudien der letzten drei Jahrzehnte hervor, daß sich das Masturbationsverhalten der Mädchen in dieser Zeit stärker gewandelt hat als das der Jungen. (Tabelle) Mädchen masturbieren also heute mehr als früher – oder geben es eher zu.

Wenn Mädchen heute im Schnitt immer noch weniger masturbieren als Jungen, dann spielt die bloße Biologie keine Rolle. Verantwortlich sind unterschiedliche Körperkonzepte, die sich aus der geschlechtsspezifischen Erziehung und der daraus resultierenden Rollenaufteilung in der Sexualität ergeben. Mädchen werden im Hinblick auf ihre sexuelle Lust als zu selbst-los erzogen. Wenn Jungen zugeben, daß sie masturbieren, dann gestehen sie lediglich ein, regelmäßig der Macht ihres männlich-starken Triebes zu erliegen. Täten Mädchen es ihnen gleich, reklamierten sie für sich nicht nur eine ebenso starke weibliche Lust, sondern auch eine sexuelle Autonomie, die ihrer Geschlechtsrolle widerspricht. Sie rückten in die Nähe der (schmutzigen) Jungen und liefen Gefahr, kein ‹richtiges› Mädchen mehr zu sein. Es gehört zu ihrem Rollenauftrag, sexuelle Ängste und Wünsche als romantisches Schwärmen zu kultivieren und die Erforschung ihrer Lustzentren ‹erfahrenen› Jungen zu überlassen – denen dann gar nichts anderes übrigbleibt, als diesen ‹Job› anzunehmen und ihr Glück zu versuchen.

Sexualpädagoginnen haben uns berichtet, daß Mädchen von sich aus über fast alles reden wollen, etwa über unterschiedliche Sexualpraktiken von Fellatio bis Analverkehr, nur nicht über Selbstbefriedigung. Auch heute noch ist die Selbstbefriedigung für Mädchen extrem tabuisiert.

Nach unseren Erfahrungen aus rückblickenden Interviews und Seminaren mit Frauen spricht einiges dafür, daß Mädchen zwar weniger masturbieren als Jungen, die Zahl der ‹Aktiven› jedoch höher ist, als es die Statistiken ausweisen. Nicht wenige Frauen erzählten, daß sie sich in der Pubertät zwar nicht bis zum Orgasmus, aber durchaus lustvoll gestreichelt hätten. Auf die Idee, diesem Tun einen Namen zu geben, waren sie allerdings nicht gekommen. Selbstbefriedigung? Das taten doch nur die Jungs!

Zusammengenommen verwundert es nicht, daß viele Mädchen ihren ersten Geschlechtsverkehr erleben, ohne sich jemals zuvor sexuelle Befriedigung durch Masturbation verschafft zu haben. Den ersten Orgasmus beschert ihnen in der Regel ein Junge beim Petting oder beim Geschlechtsverkehr. (Tabelle) Ihnen fehlt damit die Erfahrung, sich in einer autonom gestalteten Situation lustvoll entgrenzt erlebt zu haben. Eine äußerst ungünstige und furchteinflößende Ausgangslage für den gewöhnlich unter großem romantischem Erwartungsdruck stehenden ersten Geschlechtsverkehr.

Es kann daher kaum anders sein, als daß Mädchen und Jungen ihr erstes Mal sehr unterschiedlich bewerten. Nur 34 Prozent der von Gunter Schmidt und seinen Kolleginnen und Kollegen befragten Mädchen im Westen und 52 Prozent der Mädchen im Osten hatten sich positiv über ihre erste Koituserfahrung geäußert. Die Jungen zeigten sich dagegen deutlich zufriedener: 75 Prozent waren es im Westen und sogar 84 Prozent im Osten. Die BZgA-Studie ermittelte für die Mädchen im Westen zwar erheblich ‹schönere› Werte (61 Prozent), doch ändert dies nichts an der größeren Zufriedenheit der Jungen mit ihrem ersten Mal. (Tabelle)

Für beide Geschlechter hat das erste Mal eine große initiatorische Bedeutung. «Es» endlich hinter sich gebracht zu haben heißt nicht nur, nun endlich zur Gruppe der ‹Wissenden› zu gehören, sondern auch, jenen letzten Schritt zur genitalen Sexualität getan zu haben, der bislang nur den Eltern vorbehalten gewesen ist. Mußten sie im ödipalen Drama einst als Verlierer und Verliererinnen das Feld räumen, steht das erste Mal auf der symbolischen Ebene für die lang ersehnte Erlösung von schmählicher Unreife. Deshalb wünschen sich auch die meisten Jugendlichen diesen Augenblick trotz aller Ängste dringlichst herbei; sie nehmen dafür auch einiges in Kauf – was insbesondere vielen Jungen erst später richtig klar wird.

Wie hast du dich unmittelbar nach deinem ersten Geschlechtsverkehr gefühlt?

(Mehrfachnennungen) «Stolz» haben 29 % der Frauen damals empfunden, «schön und befriedigend» fanden es 16 %. An «Schuldgefühle» erinnerte sich nur eine Frau. «Angeekelt» nannten 13 %, «enttäuscht» waren 55 %. Erwartungsgemäß äußerten sich die Männer positiver über ihr erstes Mal. Der Unterschied ist jedoch weniger deut-

177

lich als bei den repräsentativen Befragungen von Jugendlichen: 39 %
der Männer haben damals «Stolz» empfunden, «schön und befriedigend» fanden es 29 %. An ein «schlechtes Gewissen» erinnerten sich
19 %, und «enttäuscht» waren 26 %. Hinzu kommen jedoch weitere
32 %, die damals das «Gefühl, versagt zu haben» plagte.

Offenbar sind damals die besonderen Erwartungen der Mädchen enttäuscht worden. Interessanterweise hat sich keine einzige damals darum gesorgt, versagt zu haben. Anders die Jungen, die zwar deutlich weniger enttäuscht waren, aber auch
von heftigen Zweifeln an der eigenen (sexuellen) Tüchtigkeit
geplagt wurden.

Es spricht einiges dafür, daß Jungen ihr erstes Mal positiver
schildern, als es in Wirklichkeit war. Da sie sich per Rollenauftrag für das Gelingen des ersten Mals fast allein zuständig fühlen, beinhaltete eine ehrliche Antwort nämlich automatisch
das Eingeständnis, versagt zu haben. Und nicht nur das. Womöglich sind sie sogar schwul! Mit einem Jungen, dem es keinen Spaß gemacht hat, muß etwas nicht stimmen.

Während einem Mädchen trotz aller möglichen Selbstzwei-
fel ob ihrer Attraktivität und Hingabefähigkeit immer noch die
Möglichkeit bleibt, den Jungen als schlechten Liebhaber abzu-
qualifizieren, ist es für einen Jungen ungleich schwerer, die
Schuld für ein nicht so tolles erstes Mal dem Mädchen in die
Schuhe zu schieben. Schließlich besitzt ein guter Liebhaber die
Fähigkeit, aus jedem ‹prüden› oder ungeschickten Mädchen
die Lust und Wonne herauszukitzeln.

Was wäre, wenn Jungen und Mädchen mehr voneinander
wüßten, wenn sie den Mut hätten, Ängste und Irritationen vor-
einander auszusprechen, und deutlich zum Ausdruck bringen
könnten, was ihnen Lust bereitet und was nicht?

Zunächst einmal mögen Jugendliche in jeder Generation

diejenigen sein, bei denen gesellschaftliche Veränderungen besonders schnell in Erscheinung treten. Sie stehen aber gleichzeitig unter dem immensen Einfluß der alten Bilder. Von den heutigen Jugendlichen sollte daher nicht erwartet werden, was die Jugendlichen von damals selbst nicht hingekriegt haben. Die Pubertät ist eine Lebensphase – und sie wird es auch bleiben –, die vor allem durch vorläufige und unfertige Entwürfe geprägt ist und in der es nur wenig Sicherheit geben kann. Das eigene (sexuelle) Ich immer wieder mit der Welt zu verbinden ist neben aller Freude und Lust eben auch ein sehr irritierender und verletzungsreicher Prozeß.

Dennoch bestehen durchaus Chancen, beiden Geschlechtern eine breitere Basis für selbstbestimmte und damit ich-nahe Erfahrungen zu verschaffen: Den Mädchen sollte der Zugang zur eigenen Lust nicht mehr versperrt werden; den Jungen täte es gut, wenn sie ihre Fruchtbarkeit unmittelbar in ihr Selbstbild integrieren könnten. Es wäre doch schön, wenn sich beide dann ein wenig unbefangener in der Mitte treffen könnten.

Auswahl an sexuellen Erfahrungen Jugendlicher

Studie/ Erhebungsdatum	Sexuelle Erfahrungen	Angaben in Prozent			
		Mädchen Ost	Mädchen West	Jungen Ost	Jungen West
Giese 1966[1]	Masturbation jemals praktiziert		32		84
Sigusch 1970[2]			53		94
Clement 1981[3]			63		90
Starke 1980[4]		17		66	
Schmidt 1990[5]		41	41	82	87
BZgA 1994[6]		37	43	65	76
Schmidt 1990	Den 1. Orgasmus erlebt				
	– bei Masturbation	17	29	61	66
	– bei Petting	26	41	10	4
	– bei Koitus	55	25	4	8
	– im Schlaf	3	1	23	19
Schmidt 1990 BZgA 1994	Der 1. Koitus «war eher angenehm» (Ost), «hat Spaß gemacht» (West), «war etwas Schönes» (Emnid)	52 51	34 61	84 75	75 75
Schmidt 1990	Der jüngste Koitus «hat Spaß gemacht»	85	57	95	86
Schmidt 1990	Orgasmus erlebt beim				
	– ersten Koitus	19	17		
	– jüngsten Koitus	74	63		
	mit «Pille» verhütet beim				
Schmidt 1990	– ersten Koitus	41	26	47	42
	– jüngsten Koitus	72	71	61	51
BZgA 1994	– ersten Koitus		27		25
	– jüngsten Koitus		63		47
	Kondom benutzt beim				
Schmidt 1990	– ersten Koitus	40	57	32	54
	– jüngsten Koitus	21	39	32	59
BZgA 1994	– ersten Koitus		63		56
	– jüngsten Koitus		43		57

1 Studie von Hans Giese und Gunter Schmidt aus dem Jahr 1966. Befragt wurden westdeutsche Studierende. Angaben zur Masturbation: Kumulatives Vorkommen bis zum 17. Lebensjahr der Befragten. Zitiert nach Ulrich Clement (1986).
2 «Schülerbefragung» von Volkmar Sigusch und Gunter Schmidt aus dem Jahr 1970. Befragt wurden 16- und 17jährige Westdeutsche. Zitiert nach Gunter Schmidt (1993).
3 Replikationsstudie der 1966er Untersuchung (Hans Giese) von Ulrich Clement (1986). Angaben zur Masturbation: Kumulatives Vorkommen bis zum 17. Lebensjahr der Befragten.
4 Studie «Partner II», geleitet von Kurt Starke aus dem Jahr 1980. Befragt wurden 16- bis 18jährige Ostdeutsche. Zitiert nach Gunter Schmidt (1993).
5 Studie «Jugendsexualität» von Gunter Schmidt u. a. (1993) aus dem Jahr 1990. Befragt wurden 16- und 17jährige aus Ost- und Westdeutschland.
6 Emnidstudie im Auftrag der BZgA von Ingolf Schmidt-Tannwald und Norbert Kluge (1996) aus dem Jahr 1994. Befragt wurden 14- bis 17jährige aus Ost- und Westdeutschland.

Der Traum von unwiderstehlicher Attraktivität
Masturbationsphantasien von Jungen und Mädchen

Sexuelle Phantasien sind irritierend. Ihre unverblümte Geilheit kann einem die Schamesröte ins Gesicht treiben und womöglich einen Schock versetzen: Bin ich wirklich so pervers? Aber sie haben auch etwas Tröstliches, was über einen frustrierenden Alltag hinweghelfen kann. Das gilt für Erwachsene, und das gilt für pubertierende Jungen und Mädchen – auch wenn sich deren lustvolle Fiktionen von späteren in einigen wichtigen Punkten unterscheiden.

Masturbationsphantasien entspringen dem Bedürfnis, gewollt zu sein, befriedigt zu werden und anderen Befriedigung verschaffen zu können. Da zu Beginn der Pubertät entsprechende reale Erfahrungen erst noch gemacht werden wollen, verbindet sich die Lust in dieser Lebensphase fast ausschließlich mit Vorstellungen, die nur auf der symbolischen Ebene von Bedeutung sind. In der Realität wären die phantasierten Erlebnisse aus verschiedenen Gründen *unmöglich*. Erst später kommen verstärkt realistischere Phantasien hinzu. Das betrifft insbesondere die Wahl der in den Geschichten auftauchenden Partner und Partnerinnen.

Damit eine sexuelle Phantasie Lust machen kann, werden in ihr häufig Ängste, Befürchtungen und Hemmungen beseitigt. Alles erscheint möglich. Probeweise kann in eigener Regie erlebt – und überlebt – werden, dem man (noch) gar nicht gewachsen wäre oder was in der Realität jegliche Lust augenblicklich abtöten würde. Wünsche nach Größe, Reife, Stärke, Macht und Potenz können Gestalt annehmen, ohne daß sich der oder die Phantasierende real der Gefahr aussetzen müßte, verletzt und gedemütigt zu werden – oder zu versagen.

In der Phantasie kann aus einem zarten, vorsichtigen Kuß eine wilde Knutscherei werden, aus einem schüchtern-steifen Engtanz leidenschaftliche Ekstase. Die Unerreichbaren werden erreicht, das Unaussprechliche wird wahr. Alles ist erlaubt, und man hat es selbst in der Hand, sich wie weit auch immer vorzuwagen. Damit macht man sich nicht nur mit unterschiedlichen körperlichen Sensationen vertraut, sondern auch mit der Empfindung, im Orgasmus kurzfristig die Bewußtseinskontrolle zu verlieren. Eine Phantasie kann daher auch dazu dienen, sich testweise im erregten Zustand mit einem imaginären Gegenüber zu betrachten.

Wer beim Masturbieren phantasiert, macht die eigene Wollust annehmbar und kann sich – wenn das schlechte Gewissen nicht allzu groß ist – sagen: Meine Lust ist gut, ich bin nicht schmutzig, ich bin o. k. Phantasien *bearbeiten* Wünsche und Ängste. Sie helfen, zu entscheiden, was akzeptabel ist und was nicht.

Es ist nicht leicht, an Masturbationsphantasien Jugendlicher heranzukommen. Zwar haben sich einige Autoren und Autorinnen bereits mit den sexuellen Phantasien von Erwachsenen beschäftigt (z. B.: Nancy Friday 1980 und 1983; Michael Trukenmüller 1982; Uwe Hartmann 1989; Beatrix Gromus 1993). Phantasien von Jugendlichen tauchen in diesen Arbeiten jedoch – wenn überhaupt – nur am Rande auf.

Zwei der zehn hier vorgestellten Jungenphantasien stammen aus rückblickenden Tiefeninterviews, die wir für die Jugendkapitel von «Die Prinzenrolle» mit Männern durchgeführt haben. Alle anderen wurden von Männern erinnert, die im Rahmen von Fortbildungsseminaren zum Thema «Männliche

Pubertät» gebeten wurden, sich in Kleingruppen über frühere Phantasien beim Masturbieren *vor dem ersten Koitus* auszutauschen. Als Gruppenergebnis sollte jeweils eine ‹repräsentative Phantasie› ersponnen werden, in der sich alle Beteiligten wiederfinden konnten. Der lustvoll-heitere Aspekt dieser Aufgabe ist dem Wortlaut einiger Phantasien deutlich anzumerken, was die Genauigkeit der Erhebungsmethode einschränken mag. Doch dürfte durch die provozierende Derbheit der Sprache der anarchisch-triebhafte Gehalt der Geschichten ungeschminkter zutage treten, als dies in einer anderen Situation möglich gewesen wäre.

Die Mädchenphantasien wurden durch eine Briefaktion gewonnen. Wir baten rund fünfzig Mädchen und Frauen, uns einige Masturbationsphantasien aus der Zeit zwischen dem 12. und 18. Lebensjahr zur Verfügung zu stellen und dem Antwortschreiben einige Sätze über die persönliche Einstellung zur Selbstbefriedigung beizufügen. Vierzehn Mädchen und Frauen beantworteten unseren Brief, zwölf schilderten eine oder mehrere Phantasien, aus denen wir eine Auswahl getroffen haben. Eine Frau schrieb uns freundlich, aber bestimmt: «Ich habe viel über Ihren Brief nachgedacht, und ich finde, daß man so etwas von einem völlig unbekannten Menschen nicht erwarten kann. Das ist zu persönlich und geht weder Sie noch andere etwas an.» Eine andere teilte uns mit: «An genauere sexuelle Phantasien habe ich keine Erinnerung. Ich habe mich mit ein paar Freundinnen über das Thema Selbstbefriedigung und sexuelle Phantasien unterhalten. *Alle* Frauen konnten sich nicht an genaue Phantasien erinnern.»

Da die meisten der Mädchen und Frauen ihre Anonymität gewahrt haben, möchten wir uns auf diesem Weg bei ihnen bedanken.

Männliche Pubertätsphantasien

Die Phantasien der Jungen drehen sich fast alle um erwachsene Frauen oder zumindest um deutlich ältere Mädchen. Es kommt dabei – anders als bei den Mädchen – in keinem Fall zum Koitus. Ausnahme ist die Phantasie eines 17jährigen, der zu diesem Zeitpunkt seinen ersten Geschlechtsverkehr bereits erlebt hatte.

Die meisten Jungen nehmen in ihren Phantasien eine betrachtende, sozusagen voyeuristische Position ein und gehen über das bloße Anfassen des weiblichen Körpers nicht oder kaum hinaus. Es geht vor allem darum, die Frau berühren zu *dürfen*. Das allein reicht in den meisten Fällen schon aus, die phantasierte Frau in höchste Erregung zu versetzen. Ohne daß der Junge etwas tun muß, hat sie Lust, ist erregt und will. Die Frauen geben jegliche (ansonsten gebotene) sexuelle Zurückhaltung auf. Sie sind erfahren, wissen, was zu tun ist, und stellen keine Ansprüche.

Darin äußern sich der Wunsch und der Versuch der Jungen, sich dem sie seelisch (noch) überfordernden Anspruch zu entziehen, ein gleichaltriges Mädchen erfahren und geschickt erobern und befriedigen zu müssen. In der Phantasie werben die Jungen nicht, sondern sie werden umworben bzw. verführt. Sie müssen deshalb nicht das tun, was sie stets glauben tun zu müssen: Erfahrung und Souveränität vortäuschen.

Auf eindrückliche Weise werden auch regressive Wünsche bearbeitet, die sich vor allem auf üppige Brüste und die Vulva einer Frau richten, von der die Jungen allerdings noch keine konkrete Vorstellung haben. Die erotischen Mutterfiguren dienen gewissermaßen als Übergangsobjekte, von denen die Jungen sich später lösen, um sie durch gleichaltrige Mädchen zu ersetzen.

Formal gesehen phantasieren viele Jungen einen sexuellen Mißbrauch. Es wäre jedoch ein Fehler, von diesen symbolischen Dramatisierungen sexueller Wünsche auf ein reales Begehren zu schließen. Gerieten sie in der Realität in eine entsprechende Situation, würden sie wahrscheinlich auf der Stelle Reißaus nehmen, denn insgeheim wissen sie genau, daß ihre Lust keine Chance hätte.

Nicht alle Jungen haben Phantasien mit älteren Frauen, und nicht wenige fangen erst gegen Ende ihrer Pubertät oder noch später an zu masturbieren. Nach jüngeren Untersuchungen haben zwischen 13 und 35 Prozent der vierzehn- bis siebzehnjährigen Jungen keine Erfahrungen mit der Selbstbefriedigung. (siehe Tabelle Seite 180) Viele pubertierende Jungen phantasieren zudem keine richtigen Geschichten. Sie haben eher Standbilder vor Augen, eine Erinnerung an ein Mädchen, mit dem sie getanzt haben, oder ein Bild aus einer Illustrierten.

Um zu zeigen, was Masturbationsphantasien über die Wünsche und Ängste von pubertierenden Jungen auf der symbolischen Ebene offenbaren können, wollen wir sie hinsichtlich der Symbolsprache deuten. Die ersten drei Beispiele, bei denen zur besseren Orientierung Schlüsselbegriffe numeriert sind, interpretieren wir etwas ausführlicher als die anderen. Betonen möchten wir, daß es sich dabei lediglich um sinnfällige Spekulationen handelt, die gewiß nicht erschöpfend sind und auch andere Richtungen einschlagen könnten.

Lustvolle Regression

Es war Sommer. Ich sollte für meine Mutter ein Schriftstück zur Nachbarin ins Nebenhaus bringen. Ich klingelte, die Tür öffnete sich, ich betrat das Treppenhaus und schaute nach oben. Die Frau erschien am oberen Absatz und schaute zu mir herunter. Sie trug ein weites Kleid, und ich konnte einen Teil ihrer weißen Unterhose sehen. Ich stieg die Treppe hinauf, gab ihr das Papier und ging nach Hause – um zu masturbieren: …

Ich steige (1) die Treppe hinauf, die Frau steht oben und fragt (2), was ich möchte. Ich zeige ihr, was ich ihr von meiner Mutter (3) bringen soll. Sie kommt mir ein paar Schritte entgegen (4), erwartet mich oben. Ein Bein (5) läßt sie auf der nächsthöheren Stufe stehen. Ich werde total erregt und krieche unter (6) ihr Kleid, zwischen ihre Beine (7), presse mich an sie ... Vielleicht (8) schimpft die Frau, vielleicht lacht sie, vielleicht bekommt sie gar nichts (9) davon mit ... (12 Jahre; Tiefeninterview)

Der Junge betritt unbekanntes Gebiet, sozusagen die nächsthöhere Stufe (1) seiner Sexualität. Die Frau könnte ihm viele unterschiedliche Wünsche erfüllen (2); noch könnte er einen Rückzieher machen und so tun, als begehre er nichts von ihr. Sicherheitshalber bleibt er weiterhin in Deckung, gibt vor, nicht aus eigenem (An-)Trieb hergekommen zu sein (3), und holt sich damit gleichzeitig die Erlaubnis seiner Mutter, eine andere Frau zu begehren. Die Frau erleichtert ihm dieses Vorhaben (4), verlangt keine großen Taten von ihm. Sie zeigt ihm, was er erwarten kann und darf (5), wenn er sich ihr weiter nähert. Er vertraut sich ihr schutzsuchend (6) an, möchte sie lustvoll-regressiv mit dem ganzen Körper penetrieren (7) und blendet die Unmöglichkeit seines Begehrens aus, indem er seine Außenwahrnehmung einschränkt (8). Letzte Ängste, für sein Tun bestraft zu werden, lösen sich in der Irrealität (9) des Geschehens innerhalb der Phantasie auf.

Einladung zum gefahrlosen Begehrtsein

Ich sehe im Schwimmbad eine Frau im Bikini. Ich kenne sie nicht (1). Sie hat eine geile Figur, sie zwinkert (2) mir zu und streichelt sich mit der Hand über ihr Höschen. Dann steht sie auf, wirft mir einen eindeutigen Blick (3) zu und schlendert zur Umkleidekabine. Ich folge ihr unauffällig (4). Sie läßt die Tür einen Spalt offenstehen und fängt an, sich auszuziehen (5). Ich gehe hinein, mache die Tür zu. Niemand sagt etwas (6). Sie zieht mich (7) an sich und zieht mir die Badehose herunter, kniet sich hin und küßt mir den Bauch hinunter immer tiefer (8). Sie stöhnt (9), ich fasse ihr in die Haare, ganz wild (10). Mir kommt's!

Die Anonymität (1) gestattet den heimlichen und unbotmäßigen sexuellen Wunsch. Die einladenden Gesten (2) der erwachsenen Frau machen es überflüssig, um sie zu werben, wozu der Junge ohnehin nicht in der Lage wäre. Als Ältere wird sie erfahren sein und wissen, was zu tun ist. Letzte Zweifel, daß er ihr Verhalten mißverstanden haben könnte, werden ausgeräumt (3). Sie fordert ihn auf, ihr in die Umkleidekabine zu folgen, wo sie seine Wünsche erfüllen wird. Doch niemand soll ihn seiner Geilheit verdächtigen können (4). Sie zieht sich selbst aus (5), er braucht nicht aktiv zu sein, sich nicht als erfahren und geschickt zu erweisen. Reden (6) würde ihn in dieser Situation seelisch überfordern. Sie übernimmt die Verantwortung (7), er kann sich ihr anvertrauen. Sie begehrt seinen Penis (8), der ihr ohne ‹Gegenleistung› so sehr gefällt (9), daß er es wagt, sich gehenzulassen (10).

Verführung zur Einvernehmlichkeit

Ich fahre mit dem Zug (1). Mir gegenüber sitzt eine Frau in meinem Alter im kurzen Sommerkleid (2). Die Beine hat sie züchtig (3) übereinandergeschlagen. Sie hat eine glatte Haut, lange braune Haare. Sie liest in einem Buch. Sie hat wohlgeformte, kleine Brüste, die sich mit jedem Atemzug heben und senken. Die obersten Knöpfe ihres Kleides sind geöffnet, ihre Haut ist sommerbraun, die Schlüsselbeinknochen (4) glänzen. Ich gehe zur Toilette. Plötzlich geht die Tür auf. Sie sagt: «Oh, Verzeihung (5)», und will wieder gehen. Aber ich sage: «Komm doch rein. (6)» Zu meiner Überraschung (7) tut sie es. Im nächsten Moment küssen wir uns wild. Ich fasse (8) ihr unters Kleid, presse meinen steifen Schwanz gegen ihren Unterleib. Sie schlägt ein Bein um mich (9) und fängt an zu stöhnen. Sie wirft den Kopf zurück (10). Ich lasse mich auf den Toilettendeckel sinken, ziehe (11) sie nach unten, die in derselben Bewegung ihr Höschen auszieht, die Beine spreizt und meinen Penis in sich einführt (12). Ich stoße heftig (13) zu ... (17 Jahre, koituserfahren)

Die Lust begleitet ihn überallhin (1); zudem ist Anonymität gewährleistet. Das Objekt der Begierde bietet sich an, umworben zu werden (2) – aber nicht von jedem (3); von einer solchen Frau begehrt zu werden bewiese die eigene Attraktivität. Die Beschreibung ihres Aussehens enthält Details (4), die auf einen schon erweiterten Erotikbegriff hinweisen. Ein möglicher Korb, den er sich bei einem ‹Anmachversuch› einhandeln könnte, wird vermieden, indem sie von sich aus in der Zugtoilette erscheint. Damit signalisiert sie Bereitschaft, bleibt aber in der Rolle der Zurückhaltenden (5), woraufhin er die weitere Initiative ergreift (6) und gleichzeitig sicherstellt, nicht die Kontrolle über das Geschehen zu verlieren. Letzte Zweifel an ihrer Bereitschaft – und seiner Attraktivität – werden beseitigt (7), und er kann aktiv zugreifen (8). Sie gibt ihm das endgültige leidenschaftliche ‹Jawort› (9) und reagiert prompt auf seine Qualitäten als guter Liebhaber (10). Dessen versichert, bedeutet er ihr nun, was er will (11). Sie ist erfahren und weiß, was zu tun ist (12). Er erfüllt seine lustvolle Aufgabe, beide zur einvernehmlichen Entgrenzung zu treiben (13).

Mein Verlangen in ihrer Brust

Ich liege allein am Strand in meinem neuen Zelt, das ich zum Geburtstag bekommen habe. Ich bin mit meinen Eltern in Urlaub. So liege ich bei milden Temperaturen während der Abenddämmerung in meinem Schlafsack und lasse die Eindrücke des Tages an mir vorüberziehen: Schon sehe ich die hübsche Blonde vor meinem inneren Auge. Es erregt mich, als ich mir die rotlackierten Zehennägel vorstelle. Ich kann einfach nicht von ihnen lassen. Der schlanke, gepflegte Fuß spielt mit dem feinen Sand. Langsam läßt sie den Sand durch ihre Hände auf ihre Beine rieseln. Sie nimmt zärtlich meine Hand und führt sie unter das Oberteil ihres Bikinis. Ich spüre Verlangen in ihrer Brust. Mein Körper erzittert, und es spritzt an die Zeltwand … O Gott, wo sind die Tempos!?

Von der Frau geht trotz ihrer «rotlackierten Zehennägel», die als sexuell offensives Signal empfunden werden, keine Gefahr aus, denn sie ist gleichzeitig «gepflegt». «Zärtlich» erlaubt sie dem Jungen, sie anzufassen; sein Verlangen wird in ihre Brüste projiziert. Sein erster Gedanke ‹danach› gilt der Beseitigung der Spuren seiner Lust.

Ich bin versaut, du bist versaut, wir sind o. k.

Die schönste Nummer wäre Beatrice. Es hätte aber auch Simone oder Juliane sein können. Sie waren nämlich alle willig, geil (tropfnaß), taten aber schüchtern und wollten im Grunde nur das eine: hart rangenommen werden. Endlich einer, der es ihnen zeigt. Vielleicht lag es daran, daß sie erfahren und älter waren und eigene Nester der Wollust bewohnten. Jedenfalls wollten sie immer (nur mich). Es lief immer geil und ungestört, problemlos ab. Ein echtes Highlight, das ständige Wiederholungen erforderte. Schuldgefühle und Angst – was ist das?

Der Junge versucht den Widerspruch zwischen seiner drängenden Lust und der rollengemäß gebotenen Zurückhaltung der Mädchen aufzuheben. In ‹Wahrheit› wollen sie dasselbe wie er. Gleichzeitig erklärt er seine Versagensängste für gegenstandslos. Daß die Mädchen «erfahrener» sind als er, vermindert seine «Schuld».

Erkundung des fremden Geschlechts

Lehrerin, blond, schlank, 25–30 Jahre, halbhohe Schuhe, Nylons, schlanke Beine, herrliche Waden, Knie wie Nüsse, den Rock hinten etwas geschlitzt, beim Gehen ist der Ansatz ihrer Oberschenkel zu sehen, das Becken schaukelt bei jedem Schritt. Halbdurchsichtige Bluse, die obersten zwei Knöpfe sind geöffnet, so daß man den Ansatz der Brüste und des BHs erkennen kann. Sie beugt sich zu mir herunter, ich kann mehr von der Brust sehen, ich spüre die Aura und den Geruch. Ich spüre die Enge in meiner Jeans. Die Klasse verschwindet: Ich bin allein mit der Lehrerin. Ich greife mit der Hand in ihren warmen Ausschnitt. Ich hole die Brust aus dem BH und fange an zu kneten. Mit der anderen Hand gehe ich langsam vom Knie an aufwärts. Ich streiche zunächst über den Schlüpfer, die Hand arbeitet sich unter den Gummizug. Ich fühle die Schamlippen, die dick sind wie Schlägermützen. Es ist warm und feucht. Sie macht die Beine auseinander …

Die Frau legt es darauf an, daß der Junge ihrer sexuellen Aus-strahlung erliegt. Damit ist er ent-schuldigt. Sie verführt ihn, läßt ihn erkunden und verlangt nichts dafür. Er versucht, das Fremde mit Vertrautem – «Schlägermützen» – begreifbar zu machen. Die feuchte Wärme verspricht regressive Geborgen-heit.

Das hab ich nun von meiner Geilheit

Ihre Beine wachsen in den Himmel, so lang. Lange blonde Haare umrah-men ein verführerisches Gesicht. Fester Erbsenarsch, schmale Taille. Ihr schwarzes Dessous läßt knackig-stehende Titten mit harten Brustwarzen erahnen. Klar: Stöckelschuhe, Minirock, Netzstrumpfhose mit Naht. So posiert meine Lehrerin unmittelbar vor mir auf dem Lehrerpult, denn ich darf nachsitzen! Wie zufällig verändert sie ihre Position, so daß ich einen Blick auf ihren knappen Seidenslip werfen kann. Sie nähert sich von vorn, neigt sich über den Tisch. Ich inhaliere den Duft von tierisch antörnendem Parfum. Braune Brüste in Kußnähe. Mit einer Pobacke setzt sie sich auf die Tischkante. Mein Unterarm berührt beim Schreiben ihren entblößten Oberschenkel. So hart wie mein Schwanz kann das Leben gar nicht mehr werden – was dieser Traumfrau natürlich nicht entgeht. Mit sinnlichem Seufzen führt sie meine Hand unter ihren Rock, unter ihre Strumpfhose, unter ihren Slip an ihre Muschi … Mitten im Abspritzen fällt mein Blick durchs Klassenfenster auf die hünenhafte Gestalt ihres ebenfalls sehr erregten Ehemanns: Metzgergeselle, Träger des schwarzen Gürtels und Besitzer eines in seiner Pranke wippenden Baseballschlägers. Irgendwie habe ich das Gefühl, daß er mir nicht wohlgesinnt ist. Später im Krankenhaus hat mich meine Lehrerin nicht einmal besucht.

Auch in dieser Phantasie wird der Junge zur Erkundung verführt; die Erregung der Frau ist relativ verhalten und unbedrohlich. Darüber hinaus wird die Unbotmäßigkeit der Situation thematisiert. In der Konkurrenz mit dem Ehemann zieht der Junge selbstverständlich den kürzeren, er wird ‹zu Recht› bestraft. Daß die Lehrerin ihn «nicht einmal» im Krankenhaus besucht, zeigt, wie unmöglich – und dennoch erregend – ein solches Erlebnis wäre. Außerdem braucht er ihr nicht mehr in die Augen zu sehen.

Gefahrloser passiver Genuß

Meine Klassenlehrerin sieht toll aus, so wie die Superblondinen aus der Bravo, nur sind ihre Möpse noch größer – riesig! Ein knackiger Hintern steckt in ihrer engen Jeans, und die Möse ist auch zu sehen, wenn ich genau hinschaue. Wenn sie mit ihrer ganz weit geöffneten Bluse am Pult steht, denke ich immer nur an das eine: Ich liege im Wald auf einer sonnigen Lichtung, denke an sie und reibe mir über die Jeans. Plötzlich liegen ihre Hände auf meinem Gürtel, und ich höre, wie die Schnalle aufspringt. Sie zieht den Reißverschluß herunter und sagt: «Kann ich dir helfen?» Ihre langen Finger mit den rotlackierten Fingernägeln greifen zielstrebig in meine Hose, zirkeln gekonnt um meine Eier und umgreifen dann meinen Schwanz. Ihre andere Hand zieht an meiner Hose, ich hebe den Arsch leicht an, und schon hängt die Hose in der Kniekehle. Sie sagt: «Du bist ein hübscher Kerl!» Dann versinkt ihr Kopf in meinen Lenden, und ich spüre, wie es heiß zwischen meinen Beinen wird …

Das phantasierte Erlebnis findet an einem Ort statt, der nicht nur romantisch ist, sondern auch Freiheit symbolisiert. Wieder tauchen «rotlackierte» Nägel als Zeichen erfahrener und offensiver weiblicher Sexualität auf. Die Frau weiß, was beide wollen, macht ihm Komplimente, nimmt ihm die Angst, etwas leisten zu müssen. Er kann sich ihr anvertrauen und intensiv genießen.

Erlaubte Bemächtigung

Die 24jährige Fleischerfachverkäuferin streichelt erotisch über meine Hand, als sie mir das Wechselgeld herausgibt. Ich schaue in ihre lüsternen Augen. Ihr tiefer Ausschnitt offenbart ihre fleischigen Brüste. Ich folge ihr nach hinten in den Umkleideraum. Ich fasse ihr von hinten unter den Kittel und knete ihre Brüste. Dann gleiten meine Hände nach unten. Ich fühle tastend ihre Muschi und merke, daß sie heiß und feucht ist. Sie fängt an zu stöhnen und bewegt gierig ihren Unterleib. Wir drehen uns zueinander. Ich liebkose und streichle ihre großen, vollen, kräftigen Brüste. Als die Brustwarzen richtig fest und steif werden, fange ich an, zu lutschen, zu saugen und vorsichtig zu beißen …

Als «Fleischerfachverkäuferin» wird der Frau unterstellt, daß sie keinen großen Wert auf ‹Unbeflecktheit› legt. Er braucht ihre Lust nicht zu entfachen, darf sie überall anfassen. Dabei gelingt es ihm mühelos, sie noch begieriger auf ihn zu machen. Aus dem Kneten, Liebkosen und Streicheln ihrer «kräftigen Brüste» spricht auch die noch kindliche Position des Jungen gegenüber der älteren Frau, an der er sich dann ‹wie ein Baby› gütlich tut. Er integriert damit kindliche Lustformen in seine ‹neue› Sexualität.

Der eigentlichen Aufgabe noch nicht ‹gewachsen›

Es war in der siebten Klasse. Wir machten einen Ausflug ins Freibad. Unsere Deutschlehrerin ist blond, jung und gut gebaut. Besonders ihr Hintern und ihre Brüste waren für uns der größte Anziehungspunkt. Wir saßen auf dem Rasen, Frau T. in der Mitte plaziert. Frank E., der wegen seiner Kartentricks berühmt war, begann auf ein geheimes, verabredetes Zeichen, Frau T. einen seiner besten Tricks zu zeigen. Er hielt ihr einen Stoß Karten vor die üppigen Brüste. Da sie sehr kurzsichtig war, mußte sie sich sehr weit nach vorne beugen, wobei ihre einzigartigen, üppigen, prallen Brüste unsere Sinne verwirrten. Die ersten von uns waren schon auf die Toilette gegangen. Ausgiebig und extra langsam wurde ihr nun der Kartentrick erklärt, damit alle sie in dieser Zeit ausgiebig und von allen Seiten betrachten konnten. Danach war Duschen angesagt. Es hatte sich blitzschnell herumgesprochen, welche Duschkabine von ihr benutzt wurde. Ich hatte das unglaubliche Glück, die Kabine neben ihr zu benutzen. Ich kletterte, vor Erwartung bebend, auf die Bank und guckte über die Trennwand. Und was sah ich da? Silvia M., die Klassenbeste, war damit beschäftigt, Frau T.s pralle Titten mit Seife einzureiben und genüßlich zu massieren, während Frau T. sich die Shampooflasche rhythmisch in ihre heiße Pussi schob. Mir kam es schnell und heftig, dann wurde ich ohnmächtig...

Um ‹die Frau› entdecken zu können, müssen die Jungen strategisches Geschick aufbringen. Als Siebtkläßler tun sie das noch in der sicheren Gruppe. Was der ‹Glückliche› dann mit seinem Blick über die ihn schützende Wand der Duschkabine zu sehen bekommt, hat für ihn drei bedeutsame Aspekte: Mit einem Mädchen, das eher als ein Junge wissen wird, was eine große Frau erregt, kann er nicht konkurrieren; der noch zu kleine Penis des Jungen wird durch eine «Shampooflasche» ersetzt; die Tugendhaftigkeit der «Klassenbesten» wird aufgehoben.

Weibliche Pubertätsphantasien

Auch die meisten Mädchen wählen in ihren frühen Masturbationsphantasien ältere und erfahrene Partner. Anders jedoch als die Jungen haben sie dabei häufig mehr oder weniger
konkrete Vorstellungen von einem Koitus. Aus den Begleit-
schreiben geht hervor, daß einige Mädchen sich bei der Selbstbefriedigung auch einmal ihren ersten Geschlechtsverkehr in
besonders schöner Weise vorgestellt haben. Dabei ist dem er-
träumten Ereignis mitunter sorgfältige Planung vorausgegan-
gen. Ist es dann in der Phantasie soweit, sind es jedoch die Partner, die nun aktiv handeln und dem Mädchen Lust bereiten. Sie
selbst kann sich im weiteren Verlauf ganz auf die eigenen Empfindungen konzentrieren.

In den anderen Phantasien werden die Mädchen zur Lust
verführt. Bis auf eine Ausnahme verhalten sie sich im Zustand
der Erregung ausgesprochen passiv. Sie greifen nur selten aktiv
zu und erforschen kaum den männlichen Körper.

Die Tatsache, daß in nicht wenigen Phantasien der Mädchen
Gewalt eine gewisse Rolle spielt, wirkt zunächst sehr befremdend. Gewaltphantasien berühren ein heikles Thema, denn die
Angst der Mädchen und Frauen, daß Jungen und Männer daraus den verborgenen Wunsch herauslesen, auch in Wirklichkeit Gewalt erleiden zu wollen, ist nicht unbegründet. Doch
wie für jene Phantasien, in denen nach formalen Kriterien ein
sexueller Mißbrauch inszeniert wird, gilt auch für vorgestellte
Vergewaltigungen (die man treffender ‹Phantasien von lustvoller Überwältigung› nennen könnte), daß sie ausschließlich
auf der symbolischen Ebene funktionieren. Kein Mädchen
möchte wirklich vergewaltigt werden.

Die sexualwissenschaftliche Literatur (vgl. Übersicht bei
Uwe Hartmann 1989, S. 38–41) bietet für dieses Phänomen
verschiedene Erklärungen an: Gewaltvorstellungen können
das Gewissen entlasten und Lustverbote außer Kraft setzen.

Die Phantasierende braucht die Verantwortung für ihre sexuellen Wünsche nicht oder nur bedingt zu übernehmen. Dabei geht es keinesfalls um die Lust am Schmerz, sondern im Gegenteil um die Weginszenierung von Verletzungsängsten und Lustverboten. Überwältigungsphantasien können ihren Reiz auch aus der Vorstellung beziehen, so verführerisch und attraktiv zu sein, daß der Junge oder der Mann die Beherrschung über sich verliert. Denkbar ist ebenso, daß sie in besonders starkem Maße eine lustvolle Entgrenzung möglich erscheinen lassen, die gleichzeitig selbstbestimmt kontrolliert werden soll – was nur in der Phantasie gelingt. Möglicherweise dienen Gewaltphantasien auch dazu, sich sowohl mit den männlichen als auch mit den eigenen aggressiven sexuellen Impulsen vertraut zu machen. (vgl. Ruth Waldeck 1993, S. 189)

Mit Hilfe von Überwältigungsphantasien können Mädchen ihre tatsächliche Angst vor einer Vergewaltigung seelisch bearbeiten: Sie überleben die Gewalt, denn sie geschieht ihnen nicht in Wirklichkeit. Gleichzeitig können sie den Versuch darstellen, unter den gegebenen sexuell bedrohlichen Alltagsumständen die eigene Lustfähigkeit zu retten: Wenn ich mich schon mit meiner Lust nicht zeigen darf, dann will ich wenigstens die phantasierte Unterwerfung lustvoll genießen! Dabei können sich Mädchen mit dem Gebot zum Passivsein gewissermaßen gütlich arrangieren, zumal sie sich anders als in der Realität ihre Überwältiger selbst aussuchen. Es fällt auf, daß in allen zugesandten Gewaltphantasien die Angreifer auch zärtlich sind, der real zu erwartende körperliche Schmerz ausgeblendet oder verlagert wird und die bedrohliche Situation stets ein positives, lustvolles Ende findet.

Ansonsten sind die phantasierten Jungen und Männer zärtliche und leidenschaftliche Liebhaber, die keine Wünsche offenlassen. Sie sind stets erfahrener als die Mädchen, drängen aber nicht, sondern vergewissern sich in einigen Fällen immer wieder zwischendurch, ob sie sich auch richtig verhalten.

Ein Mädchen schildert eine Phantasie mit einer Frau und bemerkt dazu: «Ich möchte gern noch sagen, daß mich so ein Traum sehr verwirrt hat, aber meine Phantasie geht wohl mit mir durch. In der Realität bin ich in einen Jungen (unglücklich) verliebt.» Darüber hinaus berichten zwei weitere Frauen von der erregenden Vorstellung eines Frauenkörpers. Vermutlich werden auch die Jungen homophile Phantasien haben, allerdings gibt es einige Hinweise darauf, daß Phantasien mit gleichgeschlechtlichen Partnern bei Mädchen und Frauen häufiger als bei Jungen und Männern auftreten. (vgl. Uwe Hartmann 1989, S. 60) Vielleicht liegt es daran, daß Mädchen die erotische Nähe eines weiblichen Körpers weitaus besser kennen als Jungen die eines männlichen Körpers. Auch Mädchen werden am mütterlichen Busen gestillt und erleben dabei intensive Lust und Befriedigung. (vgl. Wolfgang Mertens 1992, S. 60) Vergleichbare Erfahrungen mit einem männlichen Körper machen Jungen nicht. Möglich ist auch, daß Mädchen und Frauen von gleichgeschlechtlichen Phantasiepartnerinnen eine besondere Zärtlichkeit erwarten, die sie realen männlichen Partnern nicht zutrauen.

Man könnte annehmen, daß Mädchen und Frauen, die fremden Autoren ihre Masturbationsphantasien anvertrauen, keine Probleme mit der Selbstbefriedigung haben. In den Begleitbriefen ist jedoch häufig von schlechtem Gewissen die Rede, das sich zwar bei den meisten mit dem Älterwerden beruhigte, andere jedoch immer noch plagt. Kaum eine konnte davon berichten, sich mit Freundinnen je über die Masturbation ausgetauscht zu haben.

Insgesamt offenbart sich ein breites Spektrum an Erfahrungen: Einige Mädchen befriedigten sich seit frühesten Kindertagen, andere begannen damit mit neun, zwölf oder fünfzehn Jahren. Die einen taten es eher selten, andere regelmäßig, mitunter zweimal am Tag – «auch in den unpassendsten Situationen». Manche benutzten diverse Gegenstände als Hilfsmittel, andere nicht. Sie hörten während der ersten festen Liebesbeziehung mit der Selbstbefriedigung auf oder empfanden sie als eigenständige Lustform, auf die sie nicht verzichten mochten.

So unterschiedlich die Erfahrungen und Einstellungen auch sind bzw. waren, die tröstliche Funktion der Phantasien wurde von fast allen betont: «In diesen Phantasien war ich eigentlich nie richtig ich selbst, sondern immer hübsch, schlank, also begehrenswert. Im Gegensatz zur Wahrheit, da habe ich mich jahrelang mit 20 Kilo Übergewicht rumgeschlagen. Deshalb waren diese Phantasien so eine Art Erlösung für mich. Da konnte ich sein, was und wer ich sein wollte.»

Wir wollen auch die Mädchenphantasien exemplarisch deuten. Die Altersangaben beziehen sich auf den Zeitpunkt, an dem die Mädchen die Phantasie hatten. Darüber hinaus werden wir Passagen aus einigen Briefen zitieren, die nicht nur weitere Eindrücke davon vermitteln, was Mädchen erregend finden können, sondern auch davon, in welcher Weise sie sich mit der Selbstbefriedigung auseinandersetzen.

Erotische Geborgenheit

Nach einem langen Tagesritt (1) in den Sonnenuntergang campiere ich mit meinem Schauspielerschwarm unter freiem Himmel (2). Es ist warm, das Feuer knistert (3), wir ziehen uns langsam gegenseitig (4) aus und beginnen, uns zu streicheln. Schließlich legt er sich auf mich (5), und wir schlafen miteinander. Anschließend kriechen wir (6) zusammen in einen Schlafsack und schmusen, immer noch (7) nackt aneinandergekuschelt (8) (etwa 13 Jahre)

Das Mädchen hat sich nicht nur mit ihrem Traummann bereits vertraut gemacht, sondern seine eher unwahrscheinliche Aufmerksamkeit und Nähe redlich verdient (1). Sie ist dabei, das Tor zur Freiheit aufzustoßen (2); die spannende Möglichkeit zur lustvollen Entgrenzung liegt in der Luft (3). Der Erwählte geht unbedrohlich, behutsam vor; auch sie selbst ist vorsichtig entschlossen aktiv (4). Das, was nun geschieht, erscheint jedoch mehr als sein Wollen (5); es ist das, womit ein Mädchen in einer solchen Situation rechnen muß und darf. Danach hat sich der Altersunterschied zwischen ihr und dem Mann gewissermaßen aufgehoben (6); vielleicht ist sie größer geworden, vielleicht ist er kleiner geworden. Er wendet sich nicht von ihr ab, hebt die gewonnene Nähe nicht auf (7). Seiner Wertschätzung versichert, genießt sie nun selig und zufrieden (8) die neue, exklusive erotische Geborgenheit.

Kontrollierte Offensive

Ich bin allein zu Hause (1), bis ein Junge kommt (jeweils der, für den ich schwärmte), er nimmt mich auf den Arm und trägt mich (2) in mein Zimmer. Da habe ich (3) schon überall Kerzen aufgestellt. Im Hintergrund läuft langsame Kuschelmusik, weil ich ihn erwartet (4) habe. Dort läßt er mich (5) wieder runter, und im Stehen ziehen wir unsere Sachen aus, wobei wir uns heftig, aber doch zärtlich (6) küssen. Wir legen uns aufs Bett, und seine Hände wandern über meinen Körper. Sein Mund (7) wandert an meinen empfindlichsten (8) Stellen vorbei, bis ich es nicht mehr aushalte und ihn regelrecht anflehe (9), in mich einzudringen. Er fragt (10) mich immer wieder, ob ich es auch wirklich will. Dann macht er es tatsächlich, und ich vergrabe mich mit meinen Fingernägeln (11) in seinem Rücken. Nach wenigen (12), rhythmischen Bewegungen kommen wir zusammen (13). (14 Jahre, Phantasie vom ersten Mal)

Bei dem Vorhaben, das sie von ihren Eltern entfernen wird (1), hilft ihr der starke (2) Junge, doch sie gestaltet und bestimmt die Szenerie (3) – im Vorfeld. Sie hat eine eigene Entscheidung getroffen (4). Sie kann ihm vertrauen (5) und deutlich signalisieren, was sie will (6). Fortan konzentriert sich alles auf ihre Lust: Sie bejaht ihren Körper, der nicht unrein ist (7). Der

Junge ist erfahren und weiß, was wie zu tun ist (8). Sie gesteht sich ihre eigene Lust ein und bittet um Erlösung (9), während er letzte Ängste vor Verletzung beschwichtigt (10). Die Penetration gestattet auch ihr lustvolle Aggressivität (11); ihre Lust ist jetzt unmittelbar (12), und es gelingt ihr spielend leicht das Nonplusultra (13).

Überwältigung zur Lust

Ich gehe im Wald (1) spazieren und träume vor mich hin (2), als plötzlich ein Mann hinter mir (3) steht. Ich bekomme einen riesigen Schreck. Als ich schreien will, hält er mir den Mund zu (4) und flüstert: «Bitte schrei nicht, ich werde ganz lieb (5) zu dir sein.» Er umfaßt mich von hinten, biegt (6) meinen Kopf zur Seite und küßt mich. Mir klopft das Herz wie wild, meine Gedanken wirbeln (7) durcheinander. Was wird geschehen? Er dreht mich um und schiebt mich an einen Baum. Jetzt stehe ich mit dem Rükken (8) am Baum, und er drängt sich an mich. Wieder küßt er mich, ich merke, wie er sein steifes Glied an meinen Venushügel preßt. In meinem Kopf ist ein wirrer Gedanke: Warum streichelt er nicht meine Brüste (9)? Aber diesen Gedanken kann ich nicht weiterspinnen, weil er immer fordernder (10) wird. Ich ahne: jetzt wird ‹es› passieren. Er schiebt die Hand in meine Hose, findet dort den Weg in meine feuchte Höhle (11) und jubelt: «Du bist noch Jungfrau (12), welche Ehre!» Ich weine, doch er tröstet (13) mich und sagt: «Keine Angst, ich werde es ganz vorsichtig machen.» Dann duldet er keinen Widerstand mehr, zieht seine Hose aus und dringt in mich ein. Die Rinde des Baums schabt an meinem Rükken (14), es tut weh, aber der Mann hält mich fest umklammert. Ich bin gefangen in seinen Armen, ihm voll ausgeliefert. Er entscheidet was passiert. Ich kann nichts machen, also übergebe ich mich in seine Verantwortung (15). Ich lasse mich fallen und versuche, seine Leidenschaft mitzuempfinden (16). Ich vergesse die Wirklichkeit (17) und steige mit ihm auf in den 7. Himmel (18). (14 Jahre)

Im Verborgenen (1) ist sie ganz in sich gekehrt (2) und kann deshalb auch nichts dafür (3), daß sie in die Arme eines Mannes gerät. Sie will sich nicht um die Chance der Lust bringen (4) und versichert sich seiner prinzipiellen Wohlgesinntheit (5). Selbst aktiv zu werden überfordert sie (6). Eigentlich weiß sie, was geschehen wird (7), bleibt aber in der Rolle unschuldiger (8), aber auch lustvoller (9) Erwartung. Ihr Wille wird auf den Mann projiziert (10), trotz ihrer Angst ist sie erregt (11), und da sie dabei ist, ihre ‹Unschuld› (12) zu verlieren, steht ihr besonders zarte Zuwendung (13) zu. Der real zu erwartende Schmerz wird nicht eliminiert, sondern verlagert (14). So wird es möglich, das Gefühl der Hilflosigkeit in die Entscheidung, sich dem Mann anzuvertrauen (15), münden zu lassen. Die männliche Lust ist ihr fremd (16), doch nachdem das selbst in der Phantasie noch Bedrohliche ausgeblendet ist (17), stößt sie endlich zu dem vor, was sie im verborgenen gesucht hat (18) – die eigene, ‹unvorstellbare› Lust.

Ich bin (schrecklich) begehrt

Ich komme in der Schulpause vom Klo, als es schon geklingelt hat und die Gänge leer sind. Nur ein paar Jungs aus der 10. Klasse (ich selbst bin in der 9. Klasse) stehen rum und kommen auf mich zu. Sie drängeln mich ins Jungsklo rein. Ich versuche, mich zu wehren, aber es sind zu viele. Einer sagt: «Auf dich haben wir es schon lange abgesehen.» Sie fassen mich an und streicheln mich und ziehen mich aus, alle zusammen. Es sind ungefähr 4 oder 5 Jungs. Einer steckt seinen Penis in meine Vagina rein, und die anderen fassen mich weiter an. (15 Jahre)

Die älteren Jungen nehmen dem Mädchen die Verantwortung für ihre Lust ab. Es handelt sich um zärtliche Angreifer, die sie an einen schmutzigen männlichen Ort entführen, wo die Sexualität größere Chancen hat als in der sauberen weiblichen Welt. Die Jungen begehren das Mädchen «schon lange». Aus der Bedrohung wird ein ‹Liebesdienst›.

Begehrt sein und umsorgt

Ich bin am anderen Ende von unserer Stadt und breche mir auf irgendeine Art das Bein, und es ist Winter. Zufällig kommt unser Turnlehrer, der dort wohnt, vorbei, und trägt mich zu sich nach Hause. Er ist wahnsinnig stark. Er versorgt mein Bein, und aus irgendeinem Grund kann ich danach nicht nach Hause, sondern muß dort bei ihm liegenbleiben. Nach einer Weile setzt er sich zu mir und streichelt mich. Er sagt, daß er sich strafbar macht, aber daß er mich liebt, daß er sich nicht zurückhalten kann. Er sagt, er will mir zeigen, wie erwachsene Leute miteinander schlafen. Ich bleibe ziemlich passiv und lasse alles mit mir geschehen. (16 Jahre)

Erst durch ein schuldloses ‹Mißgeschick› wird das Erlebnis möglich. Der Mann ist stark, bietet Geborgenheit und kümmert sich fürsorglich um das Mädchen. Noch ist alles ‹unverdächtig›. Durch die Erklärungen des Mannes wird nicht nur die Unbotmäßigkeit der Phantasie beiseite geschoben, sondern auch die Attraktivität des Mädchens betont. Die «erwachsene» Sexualität ist ihr fremd; sie läßt sich mit ihr vertraut machen.

Aktive Hingabe

Abends laufe ich am Strand entlang, bis mir jemand von hinten die Augen zuhält. Es ist ein Klassenkamerad von mir, und er beichtet mir, daß er mich schon lange gut findet. Ich beginne, ihn einfach stürmisch zu küssen, und lasse mich in den Sand fallen. Nun fängt er an, mich langsam auszuziehen. Seine Hände und seine Zunge scheinen plötzlich überall zu sein. Mich törnt das total an, und meine Lust, mit ihm zu schlafen, ist riesig. Ich reiße ihn an mich, doch er läßt mich noch ein bißchen zappeln, bevor er in mich eindringt. Er fängt an, sich schneller auf mir zu bewegen, bis wir gleichzeitig zum Orgasmus kommen. (14 Jahre, Phantasie vom ersten Mal)

Der erste Geschlechtsverkehr soll an einem klassisch schönen Ort stattfinden. Daß sich der Junge ihr von hinten nähert, nimmt dem Mädchen einen Teil der Verantwortung. Seine «Beichte» ist die romantische Voraussetzung für das Wilde, das folgt. Das Mädchen lädt ihn aktiv ein, ihre Lust zu entfesseln. Er läßt sie «zappeln», kontrolliert sie dadurch, verlängert aber auch ihren Genuß.

Gezähmte Wollust

Ich bin mit meinem Schwarm in der Disco. Wir tanzen wild, und nach zwei Stunden flüstert er mir ins Ohr, ob wir nicht ins Auto gehen sollten. Als wir dort sind, küßt er mich sehr zärtlich. Seine Küsse werden immer leidenschaftlicher, stürmischer. Er schiebt meinen Minirock hoch, meinen Slip nach unten. Seine Hose geht auf, und ich spüre seinen steifen Penis an meiner Scheide, seine Hände überall. Er bewegt sich so sanft auf mir, daß es mich wild macht. Wir sind total erregt, aber wir schlafen nicht miteinander. (15 Jahre)

Die Körper ‹dampfen› bereits vom wilden Tanzen, aber dem Jungen – oder Mann – fällt die Aufgabe zu, die Situation eindeutig zu sexualisieren. Im Auto ist allein er aktiv. Das Mädchen registriert minutiös sein «leidenschaftliches» und «sanftes» Vorgehen und kann dadurch ungefährdet die eigene Wildheit genießen. Sie hält ihre und seine Lust im Zaum, gibt (noch) nicht ‹das Letzte›.

Die Lust im Spiegel

Ich stelle mir vor ... Abends vor dem Einschlafen liege ich nur noch in Unterwäsche im Bett. Ich bin noch nicht richtig müde, und der Traum der vergangenen Nacht kommt mir wieder in den Sinn. Die direkten Erinnerungen sind schon verblaßt, aber ich fühle noch genau, was in mir vorging. In dem Traum begegne ich einer mir nur flüchtig bekannten Freundin meines älteren Bruders. Ihre Figur und ihr Aussehen faszinieren mich. Sie kommt auf mich zu, und es ist so, als wenn wir uns schon ewig kennen würden. Sie nimmt mich ganz zärtlich in den Arm und küßt mich. Meine anfängliche Zurückhaltung verwandelt sich in Lust. Ich werde neugierig, und meine Hände erforschen ihren Körper. Langsam ziehe ich sie aus, denn auch sie berührt mich leidenschaftlich, wobei ich mit tiefer Erleichterung und Freude erkenne, daß alles, was sie tut, ihr gefällt, sie es aus absolut freien Stücken macht. Ich gebe mich ihr hin und genieße vollkommen ihre Zärtlichkeiten. Nach einer halben Ewigkeit schlafen wir zusammen ein. Am Morgen ist sie verschwunden. (17 Jahre)

Die ältere Frau – der weibliche Körper – ist ihr sowohl fremd als auch schon «ewig» bekannt. Durch die Zärtlichkeit der Frau zur Lust ermutigt, erforscht sie den Körper, eignet sich ihn – sich selbst – an. Angst, schlechtes Gewissen und Verbote werden aufgehoben, auf daß sie vertrauen und «vollkommen» genießen kann. Niemand zwingt sie zu irgend etwas. Die Vertrautheit ist ein vorübergehendes Geschenk.

Die unwiderstehliche Verführerin

Auszug aus einer längeren Geschichte. Mit «du» ist ein Junge gemeint. «... Sie kommt einfach rein und macht die Tür zu. Du, total perplex, läßt dich von ihr in dein Zimmer schieben, wo sie dich bittet, dich auf dein Bett zu setzen. Also tust du das, und im selben Moment macht sie den Reißverschluß ihres Kleides auf und steht komplett nackt vor dir. Du stehst auf und legst die Hände um ihre Hüften, und sie nimmt dein Gesicht in ihre Hände und gibt dir einen Kuß. Du ziehst sie näher an dich, und ihr öffnet beide euren Mund, damit sich eure Zungen finden können. Dann spielen sie miteinander, sie umschlingen sich. Nun zieht sie dir das Handtuch weg, um sich noch intensiver an dich schmiegen zu können. Sie preßt ihr Becken gegen deines, und deine Erregung wächst ins Uferlose ...» Es folgt bald Sex nach allen Regeln der Kunst. Am nächsten

Morgen ist sie verschwunden, und der Junge kennt nicht einmal ihren Namen. (16 Jahre)

Das Mädchen ist – entgegen der weiblichen Rollengebote – selbstbewußt aktiv. Sie kann es sich erlauben, denn sie ist gleichzeitig in einem Maße attraktiv, daß der Junge ihr unmöglich widerstehen kann. Er soll keine Angst vor ihrer fordernden Lust haben, sondern sich ihrer halb verführenden, halb aggressiven Initiative anvertrauen. Sie ist ein ‹männerverschlingender› Vamp und weiß, was sie will, kontrolliert das Geschehen, schützt sich damit vor einer möglichen Verletzung. Sie kommt und geht, ohne dem Jungen etwas zu schulden.

Briefauszüge:

Weder die Jungen- noch die Mädchenphantasien lassen einen ‹kalt›, und es ist auch kaum zu verhindern, daß sich beim Lesen voyeuristische Lust meldet. Schließlich geht es um intime Details, die normalerweise nicht öffentlich gemacht werden. Die Beschäftigung mit diesem Thema stellt für uns deshalb im Rahmen dieses Aufsatzes eine Ausnahmesituation dar. In der Tat gehen die Phantasien niemand anderen als die Phantasierenden selbst etwas an.

Gleichwohl sind wir der Ansicht, daß die Veröffentlichung der Phantasien dazu beitragen kann, daß sich insbesondere Mädchen weniger für ihre Selbstbefriedigung schämen. Das gilt ebenso für die nun folgenden Briefauszüge. Sie erweitern nicht nur das Spektrum der von uns gedeuteten Phantasien, sondern bestätigen auch die ‹Normalität› weiblicher Lust. Sie machen damit öffentlich, was in der öffentlichen Sexualerziehung stets systematisch ausgeblendet wird. Auch das ‹kleine schmutzige Mädchen› ist vollkommen o. k.

«Für die Zeit zwischen 12 und 18 war alles, was ich mir vorstellte, Phantasie, denn ich habe in diesem Zeitraum keinen Geschlechtsverkehr gehabt. Aber angeregt durch Bücher wie ‹Delta der Venus› oder ‹Die Memoiren der Fanny Hill›, habe ich teilweise dabei gedacht, ich wäre die Hauptperson, der die Dinge geschahen. Besonders gefallen hat mir immer die Vorstellung, auf einem Tisch zu liegen und lauter Männer würden mich anfassen und streicheln, gleichzeitig, bis es mir kommt, ohne daß ich die Personen kannte und mich irgendwie selbst beteiligen mußte; einfach nur gehenlassen. Da ich mich am liebsten im Sitzen selbst befriedige, liebte ich die Vorstellung, hinter mir steht ein Mann und preßt sich gegen mich, faßt mich von hinten an der Brust und Scheide an, während er von hinten in mich eindringt. (...) Besonders erotisch fand ich es auch, mir vorzustellen, ich wäre ein Mann und würde einer anderen Frau Lust bereiten, indem ich den Mann das tun lasse, was ich mir wünschen würde, wie ich angefaßt und oral stimuliert werden möchte. (...) Mich hat das entspannt und aufgeputscht, gerade in Streßsituationen vor Klassenarbeiten oder unangenehmen Situationen.»

«Eine Zeitlang habe ich mich total geschämt, weil ich Gefühle entwickelte, die ich an meinem Körper befriedigte. Mir blieb aber keine andere Wahl, da ich keinen Freund hatte. Ich habe dann versucht, die Gefühle zu unterdrücken, aber ab und zu sind sie dann doch hochgekommen, und ich habe geweint, nachdem ich mich befriedigt hatte.

Nun, ich kann nun nur versuchen, die eine oder andere Geschichte aufzuschreiben: Immer wieder liege ich im Bett, forme meine Decke zu einer Rolle und lege mich darauf. Ein hartes Kissen kommt in den Unterleibsbereich, so daß ich mich daran reiben kann. Ich fange an, mich zu bewegen, streichle mich, ziehe mich nacheinander aus. Mein Körper ist kalt, obwohl meine Gedanken warm sind. Ich spüre, wie meine Scheide nur schwer feucht wird, trotzdem stecke ich meinen Finger hinein. Es tut weh, und meine Gedanken sind überall. Irgendwann spüre ich gar nichts mehr. Ich bin leer, decke mich zu und schwöre mir, daß ich das nie wieder tun will. Ich bin allein und weine.

Ich verspüre ein Kribbeln. Ein Kribbeln überall, wenn ich ihn sehe. Ich bin verliebt, aber er erwidert meine Liebe nicht. Schon lange haben wir eine platonische Liebe, aber irgendwie will ich mehr. Wenn ich ihn in der Schule sehe, dann stelle ich mir vor, mit ihm allein zu sein, ihn auszuziehen, ihn berühren zu dürfen. Ich darf es nicht, und deshalb findet unser Liebesleben nur geheim bei mir im Kopf statt: Wir liegen nackt nebeneinander, jung (um die 16), unerfahren, schüchtern und wissen beide, was wir wollen, haben aber Angst. Langsam fange ich an, mich zu streicheln, und stelle mir seine Lippen auf meinem Körper vor. Ich werde wild und zerwühle mein Bett. Ich habe nur einen Gedanken, und das ist ‹Er›. Ich will ihn bei mir haben, aber es geht nicht. Ich fange an zu weinen und schlafe ein.»

«Bis ich 14 Jahre war, sah ich schmierige Sexfilme und befriedigte mich dabei. Anfangs mit Hilfe einer Flasche, die ich zwischen meinen Beinen auf und nieder rieb. Auch mal beim Musikhören, und dabei mit dem Finger. In der Badewanne mit der Duschgelflasche und ab 14 mit meiner Videofernbedienung, die mir immer noch treu ist. Zwischen 12 und 14 hatte ich oft die Vorstellung, vergewaltigt zu werden. Zwischen 14 und 15 habe ich mir vorgestellt, mit einem Jungen zu schlafen, den ich ganz toll fand. Aber sehr oft habe ich an gar nichts gedacht, nur der lauten Musik gelauscht, die ich immer bei Selbstbefriedigung höre, und mich auf den Orgasmus konzentriert bzw. auf meinen Körper.

Ich habe seit einem Jahr einen Freund, und für mich ist es total der ‹Kick›, bei der Selbstbefriedigung an einen anderen Jungen zu denken und dessen Namen laut zu schreien.»

«In meiner Phantasie stelle ich mir oft vor, wie zwei Menschen, die ich gar nicht kenne, es ganz wild miteinander treiben. Früher (so etwa mit 13) habe ich diese Phantasien immer mit meinen Barbie-Puppen nachgespielt. Das fand ich sehr erregend. Manchmal stelle ich mir vor, daß ein unbekannter, toller Kerl mich ans Bett fesselt, so daß ich nicht entkommen kann, und mich richtig hart nimmt, auch wenn ich das anfangs vielleicht gar nicht so richtig will, aber irgendwann finde ich es dann richtig geil. In meiner Phantasie verführe ich aber auch gerne Männer. Ich bin dann eine richtige Sexbombe. Aber auch Frauenkörper finde ich sehr erotisch, und es erregt mich auch, wenn ich mir einen tollen Busen oder so vorstelle. Wenn ich mich selbst befriedige, läuft vor meinem ‹inneren Auge› meistens ein Pornofilm. Ich glaube, ich bin ziemlich sexbesessen, aber das ist schon in Ordnung. Manchmal muß ich ganz schön lachen.»

«Ich lege mir manchmal eine Bettdecke hinter meinen Rücken und stelle mir vor, daß das ein Mann wäre. Das fühlt sich so ähnlich an. Ich massiere meinen Busen und stelle mir dabei vor, daß es in Wirklichkeit ein Mann ist, der das tut. Wenn ich mich selbst befriedige, stelle ich mir oft Pornos vor oder wie plötzlich ein Mann kommt, sieht, daß ich mich selbst befriedige, und mich dann so richtig von hinten nimmt. Ich finde es auch sehr erregend, mir vorzustellen, daß ein Mann mich lockt und heiß macht und dann aber doch wieder weggeht und dann wiederkommt, so ein Hin-und-Her-Spiel.» (14 Jahre)

«Wenn ich allein war (vor der Pubertät), stellte ich mir häufig vor, daß ein großer starker Mann kommt und mich auffrißt. Ich rutschte dabei unter die Bettdecke und war dann in seinem Bauch gefangen. Ich weiß nicht, warum, aber ich fand diese Vorstellung immer sehr erregend. Besonders, wenn er mich dann wieder ausschied. Das war wie so eine Art Geburt. Im selben Alter hatte ich auch noch eine große Pink-Panther-Kuscheltierfigur, die fast so groß war wie ich selbst. Mit ihr entdeckte ich, wie toll es ist, sich deren Kopf in den Bauch zu drücken. Pink Panther war für mich, bis ich etwa 14 war, mein leidenschaftlicher Liebhaber, mit dem ich alles machen konnte. Ich fand es bei all diesen Spielen immer durchaus erregend, wenn es einen Anflug von Gewalt hatte. Ich stellte mir vor, daß ich fliehen will, aber ich konnte es nicht, ich versuchte, mich zu wehren, war aber zu schwach – die Pink Panther waren immer stärker. Mit 15 stellte ich fest, daß meine Brustwarzen hart sind. Ich war todunglücklich und meinte, als meine Mutter mir erklärte, warum das so sei: ‹Jetzt werde ich niiie mehr so sein, wie ich eigentlich bin.› Ich war wirklich traurig und schämte mich irgendwie. Ich wollte keine Frau werden. Zu diesem Zeitpunkt hörte ich auch mit meinen ganzen Spielchen auf. Ich wachte nur manchmal nachts auf und merkte, daß ich ein Kissen zwischen den Beinen hatte oder meinen Finger am Kitzler und was Tolles geträumt habe. Ich hatte aber keine bewußten sexuellen Phantasien mehr. Die kamen erst so allmählich wieder, als ich dann zum ersten Mal mit einem Mann geschlafen hatte (als ich 18 war).»

Gemeinsamkeiten und Unterschiede

In jeder der Geschichten steht im Vordergrund, daß es einer bzw. einem anderen eine Freude ist, dem Jungen oder Mädchen Lust zu verschaffen. Das Begehren ist zwar Anlaß für die Phantasie, aber in den meisten Beispielen drückt es sich kaum als eigenes Handeln aus.

Auf den ersten Blick wirken die Jungen in ihren Phantasien erheblich unreifer als die Mädchen in deren Geschichten. Beide Geschlechter waren zum Zeitpunkt der geschilderten Phantasien noch nicht koituserfahren, doch während sich die Lust der Jungen vornehmlich auf die Erforschung des weiblichen Körpers konzentriert und in eher regressiven Formen äußert, beschäftigen sich die Mädchen mit der Vorstellung, daß ein Penis in sie eindringt.

Eigentlich könnten nicht nur die Mädchen, sondern auch die Jungen im Schutz ihrer Phantasien ausprobieren, wie es wäre, mit jemandem zu schlafen. Allerdings verlangte auch ein phantasierter Koitus von einem Jungen gerade jene selbstbewußte Aktivität, der er in seinen Phantasien ausweichen möchte. Er müßte seine sichere Position aufgeben, die es ihm erlaubt, sich langsam dem zu nähern, was er sich herbeiwünscht. Ein Mädchen kann dagegen bei dem phantasierten Akt in ihrer eher passiven, abwartenden und empfangenden Geschlechtsrolle bleiben und hat dennoch die Möglichkeit, sich in eigener Regie mit dem auseinanderzusetzen, was früher oder später auf sie zukommen wird.

Wahrscheinlich bedarf die Vorstellung, einen Penis in sich aufzunehmen, dringlicher der seelischen Vorbewältigung als der Wunsch, seinen Penis in eine Vagina einzuführen – trotz aller möglichen Kastrationsängste. Beim phantasierten Koitus vertrauen sich die Mädchen jemandem an, der weiß, wie es geht. Sie bereiten sich dabei auf etwas vor, dem sie nicht nur mit lustvoller Erwartung, sondern auch mit der Furcht vor

Schmerz und Verletzung entgegensehen. Die Vorstellung, einen Penis in sich eindringen zu lassen, kann Angst davor erzeugen, das Intimste zu geben und dabei ausgeliefert zu sein – eine Befürchtung, die in der Phantasie beschwichtigt werden kann. Zwar könnte es auch für Jungen von Vorteil sein, sich testweise als beglückender und technisch versierter Liebhaber zu phantasieren, aber dafür müßten sie mitten in der Geschichte das Rollenfach wechseln – wozu sie in der frühen Pubertät offensichtlich nicht in der Lage sind. Es scheint leichter zu sein, sich einen erfahrenen Partner herbeizuphantasieren, als sich selbst Erfahrenheit und liebestechnisches Geschick anzudichten. Alle Männer, die sich in Tiefeninterviews und bei Fortbildungsseminaren zu dem Thema geäußert haben, berichteten übereinstimmend, daß Koitusphantasien bei ihnen erst *nach* dem ersten Mal aufgetaucht waren.

Die passiven Positionen, die beide Geschlechter in ihren Phantasien einnehmen, bedeuten vor dem Hintergrund der jeweiligen sexuellen Rollenaufträge also etwas sehr Unterschiedliches. Damit läßt sich auch erklären, weshalb Überwältigungsphantasien nur bei den Mädchen und nicht auch bei den Jungen aufgetreten sind. Die Mädchen haben auf Grund des realen männlichen Bedrohungspotentials mehr Anlaß, entsprechende Ängste zu bearbeiten. Außerdem lasten auf ihnen ungleich schwerere Lustverbote. Die durch Überwältigung erlaubte Lust mündet in den weiblichen Phantasien stets in einem klassischen Arrangement: Der Junge oder der Mann bringt das Mädchen aktiv zum Höhepunkt. Es wird also so, wie es gemäß der Geschlechtsrollen sein soll. Hätte ein Junge, von dem in der Realität dasselbe – nur ohne Gewalt – erwartet wird, eine vergleichbare Phantasie von sich als gewaltsam überwältigtem Objekt, würde sein Rollenauftrag vollkommen auf den Kopf gestellt. So soll es offenbar nicht sein.

Sowohl in den männlichen als auch in den weiblichen Phantasien spiegeln sich die klassischen Rollenbilder weitgehend wider oder werden mit gleichem Ergebnis auf die eine oder andere Weise variiert. Neben der allgemeinen Tabuisierung autonomer weiblicher Lust hat dieser Umstand vermutlich nicht wenig dazu beigetragen, daß auch feministische Veröffentlichungen die sexuellen Phantasien von Mädchen bislang vernachlässigt haben. Zwar haben sich auch Männer kaum mit Jungenphantasien beschäftigt, aber angesichts der Legionen feministischer Bücher fällt dieser weiße Fleck im Bereich der ansonsten umfassend kartographierten Mädchensexualität doch sehr ins Auge. Nicht nur die weibliche Masturbation selbst, sondern auch die sie begleitenden Phantasien erzeugen offenbar große Scham und Verwirrung. Insbesondere Überwältigungsphantasien widersprechen jedem emanzipatorisch-pädagogischen Ziel – was jedoch nur dann zutrifft, wenn sie als reale Wünsche interpretiert werden. Es mag die Enttäuschung hinzukommen, daß es Mädchen in einer patriarchalischen Kultur kaum möglich ist, eine von der herrschenden Norm abweichende, eigene Sexualität zu entwickeln.

Beiden Geschlechtern wird auf je eigene Weise abverlangt, im Rahmen der verfügbaren Bilder und Möglichkeiten einen gangbaren Weg zur Lustbefriedigung zu finden. Die hier vorgestellten Fiktionen decken sicherlich nicht das gesamte Spektrum sexuellen Erfindungsreichtums ab, aber sie machen doch auf eindrückliche Weise deutlich, wie leidenschaftlich Mädchen und Jungen trotz aller rollenspezifischen Beschränkungen um die Erfüllung ihrer Sehnsüchte und gegen Fremdheit und Mißtrauen kämpfen.

Ein Kühlschrank ohne Magnum ist kein Kühlschrank!
Schnittstellen zwischen männlichem Sucht- und Sexualverhalten

Wir leben in unverklemmten Zeiten. In Talk-Shows sprechen die Leute vor einem großen Publikum und offenbar ohne Schamgefühl über ihr «Intimleben» – wie man früher zu sagen pflegte, als man noch rote Ohren bekam, wenn es um sexuelle Dinge ging.

In Wirklichkeit fällt es den meisten Leuten schwer, über ihre Sexualität zu sprechen. Die intimen Bekenntnisse, die irritierten Menschen in den Talk-Show-Fabriken abgepreßt werden, und das ganze öffentliche Gequatsche über Sexualität, tragen dazu bei, die Leute eher stumm zu machen. Was einen wirklich beschäftigt oder vielleicht sogar bedrückt, kann man nämlich nicht auf Zuruf druckreif formulieren. Wer ins Stottern kommt, einen uninformierten Eindruck macht oder gar von belastenden oder scheinbar unüberwindlichen sexuellen Schwierigkeiten berichtet, muß befürchten, sich zu blamieren. Deshalb schwärmt jeder lieber in hintergründiger Weise von seinen eigenen Qualitäten oder schildert, wie er das Problem von vorvorgestern inzwischen prima in den Griff bekommen hat. Wer sich traut, Unsicherheit zu zeigen, wird mit guten Ratschlägen aus der Trickkiste abgestraft.

In Gesprächsgruppen, die ich manchmal zur männlichen Sexualität anbiete, kommt es immer wieder vor, daß ein Teilnehmer in der einen oder anderen Weise die «Man kann doch heutzutage über alles reden»-Norm ausspricht. Wenn ich es versäume, eine solche Normsetzung in Frage zu stellen, ist das offene Gespräch in aller Regel auf der Stelle beendet. Hinter der saloppen Formulierung verbirgt sich nämlich eine rigide Leistungsnorm: Wer heutzutage Probleme mit seiner Sexualität hat, der muß ein ziemlich verklemmter Schlappschwanz sein.

Im Rahmen eines Open-Air-Kulturfestes in Mainz las ich auf einer Wiese bei wunderschönem Wetter etwa hundert zumeist jüngeren Leuten aus dem Buch «Die Prinzenrolle – Über die männliche Sexualität» vor. Ich hatte mich für ein Kapitel über den «Vorzeitigen Samenerguß» entschieden. Die Leute hörten interessiert zu, aber in der anschließenden Diskussion passierte etwas Seltsames. Die erste Frage lautete: «Was sagen Sie zu den Massenvergewaltigungen in Bosnien?» Ich war perplex und antwortete diffus. Schließlich ging mit wiegendem Schritt ein junger Mann zum Mikrofon. Er trug einen Cowboyhut und erinnerte ein wenig an James Dean. Er erzählte, daß er häufig sexuelle Gewaltphantasien habe, aber sehr produktiv damit leben könne. Nun war ich erst recht irritiert, weil ich ja nicht über den Umgang mit Gewaltphantasien, sondern über nette, freundliche Männer gesprochen hatte, die nichts lieber täten, als ihrer Partnerin eine Serie unvergeßlicher Orgasmen zu schenken. Ich hatte von Versagens- und Ohnmachtsgefühlen gesprochen und davon, daß Mann sich in der Sexualität manchmal ein bißchen erbärmlich finden kann. Ich hatte zwar erwähnt, daß die ‹Vorzeitigkeit› des Samenergusses auch ein Zeichen unterdrückter Aggression sein kann, aber das konnte kaum der Grund dafür sein, daß sich auch in der Folge die Diskussion ausschließlich auf die gewalttätigen Aspekte männlicher Sexualität fokussierte. Zudem wurde mit zunehmender Dauer der Diskussion immer deutlicher, daß sich in Wirklichkeit kein Mensch ernsthaft für das Gewalt-Thema interessierte. Offenbar war es leichter, über die bösen und bedrohlichen, aber wenigstens starken Aspekte der männlichen Sexualität als über vermeintlich schwache Männer zu sprechen. Das Gefühl der Ohnmacht wurde durch die Beschäftigung mit der Gewalt erfolgreich verdrängt.

Diese Geschichte zeigt, daß es besonders schwierig ist, über sexuelle Erfahrungen miteinander ins Gespräch zu kommen, die einem als Schwäche, Versagen und Ohnmacht ausgelegt werden könnten.

Dieter Spieler, der seit langem in der Suchttherapie arbeitet, berichtet von seinen Erfahrungen mit alkoholkranken Männern: «Selbst wenn man explizit nach sexuellen Problemen fragt, bekommt man häufig zur Antwort: ‹Null problemo› – und manche hängen noch ein ‹Ganz im Gegenteil› hintendran, was auch immer das heißen mag.» (1996, S. 30). Das «Null problemo» stellt keine Besonderheit der Suchtkrankentherapie dar. Es gibt ein allgemeines Tabu in unserer Gesellschaft, über sexuelle Probleme des Mannes zu sprechen. Möglicherweise wirkt das Tabu in diesem Bereich nur besonders stark, weil sich Männer in einer Suchtkrankentherapie in einer außergewöhnlich schwierigen Situation befinden:

Sich selber eingestehen zu müssen, daß man einem Suchtmittel hilflos ausgeliefert ist; zu hören, zu spüren oder zu wissen, daß alle Versuche, die Sucht zu kontrollieren, zum Scheitern verurteilt sind; die Erkenntnis von Abhängigkeit und Hilfsbedürftigkeit und womöglich der nüchterne Blick auf den Trümmerhaufen, den das suchtbestimmte Leben ergeben hat – all das attackiert nicht nur allgemein das Selbstbewußtsein eines Menschen, sondern in ganz besonderer Weise männliche Identität. In unserem Kulturkreis sind zur sozialen Konstruktion von Männlichkeit Bilder von Unabhängigkeit, Erfolg und Kontrolle sehr wichtig. Und ein richtiger Mann ist nicht auf Hilfe angewiesen.

Auf die Sicherheit, die solche Insignien richtiger Männlichkeit bieten, muß ein Mann in einer Suchtkrankentherapie mehr oder weniger verzichten. Es ist sehr verständlich, daß es eine gewisse Scheu und Zurückhaltung gibt, einen derart gebeutelten und in seiner Männlichkeit verunsicherten Menschen nun gerade auch noch auf sexuelle Probleme anzusprechen. Und es ist verständlich, daß ein stark verunsicherter Mann seine Sexualität in besonderer Weise schützen möchte. Denn wenn nun auch noch die womöglich letzte Bastion männlicher Selbstgewißheit auf dem Tisch des Hauses verhandelt würde, das wäre vielleicht einfach zuviel. Insofern verweist das weitgehende Ausblenden des Themas Sexualität in der Suchtkrankentherapie nicht nur auf die Wirksamkeit eines allgemeinen Tabus. Es gibt einsichtige Motive, mit diesem Thema vorsichtig umzugehen.

Die meisten sexuellen Probleme suchtkranker Männer sind anderen Männern auf Grund eigener Erfahrungen in der einen oder anderen Form bekannt. Alle tun sich mehr oder weniger schwer, darüber mit anderen Männern zu sprechen. Jedenfalls wäre die Vorstellung absurd, daß nun gerade suchtkranke Männer leicht über etwas sprechen können, worüber ansonsten geschwiegen wird. Und wenn die Therapeuten, die mit suchtkranken Männern sprechen, rundum gesunde, sexuell überaus potente Männer sind, die den armen Schlappschwänzen über das Schlimmste hinweghelfen wollen, wenn also per definitionem und Tabu ausgeschlossen ist, daß die sexuellen Schwierigkeiten des suchtkranken Mannes auch die eigenen sein können, dann wird das gemeinsame Gespräch äußerst schwierig.

Wir alle kennen aus unserer Lebensgeschichte Probleme und Leid im Zusammenhang mit der Sexualität:

Leistungsdruck und Versagensangst; das Gefühl, vielleicht unattraktiv und sexuell nicht besonders begehrenswert zu sein; das Leid, die Partnerin nicht, nicht oft genug oder doll genug befriedigen zu können; die Schwierigkeiten, die sich in einer Partnerschaft ergeben können, wenn beispielsweise er viel öfter will als sie; die insgeheime Angst, mit seinen Wünschen und Begierden, mit seinem Körper aufdringlich und eklig zu wirken, eine richtige Zumutung zu sein; hilflos mit ansehen zu müssen, wie die gemeinsame Sexualität zum ständigen Zankapfel geraten, das Bett zum Kriegsgebiet geworden ist, in dem man sich nicht liebt, sondern gegenseitig kränkt; mit seiner Partnerin nicht über Sexualität sprechen zu können; in einer Beziehung zu leben, in der es seit langer Zeit überhaupt nicht mehr oder nur noch zu sehr seltenen und enttäuschenden sexuellen Begegnungen kommt; damit fertig zu werden, auch in sexueller Hinsicht, wenn im Alltag der Beziehung die Partnerin die Hosen anhat – aus welchen Gründen auch immer, es muß ja nicht immer um Alkohol gehen; keine rechte Lust mehr zu verspüren, mit seiner Frau ins Bett zu gehen; Probleme mit dem Älterwerden; der schleichende und oft sehr irritierend erlebte Verlust der in jungen Jahren so zuverlässigen Geilheit – das Gefühl, als mache sich mit den Jahren das sexuelle Begehren nach und nach aus dem Staub; Probleme, jemanden zu finden, der Sex mit einem haben möchte; die Abweichung von der untergründig allgemein anerkannten Norm, daß der Mann immer will, immer kann und immer kommt – Probleme mit der Erregbarkeit, der Erektion, der Ejakulation, die entweder sehr schnell oder in manchen Fällen auch überhaupt nicht stattfindet; die Angst, in einer sexuellen Situation die Kontrolle über die eigenen Gefühle zu verlieren, Unsicherheit über die eigene sexuelle Orientierung.

Die Auflistung zeigt, daß niemandem die Sexualität problemlos, zum garantierten Preis und in gleichbleibender Qualität zur Verfügung steht. Diese Erkenntnis ist zwar banal, aber gerade Männer tun sich schwer, sie anzunehmen. Ein Mann, der über seine sexuellen Probleme spricht, muß befürchten, aus der Gruppe der normalen Männer ausgeschlossen zu werden.

Frauen gehen in gewisser Weise freundlicher miteinander um, unter anderem deshalb, weil im Rahmen der Frauenbewegung die weibliche Sexualität zum öffentlichen Thema gemacht worden ist. Natürlich unterliegen auch Frauen sexuellen Leistungsnormen, aber es ist – nach einem langen öffentlichen Diskurs – schon ‹okay›, wenn es die eine nicht, die andere viel, wenn die eine so und die andere so will. Die Frauen haben zu Recht eingefordert, daß ihre Sexualität differenzierter gesehen werden soll. Sie haben sich damit etwas mehr Individualität erkämpft.

Wenn in einer Gesprächsgruppe mit suchtkranken Frauen eine Frau beklagt, daß ihr im Laufe der süchtigen Jahre ihre Sexualität abhanden gekommen ist, dann kann es gut sein, daß die Leiterin der Gruppe sagt: «Ach, wissen Sie, ich habe auch schon seit einem halben Jahr nicht mehr mit meinem Mann geschlafen!» In einem solchen Moment ist weibliche Identität nicht bedroht, sondern konstituiert sich in der Gemeinsamkeit des Gespräches unter Frauen.

Von einer differenzierten Betrachtung der männlichen Sexualität ist die Diskussion weit entfernt, und das solidarische Gespräch unter Männern über Abweichungen von der Norm ist eher selten – nicht nur in Suchtkliniken.

Ich möchte im folgenden einige Aspekte der Sucht schildern, um sie mit der Sexualität zu vergleichen.

Sicherheit

Zur Sucht gehört das Vorrätighalten des Suchtmittels. Der funktionierende Zigarettenautomat an der Ecke, die hübsche Dose mit den Fünfmarkstücken im Küchenschrank, der gepflegte Weinkeller, die Stammkneipe, der Zweitkühlschrank mit dem wohltemperierten Bier – nur für den Fall, daß mal Besuch kommt, usw. Das Suchtmittel muß sicher verfügbar sein.

Überhaupt verhilft die Sucht vielen Menschen zu einem sicheren und ordentlichen Leben, zumindest über einen langen Zeitraum hinweg. Die Sucht zwingt die Menschen in ein berechenbares, gleichförmiges Leben. Selbst Männer, die unter starkem Alkoholeinfluß zu gewalttätigen Ausbrüchen neigen, werden ihre Umgebung nach einer gewissen Zeit nur noch ängstigen, aber nicht mehr überraschen. In aller Regel können die Angehörigen die Uhr danach stellen, wann und unter welchen Bedingungen die Gewalt zum Ausbruch kommt.

Wenn sich ein Mensch nüchtern in seinen Gefühlen zeigt, begibt er sich in eine Situation, deren Ausgang nicht unbedingt feststeht. Wer traurig ist und losheult; wer wütend herumschreit oder streiten will und das Messer wetzt; wer Angst hat und sich darin ausdrückt, oder Lust auf Sex und sich traut; wer voller Übermut Bäume ausreißen und auf den Tischen tanzen will: er weiß nie mit Sicherheit, was passieren wird.

Ein erfahrener Trinker kennt dagegen jede Sekunde des Rausches. Ob es ihm gefällt oder nicht: er weiß exakt, was geschieht. Sucht ist – mit bösem Ende – immer dasselbe. Sucht ist so etwas wie ein erzwungener Verzicht auf das Abenteuer. Und «immer dasselbe» wirkt auf das sexuelle Begehren wie der Knoblauch auf die Vampire.

Sehnsucht

Wenn ich Bekannten von meiner Arbeit an diesem Text erzählte, sagten die meisten: «Kennst du das? In jeder Sucht steckt eine Sehnsucht! Mußt du unbedingt einbauen.» Dieser Spruch scheint ungeheuer populär zu sein, aber im Grunde ist er ziemlich blödsinnig. Wie so viele Kalenderweisheiten ist er schön und gut, aber er drückt sich um die Machtverhältnisse herum. Er rührt die Sucht und die Sehnsucht auf so liebe Weise zusammen, daß sie wie austauschbar wirken. In Wirklichkeit ist die Sucht nichts anderes als ein Zuchthaus für die Sehnsucht. An jedem Tag der Sucht wird die Sehnsucht weggesperrt, und der versöhnliche Kalenderspruch tut so, als stecke in jedem Gefängniswärter ein Häftling und als hätten auch die Steine, aus denen die dicken Mauern gemacht sind, ein Recht auf Glück.

Die Sehnsucht stellt eine der Hauptantriebskräfte für sexuelle Aktivität dar, gleichberechtigt mit dem Trieb, der Lust, der Liebe und dem Spaß. Einer der scheußlichsten Umstände des menschlichen Lebens besteht darin, daß jeder von den anderen Menschen getrennt ist. Die Einsamkeit, die Abgegrenztheit von den anderen, ist ein notwendiges, ein konstituierendes Element unserer Identität. Zur sexuellen Identität gehört in der Regel die deutliche Abgegrenztheit vom anderen Geschlecht. Ein Mann kann keine Frau sein und wird es für gewöhnlich auch nie sein können. Die Sexualität kann immer wieder die Sehnsucht stillen, die Trennung zu den anderen aufheben zu können. Sie hält die Möglichkeit bereit, wie im Rausch, wie von Sinnen, wenigstens für eine kurze Zeit, nicht mehr Mann oder Frau, nicht mehr Ich oder Du, sondern wie ein Säugling mit dem anderen Körper, mit allen Körpern, mit der ganzen Welt verbunden zu sein. Sexualität ermöglicht das regressive Eintauchen in den symbiotischen Ozean der frühen Kindheit, und der Orgasmus, den die Franzosen den kleinen Tod nennen, schenkt etwas, was erwachsenen Menschen im normalen Alltag vorenthalten ist: In den Armen eines anderen kann jede Begrenzung, jede Spannung, jede Zurückhaltung, jede Anstrengung aufhören, und es ist gut.

Ersatz

Die meisten Männer können sich an Phasen in ihrem Leben erinnern, in denen sie sich als ziemlich unmännliche Versager gefühlt haben. Gerade in solchen Krisenzeiten bekommt für viele Männer die Sexualität eine große Bedeutung. Für einen in seiner Selbstachtung angegriffenen Mann gibt es kaum ein wirksameres Therapeutikum als eine sexuelle Eroberung, und oft ist es einfacher, den Frauen hinterherzusteigen, als sich um seine Probleme zu kümmern. Wenn draußen in der Welt alles schiefgeht, ist es tröstlich, wenigstens drinnen für eine Frau der Größte zu sein!

Es gibt nicht nur sogenannte Problemtrinker, sondern ebenso Problem-Flirter oder Problem-Casanovas. Diese Schnittstelle zwischen männlicher Sucht und männlicher Sexualität läßt sich mit einem etwas zotigen, aber sehr treffenden Begriff aus der Jugendsprache als ‹Notgeilheit› beschreiben. Dieses Gefühl hat wenig mit Lust auf Sex oder drängender Triebhaftigkeit, sondern eher mit quälender Einsamkeit oder anderen unangenehmen Empfindungen zu tun, die durch ein sexuelles Erlebnis behoben werden sollen. Ein ‹notgeiler› Mann ist selten darauf aus, sich zu verlieben oder persönlichen Kontakt aufzunehmen. Es geht vielmehr darum, *auf der Stelle* eine zu finden, die bereit ist, mit ihm ins Bett zu gehen. Die erste Kontaktanbahnung darf im Grunde nicht länger dauern, als der Wirt braucht, um ein ordentliches Pils zu zapfen. Auch wenn nach der Weisheit des Kalenders in jedem notgeilen Mann ein sich verzehrender Liebhaber steckt, zeigt die Erfahrung, daß diese Form der Kontaktaufnahme wenig erfolgreich ist.

Genau wie der Alkohol kann die ‹Notgeilheit› helfen, Gefühle zu verdrängen. Wenn sich alles um das Suchtmittel dreht, werden andere Gefühle ebenso in den Hintergrund gedrängt wie bei der zwanghaften Suche nach einem sexuellen Erlebnis.

Auch wenn es vielleicht nicht sinnvoll ist, jedes als zwanghaft erlebte Verhalten mit der körperlichen Abhängigkeit von einem Suchtmittel zu vergleichen, so ist es doch bemerkenswert, daß sich in vielen Orten der Bundesrepublik Selbsthilfegruppen gebildet haben, die sich nach dem Vorbild der Anonymen Alkoholiker «Anonyme Sexaholiker» nennen. In Amerika gibt es schon seit den achtziger Jahren Hunderte von Selbsthilfegruppen «sex-süchtiger» Menschen. Wie eine stoffabhängige Sucht kann Sex-Sucht Menschen ruinieren. Durch unrealisierbare Forderungen werden Partnerschaften zerstört. Leute verschulden sich enorm, weil sie sich zum Beispiel nicht gegen den Drang wehren können, extrem häufig Bordelle aufzusuchen. Viele Betroffene erleben, daß sich ihre zwanghafte Sexualität in einer Suchtdynamik entwickelt. Sie sind auf immer häufigere oder stärkere sexuelle Reize angewiesen oder haben das Gefühl, daß sie ihre sexuellen Wünsche zunehmend weniger steuern können.

Es verwundert nicht, daß bei den «Anonymen Sexaholikern» überwiegend Männer zusammenkommen. Daß die Sexualität zum Surrogat für emotionale Grundbedürfnisse wird, ist durchaus männertypisch. Der Sexualisierung von Gefühlen entspricht häufig eine große Angst oder Ungeübtheit, Bedürfnisse zum Beispiel nach Nähe und Zuwendung anders als durch Sexualität auszudrücken. Ein Mann, der ständig Sex will, erfüllt eher die gängigen Klischees richtiger Männlichkeit als ein Mann, der getröstet, in den Arm genommen und gehalten werden will.

Illusion

Ein Alkoholrausch kann ganz ähnliche Funktionen erfüllen wie die Sexualität. Er hebt – zumindest im inneren Erleben – die Trennung des einzelnen von der Welt und von den anderen

Menschen auf. Wer sich nach einem schwierigen oder unbe-
friedigenden Arbeitstag vor den Fernseher setzt, spürt bisweilen Einsamkeit, Anspannung und – meist begünstigt durch das
Programm – eine Art Sinnlosigkeit. Trinkt er dabei genügend
Alkohol, so spürt er den Unterschied zwischen sich und dem
Fernsehgerät nicht mehr. Wer nicht sonderlich gern auf große
Partys geht, weil er sich unter vielen Leuten nicht wohl fühlt,
kann mit Hilfe eines wohldosierten Alkoholrausches den fremden Partyhaufen irgendwann in eine seit langem vertraute Familie verwandeln, in der er sich ganz selbstverständlich bewegt. Genügend Alkohol macht selbst aus dem langweiligsten
Gesprächspartner ein spannendes Gegenüber, mit dem man
gerne zusammensitzt.

Eine kleine Geschichte kann die Ähnlichkeiten zwischen
einem Rausch und der Sexualität noch deutlicher machen:

Ein Mann sitzt allein in einer Kneipe und trinkt. Aus einem
ganz konkreten Grund ist er sehr traurig. Mit zunehmendem
Alkoholkonsum verfliegt dieses Gefühl der Traurigkeit, und
auch der Anlaß der Trauer erscheint nebensächlicher und be-
deutungsloser als vorher. Der Mann sieht derweil, ohne sich
etwas dabei zu denken, ohne überhaupt sehr viel zu denken,
der Kellnerin bei ihrer Arbeit zu. Je länger er das tut, um so
vertrauter und liebenswürdiger erscheint sie ihm. Sie ist –
Mensch, daß er das nicht sofort erkannt hat! – eine tolle
Kellnerin, eine tolle Frau und ein toller Mensch! Mit Hilfe des
Alkohols kann sich der Mann eine tröstende Liebesgeschichte
erfinden, die ihm über seine einsam verbrachte Traurigkeit
hinweghilft. Der Alkohol verbindet ihn, zumindest in seiner
Phantasie, sehr intensiv mit einem anderen Menschen.

Betäubung

Sexualität und Alkohol können jeweils ein Gefühl der Verbundenheit hervorrufen, wenn auch mit ganz unterschiedlichen Folgen. Nach einer schönen sexuellen Begegnung wird sich ein Mann stark fühlen und aus dem Bett springen: «Was machen wir jetzt?» Oder: «Wo ist der Kühlschrank? Ich habe Hunger!» Vielleicht liegt er dann aber auch entspannt in den Armen seiner Partnerin oder seines Partners. Der Monat der Liebe ist der Mai, wenn alles nach Wachstum und Aufbruch riecht.

Nach einem Rausch ist ein Mann schwach. Die Fähigkeit zur Nähe ist verlorengegangen. Die schöne Kellnerin, die im Kopf des trinkenden Mannes so vertraut und liebenswert geworden war, hätte er nach fünf großen Bieren nicht ansprechen können. Er wäre nichts weiter als ein distanzloser Schluckspecht gewesen, der nach zwölfe das Personal anbaggert. Es wäre ihm in diesem Zustand auch nicht gelungen, der schönen Kellnerin zu zeigen, daß er ebenfalls ein sehr liebenswerter Mensch ist. Schließlich kennt sie das. Jeden Abend baggern welche.

Der Alkoholrausch verändert Gefühle. Dem Mann in der Kneipe mag es gelungen sein, mit Hilfe des Alkohols seine Trauer eine Zeitlang nicht spüren zu müssen, aber wenn sein Rausch verflogen ist, wird aus dem vorher deutlich spürbaren, bestimmten Gefühl ein schwammiger Kloß geworden sein. Der übermäßige Alkoholkonsum bringt die Gefühle nicht zum Verschwinden, sondern nimmt ihnen die Kontur, und es wird eine Zeit brauchen, bis aus dem dumpfen Unbestimmten wieder eine klare Empfindung werden kann.

Viele sexuelle Erlebnisse speichern sich in der Erinnerung. Daß ein Mann von dreiundzwanzig Jahren – eine blöde Zeit damals! – mit Bärbel zusammen war, weiß er noch wie heute, und zwar ziemlich genau. Eine einigermaßen erfüllte Sexualität ist wie ein schönes Buch, in dem man blättern und sicher wissen kann, daß man doch nicht allein auf der Welt ist. Wie ein Fotoalbum mit den Bildern seiner Kinder oder den Bildern aus der eigenen Kindheit. Der Rausch dagegen ist ein erklärter Feind der Erinnerung. Von dem so engagierten Gespräch mit den Freunden, vielleicht über die Lage der Sozialdemokratie in der heutigen Zeit, bleibt nur ein flüchtiger Eindruck. Zuviel Nebel, um sich die Landschaft einzuprägen. Der Monat der Sucht ist der November. Verhangene Himmel, Regen, Kälte und immer den Winter vor Augen.

Einen Vorteil hat der Alkohol. Man weiß, was man hat. Saufen ist viel einfacher und sicherer als die Sexualität. Vielleicht ist der traurige Mann in der Kneipe, mal nüchtern betrachtet, zwanzig Jahre älter als die schöne Kellnerin? Vielleicht ist er viel zu schüchtern, um sie anzusprechen? Womöglich gibt sie ihm mit leicht angewidertem Blick einen Korb? Der Alkohol hat ihm eine Liebesgeschichte erzählt, die in der Realität aus vielerlei Gründen riskant, ein wenig absurd und wahrscheinlich völlig unmöglich gewesen wäre.

Schutz

In einer festen Beziehung kann der Alkohol die Liebe zerstören. Er kann aber auch die Liebe oder zumindest das Liebesideal schützen. Ein so mächtiger Feind wie der Alkohol kann ein Paar zusammenschweißen. Ist der Feind durch Abstinenz besiegt, stellt sich vielleicht heraus, daß seit langem der innere Friede des Paares gestört ist. Ohne den Alkohol gibt es vielleicht nur noch wenige Worte, wenig Begierde, wenig Hoffnung, wenig Spaß. Dafür gibt es neue Kraft und eine neue Beweglichkeit – und die Angst, daß vielleicht alles auseinanderknallt. Trinkende Männer und rettende Frauen verlassen sich wenigstens nicht.

Viel Platz für Sexualität bleibt in einer vom Alkohol bestimmten Beziehung nicht. Trinkende Männer sind zumindest am Abend dem Rausch und am Morgen dem Kater, dem Kaffee und den Selbstvorwürfen verpflichtet. Chronischer Alkoholmißbrauch führt zudem zu körperlichen Veränderungen, die auch die Sexualität negativ beeinflussen können. So wird zum Beispiel in einer geschädigten Leber Testosteron schneller abgebaut, was zu Appetenzstörungen führen kann. (vgl. Dieter Spieler 1996, S. 29)

Nicht selten kommt es zu der Konstellation, daß die Partnerin eines trinkenden Mannes die Liebe am Katzentisch mehr oder weniger verweigert. Damit mag sie ihren Mann kränken und verletzen. Aber gleichzeitig schützt sie ihn und seine sexuelle Potenz, weil sie einen Teil der Verantwortung dafür auf sich nimmt, daß die Sexualität im Alltag der alkoholbestimmten Beziehung verlorengegangen ist. Wenn sie nicht so gemein wäre – dann wäre die Sexualität bestimmt toll! So können wenigstens die Selbstdefinitionen, die Bilder und die Ideale des Mannes unbeschadet überleben.

Betrunkene Männer sind lausige Liebhaber. Alkohol betäubt die Sinne, die Sinnlichkeit nimmt Schaden. Jeder, der schon einmal eine sexuelle Begegnung im deutlich betrunkenen Zustand erlebt hat, wird hinterher betrübt festgestellt haben, daß er eigentlich wenig gespürt hat. Alkohol mindert die Möglichkeit, Kontakt aufzunehmen und auf die Signale des Gegenübers einzugehen. Die sexuelle Begegnung kann nur sehr routiniert, sozusagen aus dem feststehenden Repertoire heraus gestaltet werden. Im nachhinein hätte der Mann aus der Kneipe eine betrunkene Nacht mit der schönen Kellnerin sicher nicht als tolle sexuelle Eroberung und Abenteuer angesehen, sondern eher als eine Niederlage. Es stimmt nicht, daß Männer immer nur das eine wollen und zufrieden sind, wenn sie es denn gekriegt haben. Männer wollen geliebt werden, und sie wollen lieben. Immer nur das eine, das mag im betrunkenen Kopf noch angehen. Aber besoffene Liebe – das ist so gut wie unmöglich. So manche Ehefrau muß sich abends als elendes Miststück beschimpfen lassen, weil er wie ein Berg an Bedürftigkeit nach Hause kommt und genau spürt, daß er so nicht geliebt werden und nicht lieben kann.

Manche Männer trinken auch deshalb, weil sie sich Sexualität nicht zutrauen. Alkohol wirkt wie eine Schutzhülle über einem sehr unsicheren sexuellen Begehren, und er bietet einen allzeit zugänglichen Weg, der Sehnsucht nach Nähe und Verbundenheit auf andere Weise nachzugehen.

Jugendliche, heißt es, trinken sich Mut an, wenn sie zu viel Alkohol konsumieren. Mut zum Beispiel, ein Mädchen kennenzulernen, das sich küssen läßt. Doch eigentlich bringt sich ein Jugendlicher in einen Zustand, in dem er diesen Mut gar nicht mehr braucht, und all die Körbe, die er mit nach Hause bringt, haben mit ihm dann nichts zu tun, sondern nur mit dem Alkohol.

Daß Alkohol die Sexualität ersetzt, gilt gewiß auch für viele Männer im fortgeschrittenen Alter. Man braucht sich nur einmal einen Abend lang an einen Tresen zu stellen und den Männern zuzuhören, um zu spüren, wieviel Sehnsucht nach Nähe, Berührung, Abenteuer und Begegnung in all den Gesprächen über Boris Becker, über die neue Siebener-Reihe von BMW und die allgemeine Arbeitslage verborgen ist und wieviel Zorn sich darüber ausagiert, daß diese Sehnsucht keine Chance mehr zu haben scheint.

Männer kümmern sich wenig um ihren Körper. Sie gehen kaum liebevoll und oft sehr instrumentell mit sich um. Die selbstzerstörerischen Aspekte der Sucht sind eingebettet in eine allgemein zu beobachtende Mißachtung des Körperlichen durch Männer. Wer seinen Körper durch Alkohol ruiniert, verhält sich im Rahmen der vorherrschenden kulturellen Meinung nicht unmännlich, sondern demonstriert männliche Härte gegen sich selber. Daß eine süchtige Lebensweise Menschen schneller altern läßt, verstößt ebenfalls nicht gegen das

Männlichkeitsgebot. Männer werden in unserer Gesellschaft nicht alt, jedenfalls nicht in sexueller Hinsicht.

Ein suchtkranker Mann hat es nach einer Therapie auch aus diesem Grund nicht leicht, sich selber zu akzeptieren. Wenn die Therapie einigermaßen Aussichten auf Erfolg haben soll, dann wird er schmerzhaft eingesehen haben müssen, daß es mit dem jugendlichen Helden nicht mehr viel werden wird. Und er wird vielleicht mit Schrecken bemerken, daß die Sexualität, vor die sich all die Jahre der Alkohol und die Illusion geschoben haben, möglicherweise verlorengegangen, in weite Ferne gerückt ist oder sich stark verändert hat. Gleichzeitig beinhaltet die schmerzhafte Einsicht eine zweifache Chance: Eine realistische Selbsteinschätzung und der Abschied von grandiosen Männlichkeitsbildern sind gute Voraussetzungen sowohl für eine nichtsüchtige Lebensweise als auch für eine befriedigende Sexualität.

Die gesunden Männer

Anders als ein Suchtmittel steht die Sexualität – wie schon erwähnt – niemandem problemlos, zum garantierten Preis und in gleichbleibend hoher Qualität zur Verfügung. In einer hochentwickelten Konsumgesellschaft ist diese Sperrigkeit der Sexualität eigentlich ein Skandal. Ansonsten ist doch immer alles da! Ein Kühlschrank ohne Magnum ist kein Kühlschrank!

Immer mehr Männer organisieren ihre Sexualität allerdings in einer Weise, die an süchtiges Verhalten erinnert. Laut übereinstimmender Auskunft der Polizei und der Selbsthilfeorganisationen der Prostituierten muß jeder erwachsene Mann in der Bundesrepublik etwa alle sechs Wochen ins Bordell gehen, um der Statistik zu genügen. (vgl. Spiegel extra, Nr. 8/96, S. 70) Die Prostitution hat sich zu einer massenhaften Organisationsform männlicher Sexualität entwickelt. Nach Berechnungen des hessischen Innenministeriums geben Freier in Deutschland Jahr für Jahr 70 Milliarden Mark für die Ware Sexualität aus. (vgl. Spiegel 4/97) «Das Bumsgeschäft», schreibt der Spiegel, «hat längst die Umsätze mit Heroin und anderen Drogen überflügelt.» (S. 99)

Die Prostitution macht die Sexualität – wie ein Suchtmittel – sofort verfügbar. Und sie nimmt ihr die Unsicherheit. Wer ins Bordell geht, braucht keinen Mut, sondern Cash. Auch wenn das ganze Milieu, in das ein braver Bürger abtaucht, der eine Prostituierte besucht, abenteuerlich und verboten wirkt – die Sexualität selber ist per Kaufvertrag definiert und gesichert. Die fesche Elvira wird selbst dann begeistert tun, wenn er sternhagelvoll zum vereinbarten Termin erscheint. Sie wird ihm von einem anderen Mann zu verabredeten Konditionen überlassen und verprügelt, wenn sie sich ungehörig verhält.

In unserer Gesellschaft wird die massenhafte Prostitution auf eine Weise verharmlost, die ich skandalös finde. Im Windschatten der Selbsthilfeorganisationen der Prostituierten, die um gesellschaftliche und rechtliche Anerkennung ihres Berufsstandes kämpfen, macht es sich der gewöhnliche Freier gemütlich. In der Talk-Show erzählt die organisierte Prostituierte mit Hochschulabschluß, wie normal ihre Arbeit ist, und der Vorzeigefreier neben ihr lächelt und tut kund, daß er ein netter Kerl ist.

Experten schätzen, daß inzwischen ein Drittel der Prostituierten in der Bundesrepublik aus Ländern des ehemaligen Ostblocks kommen. (vgl. Spiegel, 4/97) Der Handel mit ausländischen Frauen ist ein Milliardengeschäft für international operierende Schlepperbanden und Zuhälter geworden. Häufig werden die Frauen mit falschen Versprechungen angelockt, von Abschiebung bedroht und den Bordellbesitzern ausgeliefert. Es ist nur schwer vorstellbar, daß all diese Umstände der Kundschaft völlig verborgen bleiben.

Die Berliner Kurfürstenstraße ist der Arbeitsplatz von achthundert drogenabhängigen Prostituierten. Jede zweite von ihnen ist HIV-positiv. Mit Hepatitis B oder C sind praktisch alle infiziert. «Die Frauen am Junkie-Strich taumeln und schwanken, halten sich mit Mühe aufrecht, lehnen an parkenden Autos. In diesem Zustand stehen sie auf der Straße. Objekte der Begierde, Beute, Fleisch. Sie werden von Polizeibeamten gedemütigt, von Dealern gelinkt, von Besoffenen belästigt, von Freiern vergewaltigt und beraubt, von Sadisten gequält. Auf der Straße fließt der Verkehr, die Freier nehmen den Frauen die Parade ab. Die Kurfürsten rauf, wenden am U-Bahnhof, die Kurfürsten runter. Und mancher dreht dreimal, fünfmal, zehnmal. Zwanghaft wie ein Hamster im Laufrad.» (Taz vom 10. 5. 96) Die Freier wissen um die Drogenkrankheit der Frauen, und viele nutzen ihre Hilflosigkeit gezielt aus. Mindestens jede zweite Drogenstricherin ist schon einmal von einem Freier vergewaltigt worden.

Nach wie vor fliegen zigtausend Männer mit Bumsbombern in Dritte-Welt-Länder, um die besonderen Vorteile der Prostitution in Elendsregionen zu nutzen. Der jährliche Umsatz mit Pornovideos wird in dreistelliger Milliardenhöhe angesetzt. Wer Videos guckt, kann die Erregung per Fernbedienung vor- und zurückspulen. Und für Telefonsex, auch dies ein schnell wachsender Markt, braucht ein Mann nicht einmal mehr vom Sofa aufzustehen.

Gleichzeitig haben in den letzten zehn Jahren bei Männern Störungen im Sinne gehemmten oder geringen sexuellen Verlangens extrem zugenommen (vgl. z. B. Friedrich Nolte, 1997, S. 301). In den Partnerschaften scheint es den Männern zunehmend schwerzufallen, lustvolle Sexualität zu leben, während der Markt für gekaufte Sexualität und Erregung beständig wächst. Quantitativ ist dieser Aspekt der männlichen Sexualität in unserer Gesellschaft kaum zu vernachlässigen. Immer mehr Männer wickeln möglichst praktisch und preisgünstig das eine zwar noch ab, aber sie haben es weitgehend aufgegeben, sich dem Abenteuer der Liebe auszusetzen.

Wenn die Sehnsucht nach Verbindung nur noch als vorab bezahlte Inszenierung möglich zu sein scheint, dann unterscheidet sich die Sexualität in der Tat kaum noch von einem Suchtmittel. Es wäre sicherlich sinnvoll, wenn in der Therapie suchtkranker Männer nicht nur mehr über Sexualität, sondern auch mehr über die Liebe gesprochen würde.

Dieser Text ist die überarbeitete und erweiterte Fassung eines Vortrages, den Dieter Schnack im Mai 1996 bei der Fachtagung ‹Mann und Sucht› in der Fachklinik Kamillushaus in Essen gehalten hat.

Heiße Herzen –
kalte Schultern
Einige praktische Vorteile
der Homophobie

Heutzutage muß man Schwule einfach mögen. Schwule sind nett, unterdrückt und im Recht. Schwule sind normal, genauso Menschen wie wir auch und sehr kreativ. Wenn sie einmal im Jahr ihre bunten Paraden abhalten, dann ist das eine prima Sache, weil es auch die Kultur immens bereichert. Schwule Moderatoren im Fernsehen sind genauso prima. Schwule haben eine eigene Kultur, kümmern sich rührend um die Aidskranken und können ganz toll Nana Mouskouri nachmachen. Die Schwulen dürfen sich ruhig zeigen – am besten im bunten Fummel, weil wir keine Vorurteile mehr haben. Und seien wir doch mal ehrlich: Ein bißchen schwul sind wir doch alle, oder?

Der liberale Teil der Öffentlichkeit hat beschlossen, lieb und freundlich zu den Schwulen zu sein. Das ist mit Sicherheit besser als offene Benachteiligung und bewußte Ausgrenzung, aber in Wirklichkeit doch immer noch eine ziemliche Sülze.

Viele heterosexuelle Männer verhalten sich gegenüber Schwulen wie Kinder, denen man erzählt hat, daß der Onkel Soundso auch zur Verwandtschaft gehört und daß sie deshalb beim Familientreffen nett zu ihm sein sollen. Sie geben brav ihr Patschhändchen, grinsen schief und machen einen steifen Nakken. Sie sagen ihre angelernten Nettigkeiten auf, ansonsten sind sie eher verstockt und zurückhaltend. Aus gutem Grund, denn ein falscher Satz könnte schon ausreichen, um abends von Vati oder Mutti eine geknallt zu kriegen.

Onkel Soundso wird den Händedruck freundlich erwidern, weil er überhaupt nichts gegen Kinder hat, und doch wird er das anständige Patschhändchen als Signal der Ausgrenzung empfinden müssen. In dieser Sippschaft hat er als normaler Mann keine Chance, sondern nur als Exot. Er wird vielsagend oder in spannenden Andeutungen von seinen Erfahrungen in der Fremde schwadronieren oder einfach nur still und tiefgründig dasitzen und der kleinbürgerlichen Familienidylle um sich herum lauschen. Der ihm zugewiesene Platz ist der des Onkels aus Amerika. Man lädt ihn ein und tut so, als würde er dazugehören. Verstohlen beobachtet man ihn aus den Augenwinkeln, um herauszufinden, ob er wirklich so ist, wie man sich das ausgedacht hat. Bemerkt er den Blick, dann wird er gefragt, ob er noch ein Stückchen Apfelkuchen möchte. Gegen diese Art von Freundlichkeit ist kein Kraut gewachsen.

Vorurteile lassen sich nicht verbieten. Man kann sich höchstens darauf einigen, sie aus Rücksichtnahme nicht mehr auszusprechen. Aber es ist durchaus fraglich, ob Vorurteile im Verborgenen besser aufgehoben sind. Gegenüber Schwulen *keine* Vorurteile zu haben ist den meisten heterosexuellen Männern in Wirklichkeit überhaupt nicht möglich, weil sie gar keine schwulen Männer kennen. Sie sind auf das angewiesen, was sie von weitem sehen und hören, und sie müssen sich einen *eigenen* Reim darauf machen. Es ist unumgänglich, daß dieser eigene Reim voller innerer Bilder, Projektionen und Vorurteile steckt. So mancher heterosexuelle Mann würde lieber vom Dach springen, als sich so ‹weibisch› oder expressiv zu kleiden, wie es manche Schwule tun. Und manch anderer würde eher im Boden versinken, als sich bloß vorzustellen, eine martialische Lederkluft wirklich mit seinem Körper auszufüllen. Gleichzeitig hat man sich darauf geeinigt, daß es ganz, ganz dufte ist, daß manche schwulen Männer sich so verhalten. Wie soll das funktionieren?

Schon die Tatsache, daß es überhaupt Schwule gibt, ist nicht normal. Daß sich Menschen als deutlich gekennzeichnete Gruppe ausweisen müssen, bloß weil sie sich sexuell anders verhalten als die Mehrheit der Bevölkerung, zeigt, wie weit unsere Gesellschaft an dieser Stelle von der Normalität entfernt ist. (vgl. Harry Askitis, 1996, S. 324) Immerhin sind fünf Prozent der Bevölkerung homosexuell. Anzunehmen, daß diese vielen Leute einander alle ähnlich wären, bloß weil sie schwul sind, ist eher absurd. Auch die Idee, Schwule aus Gründen der Liberalität nett zu finden, entbehrt nicht einer gewissen Verrücktheit, weil es schlechterdings unmöglich ist, daß alle Schwulen nett sind. Für die Schwulen entsteht die bisweilen unerträgliche Situation, immer nett sein zu sollen, um den Erwartungen zu genügen.

Wenn Volker Beck, der rechtspolitische Sprecher der Bündnis-Grünen im Deutschen Bundestag, zu einem offiziellen Empfang einen Freund mitbringt, steht nach seiner Erfahrung am nächsten Tag in der Zeitung, er sei ein bekennender Schwuler. (vgl. Volker Beck, 1996) Niemand käme auf die Idee, zu schreiben, daß der Freund des Bundestagsabgeordneten schöne Haare hat und in einem schicken hellgrauen Sommeranzug erschienen ist. So liberal und akzeptierend sich die Öffentlichkeit in weiten Teilen auch geben mag, sie zeigt mit den Fingern auf die Schwulen: «Guck ma da, 'n Schwuler – gegen den haben wir nichts.»

In Wirklichkeit ist es unter den gegebenen Umständen bisweilen immer noch peinlich, einem offen schwulen Mann zu begegnen, auch wenn es natürlich viele Möglichkeiten gibt, diese Peinlichkeit zu überspielen. Wenn plötzlich und unvermutet in einer ganz alltäglichen Situation die sexuelle Orientierung eines Menschen zum Gegenstand öffentlichen Interesses wird, weil sonst vielleicht die Kommunikation zwischen dem einen und dem anderen nicht funktionieren würde, muß eine peinliche Situation entstehen. Ähnlich peinlich, als würde jemand auf einer Party aus dem Stand heraus sagen: «Hallo, ich bin der Klaus. Ich steh auf Frauen mit großen Brüsten und mach's gern in der Badewanne.» Heterosexuelle Männer brauchen in aller Regel nichts zu bekennen, sie können sich in der heterosexuellen Kultur frei und ungezwungen bewegen. Die Schwulen scheinen oft genug ihre Sexualität wie auf einem großen Schild vor sich hertragen zu müssen, was wenig bis nichts mit ihrer Sexualität und viel bis ausschließlich mit ihrer gesellschaftlichen Situation zu tun hat.

Die Bewegung der männlichen Homosexuellen hat sich irgendwann das Schimpfwort «schwul» angeeignet. Indem sie sich selber offensiv als «schwul» bezeichneten, drückten sie aus, daß sie sich nicht mehr von der Verachtung der anderen einschränken und unterdrücken lassen wollten. «Wir sind so, wie wir sind. Es ist uns in Zukunft egal, ob ihr uns verachtet.» Das Wort «schwul» geht ähnlich wie der Begriff «schwül» auf das mittelhochdeutsche und niederländische «schwelen» zurück. Es verweist darauf, daß im Mittelalter nicht nur die Frauen auf dem Scheiterhaufen landeten, die wußten, wie unerwünschte Schwangerschaften verhindert oder abgebrochen werden konnten, sondern auch viele «warme Brüder», die sich mit ihrer Sexualität nicht um den kirchlich vorgegebenen Fortpflanzungszweck scherten. (vgl. Harry Askidis, 1996, S. 326)

In den letzten dreißig Jahren hat das Wort «schwul» in der heterosexuellen Öffentlichkeit eine doppelte Umdeutung erfahren. Aus der üblen Beschimpfung und Abgrenzung ist zuerst ein selbstbewußter Kampfbegriff der Homosexuellen und schließlich ein korrektes Gut-Wort geworden. Aber wo ist in der aufgeklärten Öffentlichkeit die «schwule Sau» geblieben? Wo die Fremdheit? Wo die Angst? Abgebaut oder doch bloß abgewehrt und schöngeredet?

Nach Lesungen aus unserem Buch «Die Prinzenrolle» (1993) sind wir in anschließenden Diskussionen von schwulen Männern oft gefragt worden, warum wir in ein so dickes Buch über männliche Sexualität rein gar nichts über schwule Männer hineingeschrieben hätten. Unsere Antworten fielen regelmäßig schwammig und entschuldigend aus – wir gaben das gute Händchen: «Ja, vielen Dank für die Frage, das ist eine ganz wichtige Frage. Es tut uns wirklich leid. Aber wir waren beim Schreiben so fürchterlich überlastet.» Zur Ehrenrettung führten wir manchmal an, daß auf der Seite xy (und folgende) immerhin ein schwuler Junge vor seinem Coming-out beschrieben ist.

In Wirklichkeit hatten wir dieses Thema in unserer Zeitplanung ganz an den Schluß gestellt, so daß wir realistischerweise schon vorher hätten wissen können, daß es nicht umgesetzt werden würde. Und wenn wir nicht so anständige Jungs, sondern ehrlich gewesen wären, dann hätten wir uns eingestanden, daß wir gar keine Lust hatten, uns mit schwulen Männern zu befassen. Das Thema war für uns nicht spannend, sondern «wichtig». (Wie sieht das denn aus, wenn wir in einem Buch über männliche Sexualität gar nichts über die Schwulen machen?) Wir wollten den Schwierigkeiten der eigenen heterosexuellen Geschlechterrolle auf die Spur kommen. Es ist nicht so einfach mit uns und den Frauen! Aber was haben die Schwulen damit zu tun? Wir hatten Angst, ins Fettnäpfchen zu treten. Was ist, wenn wir etwas Schwulenfeindliches oder einfach nur dummes Zeug schreiben? Wir hatten keine Lust herumzusülzen. Wir spürten unsere Vorbehalte, Unsicherheiten und Ängste.

Dennoch hatten wir während unserer Recherche nicht nur heterosexuelle, sondern auch schwule Männer interviewt. Es wurde deutlich, wie wenig wir eigentlich wußten, wie schwierig die Kommunikation und wie erheblich die Gefahr sein kann, sich mißzuverstehen oder gar zu verletzen. Ob wir zwei besonders dämliche Exemplare der Untergattung Hetero sind?

Unter dem Titel: «*Liebesdinge – Bemerkungen zur Sexualität des Mannes*» hat der schwule Mann Matthias Frings

1984 ein für heterosexuelle Männer nicht immer schmeichelhaftes, aber sehr gutes und sachkundiges Buch vorgelegt. Es gibt viele schwule Sexualwissenschaftler, die sich intensiv mit der Erforschung der Heterosexualität befassen. Schwule Männer kennen sich in der heterosexuellen Gesellschaft gut aus. Sie sind in ihr groß geworden und leben in ihr. Heterosexuelle Männer wissen von den Schwulen, ihren Gefühlen, ihrem Alltag und ihrer Kultur in der Regel sehr wenig.

«Jeder Jeck ist anders!» – die kölsche Philosophie hilft in allen Lebenslagen, aber es ist von Bedeutung, daß der schwule Jeck den Hetero-Jecken sehr gut kennt, während dieser von seinem fremden Bruder gerade mal das Kostüm gesehen hat und in der Regel mißtrauisch beäugt.

Die Schwulen als «die vom anderen Ufer» zu bezeichnen ist sicherlich einmal beleidigend und abgrenzend gemeint gewesen, doch bei genauer Betrachtung ist das Bild sehr freundlich. Vom einen Ufer aus gesehen ist das gegenüberliegende Ufer das andere Ufer. Aber von dem anderen Ufer aus gesehen verhält es sich ganz genauso. Fest steht nur, daß es in der Mitte einen Fluß gibt, der die Leute an den beiden Ufern trennt, aber gleichzeitig einen starken und lebendigen Bezugspunkt darstellt. Am einen Ufer scheint der Fluß nach rechts, am anderen Ufer nach links zu fließen. Tatsächlich hat er nur eine Richtung. Er fließt von der Quelle zur Mündung.

Von hier, vom Hetero-Ufer aus, geguckt, scheinen die da drüben ihr Ufer inzwischen gut befestigt zu haben. Man sieht Stege, einen Kai, einen kleinen Jachthafen und viele Boote. Seltsam, man könnte fast meinen, die würden den Fluß irgendwie bewirtschaften. Vielleicht müssen sie aber auch nur regelmäßig hinüber. Jedenfalls scheinen sie sich mit dem Fluß gut auszukennen.

Hier ist das Ufer Scheiße. Es ist total matschig hier. Man kriegt sofort nasse Füße, eine dreckige Hose und kann sich ganz leicht auf den Arsch legen. Oder auf die Fresse. Und ganz abschüssig ist es. Womöglich rutscht man noch ab und fliegt in den Fluß! Ob es etwas mit dem Thema zu tun hat, daß wir die schwule Gemeinde da drüben wie den Timmendorfer Strand beschreiben, während uns bei der Schilderung des eigenen Ufers die Sprache ausrutscht?

Der heterosexuelle Mann hat nicht so sehr Angst vor denen da drüben, und auch nicht davor, in Wirklichkeit könne er so sein wie sie. Er hat Angst vor dem Fluß.

Im folgenden möchten wir den Versuch unternehmen, das als matschig empfundene Ufer auf der Hetero-Seite einmal genauer unter die Lupe zu nehmen. Dabei geht es *nicht* um schwule Männer, sondern darum, für welche Projektionen und Ängste sie herhalten müssen. Denn welches Bild man sich von anderen macht oder wie man sich von anderen abgrenzt, sagt etwas über einen selber aus. Im Spiegel des Fremden sieht man sich selber.

Coming-out

Ein schwuler Jugendlicher macht einen meist sehr schwierigen Prozeß durch, in dem er sich vor sich selber und gegenüber anderen dazu bekennt, daß er anders als die meisten, daß er schwul ist.

Wenn er mit seinen Eltern über sein Schwul-Sein spricht, wird er wahrscheinlich ihre Erwartungen enttäuschen. Er teilt ihnen mit, daß er in bezug auf Liebe und Sexualität einen deutlich anderen Weg gehen wird, als sie selber gegangen sind. Er kündigt an, daß er zu einer in der Gesellschaft nicht unbedingt sehr angesehenen Minderheit gehören und mit seiner Sexualität eher am Rande der Gesellschaft stehen wird. Er enttäuscht die generativen Wünsche seiner Eltern – von ihm werden sie mit ziemlicher Gewißheit keine Enkelkinder bekommen. Er wird auch nicht die großartige Familiensippe der von und zu Müller-Schulzes weiterführen. Seine Eltern haben sich nach bestem Wissen und Gewissen bemüht, Familie zu gestalten. Ihr Sohn wird seinerseits keine Familie gründen – so liebesfähig sie ihn auch erzogen haben mögen. Er wird einen anderen Weg gehen.

Die meisten schwulen Jugendlichen quälen sich vor ihrem Coming-out mit der Angst, von den Eltern nicht akzeptiert, womöglich sogar verstoßen zu werden. Beim Coming-out geht es nicht in erster Linie um die Ablösung von den Eltern, sondern darum, auch als Schwuler von ihnen geliebt und akzeptiert zu werden. Nur *von außen betrachtet* stellt ein homosexuelles Coming-out ausschließlich eine radikale und vor allen Dingen sehr deutlich definierte Ablösung vom Elternhaus dar – unabhängig davon, wie die Eltern reagieren und in welcher Form Akzeptanz und Annäherung möglich sind.

Heterosexuelle Jugendliche merken (ebenso wie schwule Jugendliche) in der Pubertät und Adoleszenz, daß nicht mehr Vater und Mutter, sondern andere Menschen die zentralen und alles bestimmenden Objekte ihrer Liebe sind. Hinzu kommt, daß sich auch die Art der Liebeswünsche verändert. Die neuen sexuellen Wünsche der Jugendlichen sind mit der Liebe zu den Eltern überhaupt nicht vergleichbar. Darüber hinaus stellen sie fest, daß ihre Kritik am elterlichen Nest, am Lebensstil von Vater und Mutter zunimmt. Ihre Ausflüge in die Welt werden immer selbständiger. Die Geheimnisse mehren sich. Die zunehmend als eigen erlebten Vorstellungen, wer man sein könnte und sein möchte, verheißen nicht nur Freiheit, sondern ebenso die bange Frage, ob man als schließlich Erwachsener je wieder zu den Eltern wird zurückfinden können.

Der Begriff der Ablösung umschreibt die Entwicklungsaufgabe der Jugendlichen im Grunde nur unzureichend, weil es um mehr geht, als von einem womöglich klebrigen Elternhaus loszukommen. Es geht um Abschied und Trennung. Abschied von der Kindheit, Abschied von der Geborgenheit durch die

Eltern. Darüber hinaus bedeutet der Aufbruch in ein eigenes Leben, die Eltern zu *verlassen*. Während es ein wesentliches Moment der Elternschaft darstellt, seine Kinder *nicht* zu verlassen, zumindest das innere Band zu ihnen nicht abreißen zu lassen, gehört es zu den wesentlichsten Aufgaben der Jugendphase, die Eltern mit im Prinzip unbekanntem Ziel zu verlassen, und zwar zu einem Zeitpunkt, an dem sie aus der jugendlichen Sicht schon ziemlich alt und verbraucht sind. Die Eltern (oder zumindest ein Elternteil) waren in der Regel ganz selbstverständlich da. Die Jugendlichen gehen weg, und es ist nahezu unmöglich, daß sie es selbstverständlich und ohne Gefühle von Schuld und Undankbarkeit tun.

Wie bei jeder Trennung kann es hilfreich sein, den/die zu Verlassenden blöde zu finden. Beknackte Eltern kann man leichter verlassen, jedenfalls viel leichter als unglückliche Eltern. Man kann sich erzählen, man wolle gut Freund bleiben. Man kann in Aussicht stellen, vielleicht nach einer Zeit der Trennung wiederzukommen. Eine mehr oder weniger lange Zeit läßt sich die innere Ablösung auch verbergen. Man kann so tun, als wären die alten Familienbande unverändert intakt. Man kann selber eine Menge Unfug anstellen, um dem eigentlichen Skandal des Verlassens einen konkreten Ausdruck zu verleihen. Wenn man den Verlassenen Grund gibt, böse auf einen zu sein, dann ist das nur rechtens und kann eine entlastende Funktion haben.

Regelmäßig werden Jugendliche von Jugendforschern nach ihren Einstellungen befragt. Dabei stellt sich seit vielen Jahren heraus, daß die Jugendlichen über die Liebe ziemlich romantische, fast konservativ anmutende Vorstellungen haben. Wir schreiben bald das Jahr 2000, aber die meisten würden am liebsten immer noch in Weiß heiraten. (vgl. Gunter Schmidt u. a. 1993) Solche Ergebnisse lassen sich auf vielfache Weise interpretieren. Unabhängig davon, welche gesellschaftlichen Leitbilder wirksam sind, läßt sich das jugendlich-romantische

Liebesideal im Zusammenhang mit der Ablösungsproblematik auch so übersetzen: «Wir haben den Schoß der Familie verlassen, aber wir werden sie neu erschaffen. Viel sicherer, viel liebevoller und viel strahlender, als sie je gewesen ist.»

Eine andere Übersetzung könnte lauten: «Es tut uns leid, daß wir euch verlassen haben. Aber seht her, wir machen alles genauso, wie ihr es auch immer machen wolltet oder erträumt habt.»

Heterosexuelle Jugendliche haben vielfältige Möglichkeiten, ihr Elternhaus auf leisen Sohlen zu verlassen. Sie haben die Chance, die Liebe und Sicherheit, die sie als Kind in ihrer Familie erfahren haben, abzubilden und so eine Bindung aufrechtzuerhalten. Oft genug gehen sie heroisch hinaus in die Welt, nicht um des eigenen Glücks willen, sondern um irgend etwas zu finden, was das Leben der eigenen Eltern heil machen könnte.

Die Vorstellung, vor die eigenen Eltern zu treten und ihnen mitzuteilen, daß man sie und ihr Milieu um der Sexualität willen verlassen wird, muß heterosexuellen Jungen und Männern den Atem stocken lassen. Ein homosexuelles Coming-Out fokussiert die komplizierten und verschlungenen Ablösungsprozesse in der Phantasie auf einen Moment und auf einen Aspekt – auf den der Sexualität. Diese Etikettierung und Einengung eines umfassenden Prozesses wird für schwule Jugendliche eine Menge Schwierigkeiten mit sich bringen. Nicht zuletzt weil die Gesellschaft mit dem Finger auf die Sexualität schwuler Menschen zeigt, erscheinen alle Probleme der Ablösung als Problem der sexuellen Orientierung.

Gleichzeitig gilt natürlich, daß die Sexualität das Zentrum der Ablösung darstellt. Ohne Dankbarkeit, ohne Rücksichtnahme und Bindungsgefühle müßten heterosexuelle Jugendliche eigentlich vor ihre Eltern treten und ihnen sagen: «Tschau, Papa, tschau, Mama, ich verlasse euch, weil ich andere Menschen mehr liebe als euch. Ich möchte mit denen Sachen machen, die ich mit euch – Gott steh mir bei! – nie ma-

·chen durfte und – igittigitt! – auch überhaupt nicht machen möchte.» Heterosexuelle Jugendliche haben viele Möglichkeiten, diese Offenbarung vor sich selber und gegenüber den Eltern zu verschleiern.

Unter schwulenpolitisch-engagierten Leuten wird des öfteren diskutiert, ob es richtig oder falsch ist, prominente Schwule ohne ihr erklärtes Einverständnis zu «outen». Die heterosexuelle Öffentlichkeit verfolgt diese Diskussion – die sie eigentlich nicht viel angeht – mit auffallendem Interesse. Wenn es dazu kommt, daß ein prominenter Schwuler geoutet wird, beteiligt sich die heterosexuelle Presse mit großem Genuß an diesem Vorgang. Der große Genuß hat einen Namen: Es ist der Genuß am Verrat.

Schwule Männer haben nichts als Sex im Kopf. Sie stellen ihre Autonomie über alles. In Wahrheit sind sie nicht bindungsfähig.

Solche Bilder sind geeignet, heterosexuelle Männer (und Frauen) zu entlasten. Der Verrat an der zeitlosen Verbundenheit und dem Idyll der Kindheitsfamilie um der Sexualität willen scheint ausschließlich die Sache der anderen zu sein. Vorbehalte und Fremdheit ihnen gegenüber entlasten von eigenen unbewußten Schuldgefühlen. Und wenn es den Schwulen schlechtgeht, weil sie den «gesellschaftlichen Befehl zum Unglücklichsein» (Harry Askidis) treu befolgen, dann bieten sie den lebenden Beweis dafür, daß der Preis einer wirklichen Ablösung vom Elternhaus unerträglich hoch gewesen wäre.

Liebe Mutter, mir geht es gut.

Coming-in

Heterosexuelle Jugendliche müssen nicht vor sich selber und vor der Öffentlichkeit bekennen, daß sie «anders» sind. Ihr Problem besteht nicht darin *herauszukommen*. Aber sie müssen *hineinkommen*. Sie müssen sich selber und anderen zeigen, daß sie Hetero-Manns genug sind, in die allgegenwärtige Welt der erwachsenen heterosexuellen Männer aufgenommen zu werden. Sie müssen sich einigermaßen sicher werden, daß sie tatsächlich so sind wie die meisten anderen. Sie müssen lernen und ausprobieren, wie man sich als Hetero-Mann verhält.

Auch schwule Jungen müssen – unter weitaus schwierigeren Bedingungen – all diese Aufgaben bewältigen. Auch sie müssen innere Sicherheit gewinnen und herausfinden, wie man unter den gegebenen Umständen als schwuler Mann lebt und wie sie selber als schwuler Mann leben wollen.

Wie sich aus der Mehrzahl der Jungen bald nach Beginn der Pubertät eine heterosexuelle Orientierung herauszuschälen beginnt, ist eigentlich ein abenteuerlicher Vorgang. In der einen Hosentasche tragen sie ein Taschenmesser, ein Fußballbild von Jürgen Klinsmann und andere Insignien der vom Weiblichen weitgehend abgeschlossenen Jungenwelt. In der anderen Hosentasche, zumeist im Portemonnaie, steckt wie ein Aufnahmeformular in die Welt der großen Männer ein Präservativ. Eine Woche lang leiden sie ernste Qualen, weil es in der Liebes-Geschichte mit ihrem besten Freund eine bedeutsame Störung gegeben hat. In der nächsten Woche rätseln sie herum, was um alles in der Welt sie mit dem Mädchen reden sollen, mit dem sie von ihrer Schulklasse – per unter der Bank durchgereichtes Liebesbriefchen – verabredet worden sind. In der ersten großen Pause halten sie eine flammende Rede, wie absolut bescheuert die Mädchen sind, und in der zweiten großen Pause sprechen sie hinter vorgehaltener Hand und mit roten Ohren über die Faszination der geilen Weiber.

Wir haben in einigen Seminaren Männer gebeten, sich an diese Zeit in ihrem Leben zu erinnern. Die meisten berichteten von ihrer Sorge, womöglich auch *in sexueller Hinsicht anders als die anderen* zu sein. Viele fühlten sich sehr *einsam*. Sie dachten, allen anderen Jungen ginge es nicht so. Nicht wenige Männer erinnerten sich an sehr ungeordnete und nicht integrierte sexuelle Phantasien und Gedanken. Sie träumten von Sex mit älteren Frauen, von deutlich passiven sexuellen Situationen, von als unanständig erlebten Praktiken oder von homosexuellen Begegnungen. Der Schlüpfer, den Tante Elsbeth im Badezimmer vergessen hatte, oder der überraschende Blick auf das nackte Fräulein Marleen oder die nackte Oma – auch fetischistische und voyeuristische Anwandlungen übten auf viele einen großen Reiz aus. Nicht wenige Männer erinnerten sich an ihre Furcht, möglicherweise *irgendwie pervers* zu sein. (vgl. S. 184 ff.) Für viele Jungen stellt es auch ein Problem dar, daß die genitale Sexualität sehr machtvoll in ihr Leben kommt. Sie haben das Gefühl, daß sie ihre sexuellen Wünsche nicht mehr kontrollieren können: *Der Sex ist stärker als ich, ich bin ein schlechter Junge, weil ich nichts dagegen ausrichte.* Sexualität und Alltag können oft nur schwer miteinander in Einklang gebracht werden. «Es gab zwei Welten», berichtete uns ein Mann. «In der einen hatte ich meine ziemlich seltsamen sexuellen Phantasien. In der anderen hatte ich Kontakt zu meinen Eltern, zur Schule und zu Mädchen. Die eine Welt war nur für mich. Je älter ich wurde und je mehr Kontakt ich zu Mädchen hatte, um so kleiner wurde die erste versaute Welt. Ich weiß nicht genau, wo sie geblieben ist.»

Zu Beginn der Pubertät machen die meisten Jungen die Erfahrung, daß sich die gleichaltrigen Mädchen zu älteren Jungen hingezogen fühlen. Dem heterosexuellen Erwachen folgt die ernüchternde Erfahrung, daß für geraume Zeit ihre sexuelle Energie kein Objekt finden kann: *Ich werde wohl nie jemanden finden.*

In dieser Zeit setzt nicht nur ein langwieriger Prozeß der Trennung von den Eltern ein. Es ist für heterosexuelle Jungen auch nicht immer problemlos, bisher sehr eng mit den Jungen verbunden gewesen zu sein *und nun plötzlich die Mädchen lieben zu sollen.* Viel einfacher und folgerichtiger wäre es eigentlich, sie richteten ihre Liebe auf diejenigen, die sie kennen und mögen. Allerdings orientiert sich die Liebe auf die Dauer selten daran, was am einfachsten oder folgerichtig wäre.

Eine weitere Schwierigkeit besteht darin, daß sich der Körper des Menschen in der Pubertät schneller und radikaler als in jeder anderen Zeit des Lebens verändert. Es bleibt nicht aus, daß zur Pubertät Phasen gehören, in denen Jugendliche sich *fremd in ihrem eigenen Körper fühlen*.

Natürlich gäbe es über diese Zeit auch andere, viel positivere Dinge zu berichten. Die Pubertät ist auch eine Zeit voller Stolz, Abenteuer und Aufregung. Wir haben uns hier auf die Schwierigkeiten konzentriert, um deutlich zu machen, daß es durchaus kein organischer, nur freudvoller Prozeß ist, ein richtiger großer Hetero zu werden. Die Irritationen dieser Zeit können in gewisser Hinsicht durchaus mit dem Erleben schwuler Jugendlicher verglichen werden.

Natürlich ist es ein Unterschied, ob jemand zu einer etikettierten und benachteiligten Minderheit gehören wird oder in die heterosexuelle Mehrheitskultur hineinwächst. Aber es fällt auf, in welch starkem Maß gerade diese Zeit von heterosexuellen Männern vergessen und verdrängt wird. Viel leichter fällt die Erinnerung, wenn es zum Beispiel um erste Eroberungen geht. Es wird erinnert, daß man endlich dazugehört hat, und vergessen, wie fremd, irritiert und falsch man sich vorher gefühlt hat.

Der Erwerb der heterosexuellen Geschlechtsrolle verläuft keinesfalls harmonisch. Für die meisten Jungendlichen bedeutet es eine große Anpassungsleistung, und für mache eine ziemliche Zurichtung, all die Gesten, Körperhaltungen, Worte und Einstellungen zu erlernen, die zu einem erwachsenen Hetero-Mann dazugehören. Es entlastet und hilft beim Vergessen, das Heterosexuelle als das Normalste und Natürlichste von der Welt zu definieren. Künstlich, aufgesetzt und erworben darf die sexuelle Rolle dann nur bei den anderen, den Schwulen, sein, unabhängig davon, ob man sie deswegen verachtet oder bedauert.

In diesem Zusammenhang ist auch die weitverbreitete irrige Vorstellung interessant, heterosexuelle Jungen könnten zur Homosexualität verführt werden. Verführungstheorien bilden einerseits die Überzeugung ab, daß Homosexualität eine unnatürlich erworbene Orientierung darstellt, und andererseits weisen sie darauf hin, daß es mit dem tiefen Glauben an die Natürlichkeit der Heterosexualität auch nicht so weit her sein kann. Wie sollte jemand zur Homosexualität verführt werden, wenn das Heterosexuelle in jeder Faser und ganz ausschließlich seine Natur wäre?

In jedem Fall ist es hilfreich, wenn es Menschen gibt, die für die Heterosexuellen das Gefühl der Fremdheit in Verwahrung nehmen. Gar nicht auszudenken, was passieren würde, wenn die Fremden für diese Aufgabe nicht mehr zur Verfügung stünden.

Fummel

Die heterosexuelle Öffentlichkeit nimmt an der schwulen Kultur gerne vor allem jene Aspekte wahr, die spielerisch wirken. Von weitem betrachtet macht es den Eindruck, manche Schwule hätten in der Schule gefehlt, als der Aschermittwoch durchgenommen worden ist. Sie scheinen das ganze Jahr über Karneval zu feiern. Tuntige Schwule nehmen sich von der weiblichen Rolle, was ihnen daran gefällt. Sie machen sich schick, sie werben, tratschen, schäkern. Sie spielen mit den passiven, sich unterordnenden Aspekten der Frauenrolle. Und gleichzeitig hat man den Eindruck, so ganz ernst sei diese Maskerade auch wieder nicht gemeint. Auch die Darstellung «harter Männlichkeit» in der schwulen Kultur erscheint von außen betrachtet manchmal wie ein Rollenspiel.

Die meisten heterosexuellen Männer trauen sich nicht, sich in so extremer Weise darzustellen, wie das im schrillen Teil der schwulen Kultur geschieht, und rein optisch heißt die Antwort des heterosexuellen Mannes auf die bunte Vielfalt der Schwulenkultur Hugo Boss.

Das schwule Kostüm ist häufig übertrieben, gebrochen, mit einem Augenzwinkern versehen, und man spürt die ästhetische Lust an der Verkleidung. Das Hetero-Kostüm ist möglichst zweckmäßig. Während es manche schwulen Männer darauf anzulegen scheinen, daß man sie als verkleidet erkennt, ist es dem heterosexuellen Mann äußerst wichtig, daß er in seinem Kostüm absolut unverkleidet wirkt.

Was bei den Schwulen wie ein Spiel erscheint, ist bei den Heterosexuellen bierernst. Wenn sich schwule Männer für Marianne Rosenberg begeistern, dann geht es ganz offensichtlich um große Gefühle, aber gleichzeitig scheint eine Menge ironischer Selbstdistanz durch. Heterosexuelle Männer hören lieber solche Liebeslieder, die sie für wahr halten können.

Selbstdistanz, Ironie und Übertreibung in der schwulen Kultur sind sicherlich nicht nur Teil eines schönen Spiels, sondern ebenso Ausdruck der gesellschaftlichen Stellung schwuler Männer in unserer Gesellschaft. Die *richtigen, wahren* Gefühle haben in unserer Kultur nämlich die Heterosexuellen für sich abonniert. Für die Schwulen bleibt nur das Theater, und je bunter der Fummel, den der schwule Mann anhat, um so eher läßt sich die Illusion aufrechterhalten, die eigenen heterosexuellen Gefühle, Gesten und Verhaltensweisen seien eine Gabe der Natur. Je länger die Tunte im Badezimmer herummacht, um so unverbrüchlicher ist die Gewißheit, schon als Cowboy mit Pferd unterm Hintern auf die Welt gekommen zu sein.

Uns fallen alte Historienschinken ein. Der König gibt ein großes Festmahl, und alle haben sich schick gemacht. Die Männer sind dick geschminkt und haben schwere Perücken auf dem Kopf. Sie sind so angezogen, wie es damals der höfischen

Norm entsprach. Nur einer, der Hofnarr, ist verkleidet. Mit dem Abstand von ein paar hundert Jahren läßt sich deutlich erkennen, daß er der einzige im Saal ist, der keinen an der Klatsche hat.

Schwulenticker

Jeder dritte schwule Mann wird mindestens einmal in seinem Leben Opfer schwulenfeindlicher Gewalt. (vgl. Volker Beck, 1996) Schwule Männer müssen auch heute noch sehr achtsam sein, wo und wie sie sich in der sich tolerant gebenden heterosexuellen Öffentlichkeit zeigen.

Schwule Männer werden häufig aus Gründen zu Gewaltopfern, die nicht unmittelbar oder nicht nur mit ihrer sexuellen Orientierung zu tun haben. So wird von schwulen Männern vielfach angenommen, sie würden sich gegen Gewalt nicht zur Wehr setzen, auch wenn sie sich in der Realität kaum anders verhalten dürften als andere Gewaltopfer. Darüber hinaus bieten sich Schwule auch deshalb als Opfer an, weil Täter davon ausgehen können, daß Schwule eher zu den Leuten gehören, die eine Straftat im Zweifelsfall nicht bei der Polizei anzeigen. Eine Täterstudie, die Jens Uhde 1994 im Auftrag der Berliner Jugendverwaltung durchgeführt hat, zeigt ein weiteres Motiv: Die meisten der befragten Gewalttäter äußerten ihre Überzeugung, daß die Schwulen «gut voll Kohle hängen». (Taz vom 23. 11. 1994) Gewalt gegen Schwule bietet sich auch deshalb an, weil sie in der Gesellschaft diskriminiert sind. Das eigene Gewalthandeln kann durch die Phantasie legitimiert werden, im Grunde werde es von der anständigen Mehrheit gebilligt oder sogar gutgeheißen. Darüber hinaus können Schwule eher zufällige Opfer von Gewalttätern werden, denen ziemlich egal ist, ob sie einen Punker, einen Obdachlosen oder einen Schwulen vor die Fäuste bekommen.

Nach einer Studie des niedersächsischen Sozialministeriums von 1993 ist die häufigste Form antischwuler Gewalt das sogenannte «Schwulenticken». Junge Männer, in aller Regel in Gruppen, suchen Orte auf, an denen sie schwule Männer vermuten, um gezielt gewalttätig zu werden. Nach dem Tatort Straße (24 %) folgen Schwulentreffpunkte in Parks (23 %) und in Klappen (13 %). Acht Prozent der Gewalt findet in der eigenen Wohnung statt, meistens weil ein schwuler Mann jemanden mitgenommen hat, der ihn von vorneherein nur berauben wollte. Der Autor der Studie, Jens Dobler, geht davon aus, daß die Zahl der Gewalttaten gegen Schwule in den letzten Jahren gestiegen ist. (Taz vom 23. 11. 1994) Nach Auskunft des Schwulenverbandes Deutschland haben insbesondere Raubdelikte gegen schwule Männer zugenommen.

Viele Motive, gegen Schwule gewalttätig zu sein, ähneln den Motiven der Gewalt gegen andere Minderheiten. Darüber hinaus gibt es aber bewußte und unbewußte Motive, die direkt und ausschließlich mit dem Schwul-Sein der Opfer zusammenhängen.

Männer sind körperlich meistens stärker als Frauen. Junge Männer, die sich zusammentun, um Schwule zu verprügeln, sind zudem in der Regel gewalterfahren. Selbst wenn eine potentielle Sexualpartnerin stärker wäre als sie, bräuchten sie keine Angst davor zu haben, überwältigt, geschlagen oder vergewaltigt zu werden. Kein Mann braucht sich zu sorgen, wenn er einer Frau in deren Wohnung folgt. In der Heterosexualität hat der Mann das Gewaltmonopol. Kein Mann kommt in eine real bedrohliche Situation, wenn eine Frau ihn sexuell angeht. Im Zweifelsfall kann er davon ausgehen, sich erfolgreich wehren zu können.

Der schwule Mann stellt diese Anordnung in Frage. Er könnte im Zweifelsfall nämlich stärker sein als man selber. Es könnte eine sexuelle Situation entstehen, in der man selbst unterlegen ist. Junge Männer, die es auf Gewalt gegen Schwule anlegen, schicken häufig einen ‹Lockvogel› vor und legitimieren ihre Gewalt im nachhinein auch damit, einer von ihnen sei «angemacht» worden. Die Verletzung, die Erniedrigung und die Wehrlosigkeit des in Überzahl angegriffenen Opfers rückt die Verhältnisse wieder gerade. Der schwule Mann ist nicht stark, sondern schwach. An der Not eines wehrlosen einzelnen wird der Nachweis erbracht, daß alle Schwulen Weicheier sind, die sich nicht wehren können. Das Gewaltmonopol des heterosexuellen Mannes ist wiederhergestellt. In diesen Zusammenhang gehört auch die Phantasie, alle Schwule seien unsportliche und ‹verweiblichte› Männer.

Schwulenticken ist in der überwiegenden Mehrheit der Fälle eine Straftat, für die sich junge Männer in Gruppen zusammentun. Im Prinzip stellt der Angriff auf einen Schwulen einen Angriff auf einen anderen, ziemlich geheimnisvollen Männerbund dar. Es gibt nichts zum Saufen, keinen äußeren Feind und keine materiellen Vorteile; die schwulen Männer scheinen sich vornehmlich wegen der Sexualität zu treffen. Sie zu prügeln definiert handfest nach außen und in der eigenen Gruppe, daß Männer sich nur dann sehr eng miteinander verbinden dürfen, wenn sie sich gegen einen Feind zusammenschließen. Und jeder kann sehen, was mit einem passierte, der in der eigenen Clique auf falsche Gedanken käme.

Jens Uhde, der im deutschsprachigen Raum die erste Täterstudie durchgeführt hat, vermutet, daß die meisten Täter «selbst latent homosexuell» seien. Sie stammten aus Familien, in denen Homosexualität entweder totgeschwiegen oder verhaßt gewesen sei. «Selbsthaß gegen eigene homosexuelle Neigungen» führe dann zu Gewaltausbrüchen.

Wir stehen diesem häufig gebrauchten Erklärungsversuch skeptisch gegenüber. Wahrscheinlicher ist, daß die schwulenfeindlichen Jungmänner losprügeln, weil sie für ihr eigenes Gefühl in der Hetero-Welt kein Bein auf die Erde bekommen.

Erich Fromm (zit. nach Martin Dannecker 1997) hat in seinen «Studien über Autorität und Familie» unter anderem das Bild des «autoritär-masochistischen» Mannes gezeichnet. Solchen Männern bescheinigt er «homosexuelle Neigungen». In physiologischer Hinsicht sei der durchschnittliche autoritäre Mann zwar heterosexuell und durchaus in der Lage, mit Frauen sexuelle Befriedigung zu finden, aber in seelischer Hinsicht sei er homosexuell. Martin Dannecker fragt sich verständlicherweise, «warum die heterosexuelle Potenz dieses Typus durch die ihm attestierten homosexuellen Bestrebungen nicht gestört wird». (S. 22) Interessant ist allerdings, was Fromm über das Frauenbild des autoritären Mannes schreibt. Weil er vor allem Fremden und Unbekannten Angst habe, habe er auch Angst vor der Frau, die für ihn «eine fremde und andere Welt» repräsentiere. Zudem verachte er Frauen auf Grund ihrer unterlegenen gesellschaftlichen Stellung, weil er alles Schwache und Unterlegene hasse und abwehre. Solche Männer hätten eine große Begeisterung für das Männliche und unterhielten eigentlich auch nur zu Männern zärtlich liebevolle Beziehungen. Frauen würden verachtend eher als Gefäße betrachtet. Es ist anzunehmen, daß heterosexuelle Männer, die Gewalt gegen Schwule ausüben, über ein ähnliches Frauenbild verfügen.

Zwischen Schwulenhaß und Frauenhaß besteht ein enger Zusammenhang. Es ist nur schwer vorstellbar, daß ein heterosexueller Mann, der einen liebenden, respektvollen und befriedigenden Kontakt mit Frauen hat, abends in den Park geht, um Schwule zu verhauen. Die prügelnden Jungmänner gehören in der Regel zu den Verlierern in der Gesellschaft. Schon von ihrem Ausbildungsstand her können sie nicht erwarten, beim Wettstreit um die besten Frauen besonders erfolgreich abzuschneiden. Sie kommen aus Familien, in denen vielleicht schlecht über Schwule gesprochen wurde, die aber mit ziemlicher Sicherheit auch kein gutes Vorbild dafür abgegeben haben dürften, wie Mann und Frau einigermaßen zufrieden miteinander leben können. Die Unsicherheit gegenüber dem anderen Geschlecht regulieren sie durch Abwertung und die Demonstration von Macht und Unabhängigkeit. Aber wer Frauen für «blöde Tussis» hält, hat eigentlich überhaupt keinen Grund, sich mit einer Frau zusammenzutun. Vor allem Wünsche nach Verbundenheit und einem ernstzunehmendem menschlichem Gegenüber können in der Beziehung zu einer Frau nicht realisiert werden, wenn dieses Gegenüber beständig abgewertet und auf Abstand gehalten werden muß. Halbwegs verläßliche Beziehungen erleben sie oftmals ausschließlich innerhalb ihrer Jungen- oder Männerclique.

Die Nähe in einem solchen von der Außenwelt abgeschlossenen armseligen Haufen kann sehr groß werden. Es besteht die Gefahr, daß die Fassaden von harter Männlichkeit, Autonomie und Schmerzunempfindlichkeit in sich zusammenbrechen und beschädigte Menschen zum Vorschein kommen, die voller ungestillter Sehnsüchte stecken. Käme es zu einer solchen Offenheit und Nähe in der Männerclique – man ginge sich keinesfalls gegenseitig lustvoll an die Wäsche. Es wäre ein einziges Heulen, Schreien und Durchdrehen.

Heterosexuelle Männer verprügeln Schwule nicht, weil sie Angst vor ihrer eigenen Homosexualität hätten. Sie tun es, weil sie Angst davor haben, weich und schwach zu erscheinen. Und sie fürchten sich vor ihren eigenen Wünschen an die anderen Männer, von ihnen geschützt, getragen und gehalten zu werden.

Die Vorstellung, mit sich und anderen Männern liebevoll umzugehen, bedroht nicht nur den psychischen Selbstschutz dieser Männer, sondern ihre gesamte brüchige Konstruktion heterosexueller Männlichkeit. Die Gewalt gegen den schwulen, Männer liebenden Mann ist eine Manifestation, daß unter heterosexuellen Männern nicht die Liebe, sondern die Lieblosigkeit die Überhand behalten muß.

Lügen, Sex und Video

Anfang der sechziger Jahre kam mit der Anti-Baby-Pille ein fast hundertprozentig sicheres Verhütungsmittel auf den Markt. Erstmals in der Geschichte der Menschheit war es möglich geworden, Heterosexualität und Fortpflanzung verläßlich voneinander zu trennen. Wenige Jahre später hatten sich die Leute auf die neuen Möglichkeiten eingestellt und propagierten die «Befreiung der Sexualität» – unter anderem von den Fesseln der im Prinzip lebenslangen Monogamie. Sexuelle Lust sollte nicht mehr nur in verläßlichen und vertraglich geregelten Fortpflanzungsgemeinschaften möglich sein. Die männlichen Studenten gaben die Parole aus: «Wer zweimal mit derselben pennt, gehört schon zum Establishment.» Es erschienen Ratgeber über «Die offene Partnerschaft». Wer auf sich hielt, pflegte zumindest eine ‹Nebenbeziehung›. Eifersucht war zwar allerorten vorhanden, galt aber als mega-out.

Die Befreiungseuphorie war nach einigen Jahren verflogen, aber es sind eine Reihe von gesellschaftlichen Veränderungen geblieben. Es ist gesellschaftlich inzwischen weitgehend akzeptiert, daß heterosexuelle Menschen vor der Kinderkriegerei so viele sexuelle Erlebnisse haben, wie es ihnen gefällt. Selbst die katholischen Warnungen, daß Sex vor der Ehe nicht gottgemäß sei, wirken nur noch wie blasse Lippenbekenntnisse. Daß eine Mutter mit ihrer 15jährigen Tochter zum Frauenarzt geht, damit diese die Pille verschrieben bekommt, wird heute nicht mehr als Skandal, sondern eher als verantwortungsvolles Handeln und als ein Akt der Initiation begriffen. Heterosexuelle Singles treffen sich in großer Zahl auf extra zu diesem Zweck organisierten Abschlepp-Partys. Daß ein alleinstehender Mann oder eine alleinstehende Frau abends loszieht, um ein sexuelles Abenteuer zu erleben, gilt als vollkommen akzeptables Verhalten. Die Gesellschaft hat sich daran gewöhnt, daß auch verbindlich verabredete Partnerschaften in immer kürzeren Abständen in die Brüche gehen. Wer eine findet, die ihn mehr anmacht, darf das Liebe nennen und gehen. Auch der Ehebruch wird zwar als schwierig, aber längst nicht mehr als große Sünde angesehen. In vielen Fällen wird die eheliche Untreue als «Treue zu sich selber» definiert. Die Prostitution ist ein Massengeschäft geworden. Sexurlaub gilt als schmuddelig und ist gleichzeitig sehr beliebt. Es gibt einen riesigen Markt für heterosexuelle Pornographie und Telefonsex.

Ob solche Veränderungen der Moralvorstellungen und Verhaltensweisen unter den Heterosexuellen nun mehr Freiheit oder mehr Entfremdung bedeuten, ist umstritten. Fest steht jedenfalls, daß die Heterosexuellen Werte wie Treue und Monogamie zugunsten einer freieren Gestaltung der Sexualität zurückgestellt haben. Die Verbindung von Sexualität und verpflichtender Liebe ist in vielen Teilen der Kultur deutlich auf dem Rückzug.

Im Grunde ist die heterosexuelle Moral ziemlich heruntergekommen, wenn man sie an früheren, stark christlich geprägten Vorstellungen mißt. Um so erstaunlicher erscheint es, daß eines der wichtigsten Etiketten für schwule Männer das Bild der Promiskuität ist. Der Begriff Promiskuität wird zur Beschreibung von Heterosexualität so gut wie überhaupt nicht mehr gebraucht. Gleichzeitig weiß das heterosexuelle Vorurteil, daß Promiskuität ein beinahe notwendiges Merkmal schwulen Lebens darstellt. Die treiben's wie die Karnickel! Die brauchen das!

Bei der Diskussion des Vorurteils ist nicht von Bedeutung, wie schwule Männer wirklich leben, sondern warum es der heterosexuellen Öffentlichkeit so wichtig ist, den schwulen Mann als einen Mann mit vielen wechselnden Sexualpartnern zu definieren. Zuerst einmal fällt auf, daß ausgesprochen viele heterosexuelle Männer zumindest davon träumen, es wie die Karnickel zu treiben, und daß sie es zunehmend tun. Mit der massenhaften Prostitution ist inzwischen ein riesiger Markt für anonymen Hetero-Sex entstanden. Der Wunsch, alles andere abzuspalten und sich mit einer Partnerin ausschließlich wegen der Sexualität zusammenzutun, ist sehr verbreitet. Und nicht wenige heterosexuelle Männer finden es ausgesprochen lästig, daß sie dem begehrten Weib vorab eine Wagner-Pizza und Blanchet servieren, die CD-Sammlung zeigen und ihre Lebensgeschichte anhören müssen, bevor sie ihr an die Wäsche gehen dürfen. Viele Ehemänner beklagen sich, daß ihre Frauen nur dann Sex wollen, wenn vorher ein enger persönlicher Kontakt und eine entsprechende Atmosphäre aufgebaut worden ist. Sie würden gerne viel öfter ‹einfach nur so› Sex haben. Natürlich sollen die Frauen nur den Mann lieben, mit dem sie fest verbandelt sind. Aber daß dieser ihr beim Sex immer tief und verliebt in die Augen gucken soll, ist keine Erfindung des heterosexuellen Mannes gewesen. Interessanterweise werden schwule Männer wegen ihrer angeblich promisken Lebensweise kaum noch *öffentlich* kritisiert, und daß der Herrgott die Sünde der Schwulen mit der Krankheit Aids bestraft hat, wird von vielen Heterosexuellen zwar noch gedacht, aber nicht mehr ausgesprochen. Schwuler Sex wird im Prinzip viel mehr als früher akzeptiert. Die heterosexuelle Öffentlichkeit scheint bisweilen sogar vehement darauf zu bestehen, daß es die Schwulen ganz besonders wild und unanständig treiben.

Verweigert werden den Schwulen dagegen die Zärtlichkeit, die Liebe und die dauerhafte Bindung. Nach unserem Eindruck können sich zwei schwule Männer leichter in der Öffentlichkeit zeigen, wenn sie sich wild verkleiden und aller Welt demonstrieren, daß sie in sexueller Hinsicht absolut heiße Meister sind, als wenn sie normal gekleidet Hand in Hand gehen. Was die Schwulen unten rum so alles treiben, wird mit einer Mischung aus Neid, Voyeurismus und Unverständnis hingenommen. Nur öffentlich küssen – das ist nicht so gut.

Was ist an dem schwulen Kuß ‹nicht richtig›? Was irritiert viele Heterosexuelle gerade an einer *zärtlichen* Geste zwischen zwei Männern? Wie entsteht bei Heterosexuellen das Gefühl, etwas «Fremdes» zu sehen? Warum ist schwuler Sex offenbar leichter zu akzeptieren als schwule Liebe?

Die Erfahrungen der Kindheit haben nach Auffassung der meisten psychologischen Schulen einen wichtigen Einfluß auf das Leben der Erwachsenen. Auch und gerade wie Menschen ihr Liebesleben gestalten, wird schon in der frühen Kindheit angelegt. In dem Buch «Die Prinzenrolle» haben wir dazu geschrieben: «Mutter und Vater sind die ersten Liebespartner eines Kindes. Mit ihnen und an ihrem Beispiel lernt es die Höhen und Tiefen der Liebe kennen. Die Eltern können dem Kind Geborgenheit geben oder es ablehnen, sie mögen hingebungsvoll präsent sein oder unerreichbar – immer wird das emotionale Verhältnis zu Mutter und Vater die Ursubstanz bilden, aus der heraus seine Liebes- und Bezugsfähigkeit gedeiht oder sich mühsam zum Licht strecken muß. Die Erfahrungen mit jener Frau und jenem Mann, die das Kind als erste Menschen begehrt, die elterlichen Botschaften über die Eigenheiten der Geschlechter und nicht zuletzt das Vorbild, das die Eltern als Liebespaar abgeben, werden das Kind bis an sein Lebensende geleiten. Ein Mensch mag später in dem Gefühl leben, die Liebe neu erfinden zu müssen. Er wird viele ernüchternde oder heilende Beziehungserfahrungen mit anderen Menschen machen. Trotzdem haben seine Eltern die Rahmenhandlung seiner psychosexuellen Biographie geschrieben.» (1993, S. 31)

Wenn man Verliebte nach der Uhrzeit oder nach dem Wetter fragt, dann beginnen sie auf der Stelle zu schwärmen, selbst wenn es seit Stunden Bindfäden regnet. Ohne Zweifel: Alles ist jetzt gut. Der Schatz, den man schon immer gesucht hat, ist endlich gefunden. Keine Rede davon, daß man ihn vielleicht bald wieder verlieren wird. Nicht die Spur von Angst, daß der Prinz sich als Blödmann, die Prinzessin als dumme Zicke erweisen könnte. Und wie schön die Welt ist! Wie sich das Licht durch die Regenschirme bricht!

Verliebte sind wie Kinder, und die Verliebtheit fühlt sich dann besonders richtig an, wenn sie die zeit- und bedingungslose Geborgenheit der Kindheit widerspiegeln kann. Wer einen weiteren Beleg für diese These haben möchte, dem sei empfohlen, mal eine Zeitlang im Radio deutsche Schlager anzuhören.

Schwule Verliebtheit wird sich, was diesen Aspekt der Regression anbelangt, in nichts von heterosexueller Verliebtheit unterscheiden. Ein schwuler Kuß ist dasselbe wie ein heterosexueller Kuß. Und dennoch *sieht er anders aus*. Er erinnert nicht an den Kuß, den sich vielleicht Vati und Mutti einmal gegeben haben. Er spiegelt nicht das heterosexuelle Milieu der Kindheit, nicht die inneren Bilder von Mutter und Vater. Wenn Heterosexuelle darauf bestehen, daß Schwulsein viel mit Sex und wenig mit Liebe zu tun haben muß, so schotten sie sich gegen die Erkenntnis ab, wie illusionär und kitschig ihre eigenen erwachsenen Liebesgefühle darauf zielen, doch noch mal wieder sonntags morgen mit Vati und Mutti im Bett zu liegen. Daß der Traum von der großen Liebe zwischen Mann und Frau von der Sehnsucht nach Kindheitsglück gespeist wird, ist nicht leicht zu akzeptieren. Den Schwulen die Liebe abzusprechen, wehrt die Irritation ab und gibt den heterosexuellen Männern das Gefühl, daß sie richtige große Männer sind, deren Liebe mit der Sehnsucht des kleinen Bübchens in ihnen aber auch rein gar nichts zu schaffen hat.

Es ist hilfreich, ausgiebig deutsche Schlager zu hören.

Papa, kuscheln!

Schwule Zärtlichkeit spiegelt von außen betrachtet nicht die heterosexuelle Beziehung der Eltern wider, und sie erinnert auch nicht an die innige Beziehung, die die meisten Männer einmal zu ihrer Mutter gehabt haben. Schwule Zärtlichkeit erinnert an die Beziehung zum Vater, an die Liebe zu ihm, an zärtliche und weniger zärtliche Erlebnisse. Alle Jungen haben ein Bedürfnis nach männlicher Zuneigung. Sie wollen vom Vater (oder von Vaterfiguren) geborgen und geschützt sein. Sie wollen Zärtlichkeiten austauschen und körperliche Nähe spüren. Sie wollen sich mitteilen, gesehen und verstanden werden.

Die oft unerfüllten Wünsche der kleinen Jungen an ihre Väter passen nur schwer zur aktiven, nach außen gewandten Darstellung heterosexueller Männlichkeit. Aus vielen Seminaren mit Männern wissen wir, wie weit verbreitet das Gefühl der Vatersehnsucht in unserer Gesellschaft ist. Viele Männer leiden unter dem Mangel an männlicher Nähe, viele haben schon ihr ganzes Leben darunter gelitten.

Es kommt hinzu, daß Jungenkindheit in unserer Kultur insgesamt wenig zärtlich verläuft. Viele Jungen machen zuwenig sanfte Körpererfahrungen. Sähe man in den Schwulen nicht den geilen Bock, sondern den zärtlichen Liebhaber, so spürte man unweigerlich den Mangel, den man in seiner eigenen Kindheit in puncto Zärtlichkeit erlebt hat.

Wäre die Liebe unter Männern normal – wie unnormal muß dann eigentlich die eigene Kindheit gewesen sein? Wenn der schwule Kuß nicht ‹irgendwie weibisch›, sondern männlich aussähe – wieviel verborgene Sehnsucht würde er im heterosexuellen Mann wecken? Mit einem Mal würde die Frage brandaktuell, wieviel Zärtlichkeit eigentlich zu einer Freundschaft unter Männern gehören könnte. Erst die Reduzierung der schwulen Liebe auf das ausschließlich Sexuelle ermöglicht schroffe Abgrenzung: Geküßt wird nur da drüben am anderen Ufer. Hier ist das nicht üblich!

Ein weiteres macht den schwulen Kuß zu einem irritierenden Erlebnis. Der heterosexuelle Mann weiß bei diesem Kuß nämlich nicht, wer wer ist. Während in der Heterosexualität die *unterschiedlichen* Rollen von Mann und Frau durch eine Vielzahl von Gesten, Blicken, Verhaltensweisen usw. festgelegt sind, scheint hier auf den ersten Blick offen zu sein, wie Aktivität und Passivität, Liebhaberrolle und Hingabe verteilt werden. Das sexuelle Rollenverhalten von Mann und Frau überläßt den Männern auch heute noch die aktivere Rolle. Wie wichtig das den meisten heterosexuellen Männern ist, zeigt sich an ihrer großen Unsicherheit, wenn ihnen eine Frau diese aktive Rolle streitig machen will. Der schwule Kuß wirkt ‹weibisch›, weil in der heterosexuellen Phantasie einer der beiden das Weib sein muß. Schrecklich!

Adam eine Hilfe machen

Seit einigen Jahren wird in verschiedenen Gremien der evangelischen Kirche sehr ernsthaft um alternative Lebensformen, die Segnung homosexueller Paare, um die Leitbildfunktion von Ehe und Familie und die Haltung der Kirche gegenüber den Homosexuellen gerungen. Der Rat der Evangelischen Kirche in Deutschland hat nach langer Diskussion eine Orientierungshilfe herausgegeben, in der offiziell zugestanden wird, daß «homosexuell lebende Menschen in Einzelfällen zum Pfarramt zugelassen werden». Voraussetzung sei, daß «die homosexuelle Lebensweise ethisch verantwortbar gestaltet wird». (vgl. Männerforum 15/96, S. 11)

Gleichzeitig kommen schwule Pfarrer in größte Schwierigkeiten, wenn sie mit einem Partner im Pfarrhaus zusammenleben wollen. Der Hamburger Pastor Horst Gorski: «Was mir zugestanden wird, ist ein Privatleben im Untergrund. Ob ich jeden Abend in die Szene gehe und mir da einen Partner für einen Abend suche, darüber wird der Mantel des Schweigens gelegt. Aber in dem Moment, wo ich mit einem Partner in guten wie in schlechten Zeiten genau nach den Grundsätzen der Kirche leben möchte, dann darf ich das nicht.» (Taz vom 12. 4. 1997)

Ein wichtiges Argument der unzähligen Gegner schwuler

Paare im Pfarrhaus ist die angebliche «Veranlagung homosexuell lebender Männer. Nur verschwindend wenige können eine homosexuelle Partnerschaft dauerhaft und treu leben.» So stellvertretend der Theologe Dr. Ulrich Eibach. (vgl. Männerforum 15/96, S. 13) Darüber hinaus wird immer wieder das «Leitbild von Ehe und Familie» beschworen, das die Pfarrer zu verkünden und zu vertreten hätten. Dr. Ulrich Eibach: «Für mich ist die Familie von entscheidender Bedeutung. Mein Anliegen ist, daß es nicht zu Aufspaltungen kommt: hier Sexualität, dort Zeugung, hier Sexualität, dort Personalität. Die verschiedenen Aspekte der Sexualität müssen integriert werden. Wenn am Anfang der Bibel in der Paradiesgeschichte Gott sagt: ‹Ich will ihm, Adam, eine Hilfe machen›, dann ist damit bereits die Dimension der Familie im Blick.» (ebd.)

Lange und zum Teil in abstruser Weise wurde darum gestritten, ob schwule Paare in evangelischen Kirchen gesegnet werden können oder nicht. Schließlich hat man sich auf die seltsame Formel geeinigt, daß man wohl bereit sei, die homosexuellen Menschen zu segnen, nicht aber ihre Partnerschaft. Gottes *richtiger* Segen mußte für Ehe und Familie vorbehalten bleiben. Der letztlich immer noch diffusen Haltung der evangelischen Kirche entspricht eine starre Haltung des Staates. Schwulen Paaren wird jede rechtliche Anerkennung versagt.

Auch die Auffassung des *katholischen* Erzbischofs Dyba, in seinem Bistum würden nur solche Männer zum Priester berufen, die auch «das Zeug zu gesunden und guten Familienvätern hätten», (KStA vom 12. 4. 1997), verdient eine nähere Betrachtung. Der Augsburger Moraltheologe Hans Peter Heinz schätzt die Zahl der schwulen katholischen Priester auf zwanzig Prozent. Diese Zahl wird durch Untersuchungen aus anderen Ländern gestützt. Manche Insider gehen davon aus, daß hierzulande in Priesterseminaren bereits jeder zweite Kandidat schwul ist. Die niederländische Kirchenzeitung ‹De Basuin› schrieb 1994: «Das Priesteramt scheint sich zunehmend zu einem Schwulenberuf zu entwickeln.» Bischof Dyba hält solche Mutmaßungen «für eine Besudelung des priesterlichen Standes». (ebd.)

Weshalb die nicht begangenen Sünden eines zölibatär lebenden Schwulen schlimmer sein sollen als die nicht begangenen Sünden eines heterosexuellen Priesters, soll das private Geheimnis des konservativen Bischofs bleiben. Interessant ist seine Auffassung, daß selbst der zur Ehelosigkeit verpflichtete Priester das Bild «eines gesunden Familienvaters» abgeben soll.

In Wirklichkeit löst sich seit Einführung der Anti-Baby-Pille das «Leitbild von Ehe und Familie» mehr und mehr auf. Es gibt «Spielarten der Liebe», und es gibt Leute, die Kinder aufziehen. Sexualität und Fortpflanzung müssen nicht mehr zusammen gelebt werden. Kein Pastor käme jedoch auf die Idee, einem heterosexuellen Paar das Sakrament der Ehe zu verweigern, bloß weil es kinderlos bleiben möchte. Er wird sie sogar dann trauen, wenn sie ihm beim Ehegespräch die Visitenkarte des nächstgelegenen Partnertausch-Clubs dagelassen haben. Die Leute heiraten heute kaum, um Gott zu gefallen, sondern eher, um die Vorteile des Steuersplittings zu nutzen.

Es gibt historische und psychologische Motive, dauerhafte Bindung und verbindliche Liebe trotz aller Veränderungen nach wie vor ausschließlich für die Heterosexuellen zu reklamieren. Die Sexualität zwischen Mann und Frau zu unterdrükken war in früheren Jahrhunderten nicht nur Ausdruck der Leibfeindlichkeit der Kirchen und diente *nicht nur* den Interessen der Herrschenden. Bloß ein Spiel war die Sexualität damals nämlich ausschließlich für die Reichen, exakter formuliert: für die reichen Männer. Jede Geburt bedeutete für die Frauen, wie ein altes Sprichwort sagt, «einen Sprung über das Grab». Auch wenn die Kindersterblichkeit hoch war und für die Arbeit und die Altersversorgung viele Kinder gebraucht wurden: Wer zu viele Kinder in die Welt setzte, konnte sie unter Umständen nicht ernähren. Wer aus purer Lust gegen das eheliche Treuegebot verstieß, lud unter Umständen eine Menge Schuld auf sich. Während es heute bei einem Seitensprung lediglich darum geht, daß die Partnerin/der Partner eine narzißtische Kränkung verarbeiten muß, stellte sich in früheren Zeiten die Frage, wer den ‹Bastard› ernähren kann, wie die vielleicht alleinstehende Kindsmutter ohne Mann zurechtkommt und welche Konsequenzen sich für die Erbfolge und das Alter ergeben. Kinderreiche Familien werden auch heute noch oft als «asozial» abgestempelt. Familienpässe für kinderreiche Familien heißen im Volksmund «Karnickelschein». «Dumm fickt gut» – solchen Paaren wird vorgeworfen, daß sie die Sexualität höher bewertet haben als die soziale Situation der Familie.

Die Möglichkeit, Sexualität und Fortpflanzung sicher zu entkoppeln, gibt es noch nicht lange und auch nur in den reichen Ländern. Die Kirchen mißtrauen der folgenlosen Sexualität auch heute noch und bestehen darauf, sie wenigstens ideologisch wieder an die Fortpflanzung zu binden. Wenn die Menschen sich aus purem Spaß an der Freude sexuell begegnen können und sich keine Gedanken mehr über die dann zu versorgenden Bälger machen müssen, gibt es wenige Gründe, sich lebenslang an einen Partner zu binden. Aber wenn man sich alle naselang neu verlieben kann, warum sollte man dann von der Taufe bis zur letzten Ölung einem einzigen personalen Gott und seinen vielen weltlichen Dienern die Treue halten?

Für viele schwule Männer ist Kinderlosigkeit ein Problem. Als Schwule dürfen sie in unserer Gesellschaft keine Kinder adoptieren. Von außen betrachtet symbolisiert ihre Liebe frei vereinbarte Beziehungen und eine Sexualität, die nicht an Fortpflanzung gebunden ist. Gestünde man ihnen zu, daß Freiheit und pure Lust mit verantwortlichen und verbindlichen Beziehungen vereinbar sind, in welche Mottenkiste müßte man dann die Erbsünde packen?

Normal, oder?

Aus welchen Gründen ein Mensch hetero- oder homosexuell wird, darüber gibt es unzählige Vermutungen und Spekulationen. Unter dem Strich ist nur eines klar: Man weiß es nicht. (vgl. z. B.: Walter Bräutigam und Ulrich Clement 1989) Die Fachleute haben sich bis heute nicht einmal darauf einigen können, ob es überhaupt einen Sexualtrieb gibt, ob der Impuls, sich fortzupflanzen oder sich und anderen Lust zu verschaffen, genauso unabdingbar zum Leben gehört wie das Essen und das Trinken.

Eine ganz ähnliche Diskussion gibt es über den Geschlechterunterschied zwischen Männern und Frauen. Während die einen, unterstützt durch neuere Forschungen über Gene, Hormone und Gehirnstrukturen, verstärkt auf quasi naturgegebene, biologische Unterschiede zwischen Mann und Frau hinweisen, hat sich in den Sozialwissenschaften ein umfangreicher Diskurs über die soziale Konstruiertheit des Geschlechterunterschiedes entwickelt.

Die alte Gretchenfrage über Anatomie oder Schicksal, Anlage oder Erziehung, Natur oder Gesellschaft beschäftigt also nach wie vor die Gemüter. Die Suche nach den ‹Ursachen› der Homosexualität hat sich letztlich immer gegen die Homosexuellen selbst gerichtet. Und die Diskussion über die «natürlichen» Unterschiede zwischen Mann und Frau ist im Laufe der Geschichte immer wieder bei der Erkenntnis gelandet, daß die Frauen viel besser putzen können, weil sie mit ihren kleinen Händen besser in die Ecken rein kommen. (Helge Schneider 1996)

Gleichzeitig ist die Diskussion äußerst schwierig. Es hat sich zwar als sinnvoll erwiesen, die sexuelle Orientierung eines Menschen als naturgegeben zu betrachten oder ihre Entstehung in der allerfrühesten Kindheit anzusiedeln. Andererseits sind die Grenzen der sexuellen Orientierungen je nach Lebensgeschichte und gesellschaftlichen Möglichkeiten offen oder weniger offen. Es ist niemandem in die Wiege gelegt, welchen Weg und welche konkrete Ausformung seine Sexualität nimmt. Nur der Mann im Mond (über dessen Vorlieben wir eher wenig wissen) wäre im Prinzip in der Lage, seine Sexualität ohne weiteres nach seinen natürlichen, ureigensten Bedürfnissen zu leben – wenn es nicht so verdammt einsam dort oben wäre.

Die konkrete Ausformung der Sexualität und der Erwerb der Geschlechterrollen stellen kulturelle Prozesse dar, die mit Natürlichkeit wenig zu tun haben. Dennoch ist es nicht sinnvoll, die Unterschiede zwischen den Menschen einfach zu verwischen. Aus der weisen Erkenntnis, daß jeder Jeck anders ist, darf nicht der verschwiemelte Kalenderspruch werden, daß wir im Grunde doch alle gleich seien.

Deshalb macht es auch wenig Sinn, in stockheterosexuelle Männer die sogenannten «schwulen Anteile» hineinzudichten. Ein homosexuelles Erlebnis, womöglich in einer Krisensituation oder unter starkem Alkoholeinfluß; ein als wagemutig erlebtes sexuelles Abenteuer mit einem schwulen Mann; gelegentliche auf Sex mit einem Mann bezogene Masturbationsphantasien oder die vorübergehende narzißtische Freude, von einem schwulen Mann begehrt zu werden – all das macht aus einem heterosexuellen Mann noch keinen latent oder «teilweise» schwulen Mann. Gleichzeitig können solche Erfahrungen natürlich erste Schritte zu einem schwulen Coming-out sein, das nicht immer das Hervorbrechen eines seit frühester Kindheit verborgenen Naturereignisses sein muß. Jemand kann (und muß sich vielleicht auch) für eine schwule oder bisexuelle Lebensweise *entscheiden*.

Die starre Überzeugung, *ausschließlich* heterosexuell und nichts als heterosexuell zu sein, kann bedeuten, daß es einem Menschen nicht gelingt, aus dem zwangsheterosexuellen Korsett herauszukommen, oder daß er eine klare Abgrenzung und

Eindeutigkeit braucht, um sich in seiner sexuellen Identität sicher zu fühlen. Die Offenheit gegenüber nichtheterosexuellen Wünschen könnte bewirken, daß die Konstruktion heterosexueller Männlichkeit brüchig und störanfällig wird.

Ähnliches gilt für schwule Männer. Es gibt auch das Korsett der Zwangshomosexualität. Auch ein schwuler Mann kann irgendwann feststellen, daß er sich aus biographischen oder gesellschaftspolitischen Umständen auf eine Eindeutigkeit festgelegt hat, die für ihn persönlich nicht stimmt.

So fließend die Übergänge auch sein mögen – dem Begriff «latente Homosexualität» stehen wir skeptisch gegenüber, weil der ständige Verweis auf die «latente Homosexualität» im heterosexuellen Mann so viele andere wichtige Hintergründe der Homophobie verschleiert.

Martin Dannecker schreibt in seinem Buch «Das Drama der Sexualität»: «Das bei allen Unterschieden Gleiche an Homosexuellen kann von den anderen erst dann begriffen werden, wenn diesen das immer gespürte und von ihnen oft zum Vorurteil vergröberte andere nicht vorenthalten wird. Die hier gemeinte Dialektik kann sich nur im Umgang der Menschen miteinander entfalten, und konkret nur dann, wenn jeder zu dem steht, was er will und was er ist. Wenn dieser Prozeß in Gang gesetzt wird, werden wir auch besser als jetzt wissen, was nun das andere an Homosexuellen ist. Wahrscheinlich schrumpft es dann bis zur Unkenntlichkeit zusammen.» (1987, S. 51)

Dem wäre nichts und auf einer praktischen Ebene sehr viel hinzuzufügen.

Literatur

Amendt, Gerhard: Wie Mütter ihre Söhne sehen. Bremen 1993

Amendt, Gerhard: Die Frau als Mutter des Sohnes. In: «Die Bedeutung von Mutter- und Vaterfiguren in der Sozialisation von Jungen». Landesinstitut für Schule und Weiterbildung NRW, Soest 1995

Askidis, Harry: Psychotherapie mit schwulen Männern. In: Brandes, Holger/Bullinger, Hermann (Hg.): Handbuch Männerarbeit. Weinheim 1996

Beck, Ulrich/Beck-Gernsheim, Elisabeth: Das ganz normale Chaos der Liebe. Frankfurt/M. 1990

Beck, Volker: Die Angst vor dem Dammbruch. Von gleichen Bürgerrechten sind Schwule und Lesben in Deutschland noch weit entfernt. In: Männerforum 15/1996

Bonfadelli, Heinz/Fritz, Angela: Lesen im Alltag von Jugendlichen. In: Lesesozialisation Band 2. Gütersloh 1993

Böhnisch, Lothar/Winter, Reinhard: Männliche Sozialisation. Weinheim 1994

Bräutigam, Walter/Clement, Ulrich: Sexualmedizin im Grundriß Stuttgart 1989

Brückner, Margit: Die Liebe der Frauen. Frankfurt/M. 1988

Brüder Grimm: Die schönsten Kinder- und Hausmärchen. Rastatt 1988. Darin: Märchen von einem, der auszog, das Fürchten zu lernen. S. 11–21

BZgA: Sexualität und Kontrazeption aus der Sicht der Jugendlichen und ihrer Eltern. Köln 1996

Clement, Ulrich: Sexualität im Wandel. Stuttgart 1986

Dannecker, Martin: Die Kritische Theorie und ihr Konzept der Homosexualität. In: Zeitschrift für Sexualforschung 1/1997

Deutscher Kinderschutzbund e. V. Informationsmaterialien: Bundesgeschäftsstelle, Schiffgraben 26, 30159 Hannover

Friday, Nancy: Die sexuellen Phantasien der Frauen. Reinbek 1980

Friday, Nancy: Die sexuellen Phantasien der Männer. Reinbek 1983

Friedrich, Monika: Mädchen und Aids. Band 22 der Schriftenreihe des BMJFFG. Bonn 1993

Frings, Matthias: Liebesdinge. Bemerkungen zur Sexualität des Mannes. Reinbek 1984

Fuchs, M./Lamnek, S./Luedtke, J.: Schule und Gewalt. Realität und Wahrnehmung eines sozialen Problems. Opladen 1996

Gromus, Beatrix: Weibliche Phantasien und Sexualität. München 1993

Grottian, Peter: ‹Die Gesellschaft läßt sie schamlos verrotten›. In: Brigitte-Dossier: Jugend und Zukunft. 6/1996

Hartmann, Uwe: Inhalte und Funktionen sexueller Phantasien. Stuttgart 1989

Heilmann-Geideck, Uwe/Schmidt, Hans: Betretenes Schweigen. Über den Zusammenhang von Männlichkeit und Gewalt. Mainz 1996

Heitmeyer, Wilhelm u. a.: Gewalt. Weinheim 1995

Honig, Michael-Sebastian: Verhäuslichte Gewalt. Frankfurt/M. 1986

Kersten, Joachim: Der Männlichkeits-Kult. In: Psychologie Heute. Weinheim 9/1993

Lempert, Joachim/Oelemann, Burkhard: «... dann habe ich zugeschlagen». Männer-Gewalt gegen Frauen. Hamburg 1995

Lenz, Hans-Joachim: Spirale der Gewalt. Jungen und Männer als Opfer von Gewalt. Berlin 1996

Mertens, Wolfgang: Entwicklung der Psychosexualität und der Geschlechtsidentität. Band 1, Geburt bis zum 4. Lebensjahr. Stuttgart 1992

Mertens, Wolfgang: Entwicklung der Psychosexualität und der Geschlechtsidentität. Band 2, Kindheit und Adoleszenz. Stuttgart 1994

Nitzschke, Bernd: Die männliche Psyche. Historisch-gesellschaftliche und psychodynamische Aspekte. In: Handbuch Männerarbeit. Weinheim 1996

Neutzling, Rainer: Let's talk about sex. Gedanken zu einer (Hetz-) Kampagne. In: Sozialmagazin, Weinheim 4/1994

Neutzling, Rainer: Herzkasper. Eine Geschichte über Liebe und Sexualität. Reinbek 1995

Nolte, Friedrich: Sexualberatung. In: Brandes, Holger/Bullinger, Hermann (Hg.): Handbuch Männerarbeit. Weinheim 1996

Phillips, Angela: Warum Jungen nicht weinen. München 1995

Reemtsma, Jan Philipp: Trauma und Moral. In: Kursbuch 126. Berlin 1996

Riemann, Fritz: Grundformen der Angst. München 1990

Rohner, Robert: Die Angst vor dem «Überzieher». In: Sexualmedizin 2/1993

Schetsche, Michael/Schmidt, Renate-Berenike: Ein ‹dunkler Drang aus dem Leibe›. In: Zeitschrift für Sexualforschung. Stuttgart 1/1996

Schmauch, Ulrike: «So anders und so lebendig ...» Über Mütter und Söhne. In: Hagemann-White, Carol/Rettich, Maria S. (Hg.): FrauenMännerBilder. Männer und Männlichkeit in der feministischen Diskussion. Bielefeld 1988

Schmauch, Ulrike: Wie kommt Gewalt in den Mann? In: Sommer, Norbert (Hg.): Überall Haß, Krisen, Kriege und Gewalt – Gründe und Auswege. Berlin 1994

Schmidt, Gunter (Hg.): Jugendsexualität. Sozialer Wandel, Gruppenunterschiede, Konfliktfelder. Stuttgart 1993

Schnack, Dieter/Neutzling, Rainer: Kleine Helden in Not. Jungen auf der Suche nach Männlichkeit. Reinbek 1990

Schnack, Dieter/Neutzling, Rainer: Die Prinzenrolle. Über die männliche Sexualität. Reinbek 1993

Schnack, Dieter/Gesterkamp, Thomas: Hauptsache Arbeit. Männer zwischen Beruf und Familie. Reinbek 1996

Schon, Lothar: Entwicklung des Beziehungsdreiecks Vater-Mutter-Kind. Stuttgart 1995

Sielert, Uwe u. a.: Sexualpädagogische Materialien. Weinheim 1993

Seijkora, Klaus: Männer und Druck. Wege aus typisch männlichen Lebenskonflikten. Freiburg 1993

Spieler, Dieter: Abschiednehmen vom starken Mann. Männliche Sexualität in der Alkoholismustherapie. In: Tagungsbericht 2. Fachtagung ‹Mann und Sucht›. Fachklinik Kamillushaus, Essen

Trukenmüller, Michael: Die sexuellen Phantasien der Geschlechter. In: Sexualmedizin, Wiesbaden 3/1982

Waldeck, Ruth: Die Frau ohne Hände. Über Sexualität und Selbständigkeit. In: Flaake, Karin/King, Vera: Weibliche Adoleszenz. Zur Sozialisation junger Frauen. Frankfurt/M. 1993

Zilbergeld, Bernie: Männliche Sexualität. Tübingen 1983

Danksagung

Wir möchten uns bei Elisabeth Raffauf
Christian Spoden und Pit Tillewein
für die gute Unterstützung bedanken.

Die Anschrift der Autoren

Dieter Schnack/Rainer Neutzling
Bergheimer Weg 23
50737 Köln

Dieter Schnack, geboren 1953, verheiratet, drei Kinder. Diplompädagoge und Journalist. Arbeit in der Erwachsenenbildung und beruflichen Fortbildung. **Rainer Neutzling**, geboren 1959, Soziologe und Journalist, lebt und arbeitet in Köln. Arbeit in der beruflichen Fortbildung zu Fragen männlicher Sozialisation und Sexualität.

Dieter Schnack /
Rainer Neutzling
Die Prinzenrolle *Über die männliche Sexualität*
(rororo sachbuch 9966)
«Zum Glück gibt es hin und wieder Sexual-Bücher, die neue Einsichten und Antworten auf bislang ungeklärte Fragen vermitteln ... Die beiden Autoren schreiben mit einer Leichtigkeit, die hierzulande ebenso selten ist wie als unseriös gilt: Der keineswegs oberflächliche Plauderton, dazu die vielen stimmigen Zitate, die authentischen Fallbeispiele und fiktiven, aber anschaulichen Schicksale erinnern an beste anglo-amerikanische Sachbuchliteratur.»
Psychologie heute

Kleine Helden in Not *Jungen auf der Suche nach Männlichkeit*
(mit kindern leben 8257)
«Trotz aller Kompetenz ist das Buch nicht trocken, sondern ein großer Lesespaß.» *Brigitte*

«Der Alte kann mich mal gern haben!» *Über männliche Sehnsüchte, Gewalt und Liebe*
(rororo sachbuch 60338)

Rainer Neutzling
Herzkasper *Eine Geschichte über Liebe und Sex*
(rororo 13879)
Es geht um die Beziehung zu den Eltern, das Verhältnis zum eigenen Körper, Selbstbefriedigung und die sie begleitenden Phantasien, Gruppendruck, monströse Vorstellungen vom jeweils anderen Geschlecht, das erste Mal, die Erfahrungen danach, Angst vor Schwangerschaft, sich verändernde Freundschaften, Untreue, Eifersucht und heillosen Liebeskummer.

Dieter Schnack /
Thomas Gesterkamp
Hauptsache Arbeit? *Männer zwischen Beruf und Familie*
288 Seiten. Broschiert und als rororo sachbuch 60429
Die Autoren machen Vorschläge, unter welchen subjektiven und gesellschaftlichen Bedingungen Männer die verschiedenen Bereiche ihres Lebens ins Gleichgewicht bringen können.

Dieter Schnack / Rainer Neutzling

rororo sachbuch